Louisiana
1860 Agricultural Census

Volume 2

Transcribed and Compiled by
Linda L. Green

WILLOW BEND BOOKS
2012

WILLOW BEND BOOKS
AN IMPRINT OF HERITAGE BOOKS, INC.

Books, CDs, and more—Worldwide

For our listing of thousands of titles see our website
at
www.HeritageBooks.com

Published 2012 by
HERITAGE BOOKS, INC.
Publishing Division
100 Railroad Ave. #104
Westminster, Maryland 21157

Copyright © 2003 Linda L. Green

All rights reserved. No part of this book may be reproduced or transmitted in any form or by any means, electronic or mechanical, including photocopying, recording or by any information storage and retrieval system without written permission from the author, except for the inclusion of brief quotations in a review.

International Standard Book Numbers
Paperbound: 978-1-58549-861-1
Clothbound: 978-0-7884-8985-3

Table of Contents

Counties	Page
Morehouse	1
Natchitoches	10
Orleans	24
Ouachita	28
Plaquemines	33
Point Coupe'	37
Rapides	49
Sabine	64
Saint Bernard	72
St. Charles	75
St. Helena	78
St. James	86
St. Jean the Baptist	90
St. Landry	94
St. Martin	107
St. Mary	116
St. Tammany	122
Tensas	125
Terrebonne	131
Union	137
Vermilion	150
Washington	157
Winn	165
Index	171

Introduction

This census names only the head of the household. Often times when an individual was missed on the regular U. S. Census, they would appear on this agricultural census. So you might try checking this census for your missing relatives. Unfortunately, many of the Agricultural Census records have not survived. But, they do yield unique information about how people lived. There are 46 columns of information. I chose to transcribe only six of the columns. The six are: Name of the Owner, Improved Acreage, Unimproved Acreage, Cash Value of the Farm, Value of Farm Implements and Machinery, and Value of Livestock. Below is a list of other types of information available on this census.

Linda L. Green
13950 Ruler Court
Woodbridge, VA 22193

Other Data Columns

Column/Title

6. Horses
7. Asses and Mules
8. Milch Cows
9. Working Oxen
10. Other Cattle
11. Sheep
12. Swine
14. Wheat, bushels of
15. Rye, bushels of
16. Indian Corn, bushels of
17. Oats, bushels of
18. Rice, lbs of
19. Tobacco, lbs of
20. Ginned cotton, bales of 400 lbs each
21. Wood, lbs of
22. Peas and beans, bushels of
23. Irish potatoes, bushels of
24. Sweet potatoes, bushels of
25. Barley, bushels of
26. Buckwheat, bushels of
27. Value of Orchard products in dollars
28. Wine, gallons of
29. Value of Products of Market Gardens
30. Butter, lbs of
31. Cheese, lbs of
32. Hay, tons of
33. Clover seed, bushels of
34. Other grass seeds, bushels of
35. Hops, lbs of
36. Dew Rotten Hemp, tons of
37. Water Rotted Hemp, tons of
38. Other Prepared Hemp
39. Flax, lbs of
40. Flaxseed, bushels of
41. Silk cocoons, lbs of
42. Maple sugar, lbs of
43. Cane Sugar, hunds of 1,000 lbs
44. Molasses, gallons of
45. Beeswax, lbs of
46. Honey, lbs of
47. Value of Home Made Manufactures
48. Value of Animals Slaughtered

The Parish of Morehouse Louisiana
1860 Agricultural Census

The Agricultural Census for Louisiana for 1860 was microfilmed by the University of North Carolina Library under a grant from the National Science Foundation and filmed from original records held at Duke University Library, Durham North Carolina.

There are some forty-eight columns of information on each individual. Only the head of the household is addressed. I have chosen to use only six columns of the information because I feel that this information best illustrates the wealth of the individuals. These are shown below:

1. Name of Owner
2. Acres of Improved Land
3. Acres of Unimproved Land
4. Cash Value of the Farm
5. Value of Farm Implements and Machinery
13. Value of Livestock

Thus, the numbers following the names represent columns 2, 3, 4, 5, 13.

The following symbol is used to maintain spacing where information in a column is left blank (-). This symbol is used where letters, names or numbers are not legible (_).

J. W. Boatner, 120, 2000, 27700, 120, 730
I. D. Armstrong, 300, 20, 2500, 250, 400
T. T. Russell, 100, 600, 7000, 300, 628
J. W. Hegman, 76, 80, 3500, 200, 630
Wm. L. McMurtry, 100, 280, 3800, 250, 1115
A. Livingston, 600, 800, 42000, 1000, 4275
R. D. Livingston, 60, 340, 6000, 20, 325
C. E. Wilkins, 65, 90, 1500, 15, 40
John F. (T) Brassey, 230, 360, 17400, 275, 440
John D. Moore, 400, 350, 22500, 900, 1920
J. D.Tharp, 400, 400, 24000, 300, 1700

M. O. Gordon, 100, 86, 2500, 130, 395
G. M. Croxton, 180, 248, 5000, 500, 1200
P. C. Robenson, 200, 340, 8000, 300, 1000
Wm. Howell, 120, 460, 4060, 300, 690
E. R. Pearson, 90, 110, 2000, 250, 940
J. D. Avant, 25, 75, 1000, 80, 190
Jas. Cole, 25, 144, 1600, 25, 160
S. D. Boone, 30, 90, 720, 100, 200
Wm. H. Vaughan, 90, 110, 2000, 50, 730
A. S. Washburn, 125, 215, 3400, 200, 600
R. H. Ward, 350, 350, 10000, 400, 3290
T. A. Broadnax, 60, 180, 3000, 25, 900

M. S. Whetstone, 400, 100, 10000, 500, 3400
J. C. Bates, 110, 82, 2300, 350, 648
L. Cheny, 75, 85, 1600, 65, 160
J. T. Broadnax, 55, 105, 1600, 15, 300
Wm. P. Vinson, 16, 104, 1200, 125, 250
Mahala Clower, 40, 120, 1400, 30, 400
M. Summerlin, 80, 80, 1500, 15, 375
A. M. Caperton, 100, 60, 3000, 100, 700
Jno. E. S. Hough, 100, 60, 4000, 200, 750
Martha Shelton, 150, 250, 4000, 350, 700
J. H. Dalton, 300, 340, 7000, 450, 2000
S. G. Parsons, 45, 50, 6000, 250, 378
M. S. Stevenson, 25, 55, 800, 100, 47
J. B. Smith, 50, 150, 1400, 75, 1625
Elizabeth Herring, 100, 130, 600, 80, 380
W. J. Winburn, 50, 30, 400, 150, 285
J. A. Davis, 35, 4, 400, 150, 375
Alex Brown, 150, 615, 4305, 465, 946
S. M. Stevenson, 40, 160, 2000, 75, 600
John Ruff, 40, 200, 1920, 15, 100
Elijah Hughes, 40, 120, 1600, 25, 420
R. C. Hendrick, 100, 180, 2800, 140, 1420
S. B. Hendrick, 80, 200, 2800, 125, 800
J. D. Girtman, 350, 296, 6000, 7000, 1750
Z. Montgomery, 50, 110, 1600, 25, 500
E. W. Seale, 30, 90, 1200, 100, 490
George Frazier, 25, 95, 1600, 25, 278
W. J. McCauley, 30, 90, 720, 25, 290
W. Montgomery, 30, 50, 800, 75, 245
J. L. Montgomery, 70, 170, 2400, 100, 610
J. Humphrey, 60, 140, 2000, 100, 400
P. S. Miller, 400, 1100, 32500, 900, 2800
J. W. Westmoreland, 60, 480, 11000, 150, 500
Telitha Cammack, 200, 250, 10250, 550, 2200
Wm. Little, 28, 132, 1600, 50, 230
P. A. Dickerson, 75, 65, 2400, 100, 670
Joseph Kelley, 150, 170, 4800, 550, 1087
W. H. Neuman, 45, 115, 600, 20, 120
R. L. Moore, 50, 10, 900, 25, 420
Louis Gulett, 40, 80, 1200, 120, 450
P. T. Pennington, 90, 830, 9200, 150, 962
J. H. Cain, 30, 90, 1400, 75, 380
O. P. Causey, 110, 110, 2200, 120, 850
D. B. Trousdale, 80, 620, 12000, 350, 900
Jno. M. Carter, 80, 520, 5000, 300, 1400
Cyrus Gill, 140, 3000, 3000, 400, 700
Robt. Waltman, 550, 1650, 75000, 1000, 300
W. B. Taylor, 60, 290, 2000, 450, 1300
E. Johnson, 60, 110, 1200, 25, 200
W. H. Harve, 75, 85, 1600, 300, 400
W. Edmondson, -, -, -, 75, 200
Jno. McCain, 110, 40, 2000, 700, 1300
S. G. Roads, -, -, -, 150, 600
W. B. Harve, 40, 200, 2500, 50, 300
N. Watson, 35, 177, 2000, 25, 500
R. J. Jones, 125, 905, 15000, 100, 1000

Johnathan Naff, 25, 55, 400, 5, 75
J. Crenshaw, 40, 260, 2000, 125, 600
J. & T. Haden, 40, 80, 1200, 100, 400
Enoch Carley, 70, 98, 1600, 50, 600
G. F. Naff, 10, 120, 800, 25, 150
E. J. Kennison, -, -, -, 100, 150
A. J. Ballard, -, -, -, 100, 325
Wm. Furlow, 50, 110, 1600, 50, 440
J. R. Furlow, 15, 130, 1000, 25, 250
J. B. Parker, 85, 215, 2000, 150, 450
Wm. Mills, 30, 130, 800, 130, 350
Jas. Sims, 80, 70, 1600, 85, 385
Jas. Hightower, 20, 60, 200, 20, 200
W. T. Hightower, -, -, -, 30, 250
C. Harrison, 100, 140, 3000, 150, 600
M. Williams, 35, 45, 500, 125, 300
Elisha Haden, 70, 133, 3500, 400, 540
Wm. Bates, 80, 160, 2000, 170, 185
A. D. Harper, 40, 120, 1600, 100, 175
A. B. Briscoe, 100, 1700, 22500, 150, 1800
I. T. Taff, 35, 693, 9083, 100, 800
A. J. Pitts, -, -, -, 25, 300
V. C. Vick, -, -, -, 100, 225
Jas. Monette, 228, 780, 40000, 10000, 2400
B. Eubanks, 50, 150, 2000, 100, 350
Wm. Williams, 20, 180, 1500, 75, 200
Wm. Sands, 10, 30, 200, 5, 100
Harman Vick, -, -, -, 150, 200
Wm. Flewellen, 30, 90, 1000, 15, 400
Henry Bradnax, 175, 136, 3110, 300, 1200
John Byrd, 80, 360, 4400, 125, 850
Micajah Byrd, 16, 109, 1200, 10, 200
T. B. Eldridge, 22, 96, 1000, 75, 250
D. B. Douglas, 350, 550, 30000, 650, 3700

Benja. Temple, 50, 50, 3000, 100, 780
J. C. Weaks, 30, 10, 10000, 200, 900
Jno. Temple, 225, 475, 14000, 1600, 2300
L. P. Spyker, 800, 2000, 113600, 7500, 11000
C. B. Polk, 650, 830, 59200, 1250, 4525
E. O. Bouchelle, 270, 555, 33000, 490, 1800
John Smith, 80, 472, 16560, 400, 425
F. E. Mays, 270, 311, 48000, 500, 2317
J. A. Ross, 125, 334, 18360, 500, 1440
S. W. Holley, -, -, -, 100, 610
E. A. Hewitt, 38, 174, 7000, 150, 580
R. J. Sterling, -, -, -, 25, 400
H. M. Polk, 270, 880, 44000, 510, 2910
D. S. Collier, 475, 975, 58000, 1000, 4900
Thos. R. Polk, 200, 500, 28000, 600, 1860
G. C. Waddell, 500, 757, 50280, 6000, 2900
H. B. Kempe, 110, 1214, 39750, 2150, 1000
J. L. May, 500, 400, 36000, 500, 6020
C. F. Thompson, 200, 560, 12000, 300, 1750
F. C. Tucker, 40, 120, 2400, 30, 700
S. W. Tucker, 40, 40, 3200, 25, 540
J. E. McGowan, 40, 120, 6400, 30, 540
T. U. Williams, 100, 189, 13560, 120, 670
E. Williams, 100, 420, 20800, 75, 1020
E. A. Honeycut, 80, 240, 12800, 100, 1400
J. M. Webb, 130, 350, 19200, 250, 1420

J. M. Webb, 130, 350, 19200, 250, 1420

Jas. Hurt (Hart), 500, 519, 40760, 500, 4000

T. R. Dix, 40, 207, 9880, 15, 865

S. P. Bualt, 50, 110, 5600, 100, 710

P. F. Epps, 130, 203, 13320, 380, 1400

L. S. Beauchamps, 160, 280, 17600, 480, 1650

Mason Dawson, 60, 250, 10000, 50, 760

Jas. C. Cooper, 150, 650, 32000, 500, 2530

Est. DeHart, 25, 305, 8250, 40, 500

Harrison & Duval, 500, 500, 50000, 1000, 4500

Est. Fluker, 600, 1600, 88000, 6000, 6048

A. S. Pipes, 275, 411, 35000, 720, 2400

J. A. Davis, 200, 600, 40000, 400, 2600

S. D. Bingham, 500, 459, 5000, 6000, 9050

Lewis Powell, 60, 678, 22200, 200, 900

Jas. Davis, 45, 255, 7500, 75, 1025

Wm. Davis, 85, 715, 32000, 400, 750

W. W. Guin, 70, 56, 3780, 100, 650

H. Duval, 35, 1364, 27000, 100, 500

Jackson Smith, 150, 260, 16400, 300, 2520

Jno. G. Coley, 20, 100, 2400, 25, 192

T. B. McAdams, 115, 242, 14280, 550, 1475

W. D. Higginbotham & Co., 140, 380, 20800, 600, 1400

J. D. Carr, 65, 243, 12320, 200, 740

Est. O. P. Carr, 60, 383, 17720, 300, 920

Sandell & Coy, 160, 1560, 26400, 300, 1860

J. B. Chapman, 90, 390, 19300, 580, 1700

M. Bowman, 250, 850, 46000, 480, 3380

E. E. Higginbotham, 75, 85, 4800, 255, 935

C. Higginbotham, 22, 98, 2400, 50, 390

N. F. Griffin, 35, 85, 1200, 75, 510

Mays & Daniel, 65, 405, 7050, 350, 890

S. B. Brice, 12, 64, 760, 75, 550

Wm. N. Brice, 50, 190, 6000, 40, 200

John Kelley, 130, 410, 6000, 500, 1500

Wm. A. Daniel, 85, 315, 1200, 200, 2140

B. G. Daniel, 30, 490, 7800, 25, 640

E. L. Daniel, 85, 455, 10800, 150, 1500

Jno. Boatner, -, -, -, 25, 775

Tho. Andrews, 300, 1400, 47300, 1100, 4021

Est. Woodburn, 700, 500, 36000, 600, 4450

Baynard Turpin, 220, 562, 23460, 700, 3180

J. E. Sisson, 100, 143, 10000, 200, 1750

A. E. Michie, 150, 360, 15300, 250, 2285

T. J. Turpin, 240, 660, 45000, 700, 6475

C. L. McGee, 180, 463, 32150, 410, 2350

W. M. Miller, 30, 130, 4000, 150, 475

L. B. Davis, 50, 240, 5600, 100, 264

Wm. L. Clark, 375, 1025, 70000, 850, 3500

C. B. Alford, 300, 703, 50150, 500, 3100

Est. Davenport, 700, 932, 96000, 1000, 6680

Warren Alford, 700, 2130, 141500, 775, 3300

A. E. Evans, 300, 500, 35200, 500, 1990
F. J. Davenport, 200, 403, 30150, 300, 1525
A. S. Davenport, 95, 365, 14400, 100, 1037
W. F. Brown, 300, 900, 36000, 500, 2285
I. L. Brown, 60, 340, 20000, 450, 1250
B. W. Burnham, 350, 530, 35200, 900, 3514
Jno. Howe, 50, 230, 1200, 60, 425
S. & H. F. Handy, 160, 457, 9870, 475, 1960
Jesse Holloway, 200, 520, 28000, 700, 2130
Wm. J. Averell, 600, 1240, 47200, 900, 2900
Jackson Alford, 50, 520, 7000, 150, 360
Miller & Gelks, 195, 710, 25000, 400, 1530
Saml. Johnson, 185, 435, 6200, 760, 1850
Elijah Ray, 45, 115, 1600, 25, 216
J. B. Knox, 250, 283, 10660, 675, 1300
L. D. Williams, 65, 100, 1500, 150, 680
Wm. M. Otterson (Alterson), 125, 392, 22680, 450, 1970
N. S. Greenwood, 50, 150, 2000, 125, 500
W. R. Lasiter, 300, 630, 37200, 625, 1975
Jno. S. Knox & Co., 250, 750, 25000, 600, 1810
L. D. Moore, 248, 219, 45025, 500, 1650
H. B. Price, 60, 95, 3875, 150, 630
Thos. McCroy, 27, 213, 3000, 40, 178
N. G. Hoover, 25, 135, 1560, 50, 210
R. P. Bunchley, 110, 530, 12800, 700, 1785

T. F. Tennard, 100, 350, 8000, 430, 1040
A. W. Staley, 50, 140, 5000, 100, 580
A. Aldridge, 100, 500, 21000, 150, 770
Thos. Gallagher, 125, 325, 6500, 200, 1120
Wm. M. Parris (Farris), 10, 150, 2000, 50, 245
J. R. Guice, 50, 70, 1800, 100, 435
D. H. Williams, 120, 360, 14400, 775, 1265
A. K. Williams, 60, 323, 5000, 100, 525
G. W. Goodwin, 600, 3500, 40000, 500, 2690
C. A. Christian, 100, 620, 10800, 450, 1350
Lewis Lanier, 125, 355, 14100, 450, 1080
E. D. Duckworth, 100, 660, 15200, 300, 1010
S. S. Heard, 40, 120, 3200, 100, 600
Robt. McDowell, 16, 148, 3200, 25, 500
J. W. Pratt, 35, 165, 3000, 25, 400
C. Stewart, 115, 385, 10000, 125, 1125
W. R. Mays, 300, 823, 25035, 600, 1495
H. B. Cole, 50, 110, 3200, 80, 737
R. McMichael, 225, 495, 7200, 550, 925
Thos. Simpson, 100, 460, 5500, 250, 1030
W. Underwood, 260, 460, 6480, 800, 1300
I. T. Westbrook, 70, 250, 3200, 50, 450
Ennis Ford, 250, 70, 3200, 400, 1080
C. L. Langford, 45, 275, 3200, 60, 390
J. B. Crawford, 45, 355, 4000, 100, 515
J. T. C. Moore, 9, 111, 700, 10, 135

W. H. Wadlington, 250, 350, 18000, 700, 2354
R. C. Sivring (Swring), 50, 118, 840, 10, -
D. P. Johnson, 100, 227, 9870, 490, 1030
W. G. Kinnard, 250, 150, 8000, 700, 1740
J. G. Kelley, 120, 175, 2530, 390, 720
J. G. Harrison, 12, 208, 1260, 75, 138
B. A. Harrison, 40, 280, 2560, 10, 150
Jas. Day, 60, 100, 1100, 100, 350
J. N. McMichael, 200, 375, 5750, 485, 1030
T. L. Moore, 60, 240, 3000, 100, 760
R. J. Knox & Co., 270, 1530, 63000, 600, 1200
N. Vester, 190, 370, 1200, 400, 1600
L. B. Vanderpool, 30, 130, 4000, 75, 340
L. E. Felts (Fetts), 50, 170, 8800, 130, 520
W. N. Tignor, 330, 400, 29200, 500, 3425
J. C. Caldwell, 250, 568, 32720, 400, 2850
J. J. Osteen, 32, 128, 4000, 150, 486
Thos. Jones, 30, 290, 6400, 160, 860
A. P. Wright, 25, 29, 1350, 150, 1070
E. C. Sharplin, 30, 48, 1950, 20, 660
W. H. & G. H. Scales, 125, 621, 22380, 650, 1550
M. T. Moore, 165, 945, 33300, 525, 1445
Floyd Webb, 57, 110, 3340, 125, 370
P. M. Ryan, 1000, 700, 51000, 1050, 9000
R. M. Nelson, 80, 160, 5000, 550, 815
R. B. Barton, 40, 80, 3000, 120, 750
Jno. W. Webb, 250, 650, 31500, 1000, 4150

A. M. Prestly, 110, 590, 14400, 1000, 1075
Jas. Cooksey, 66, 494, 16800, 150, 1040
Andrew Richmond, 20, 140, 2000, 75, 575
Ransom Bunchley, 160, 840, 20000, 600, 3230
R. A. H. Phellps, 40, 160, 3000, 70, 450
Wyatt Jones, 580, 3650, 105000, 300, 6845
E. P. Overby, 120, 630, 15000, 500, 1445
J. C. Duckworth, 80, 113, 5790, 130, 900
L. T. Ford, 50, 110, 3200, 100, 360
M. A. Willson, 35, 185, 6600, 50, 500
Jas. McDowell, 30, 264, 4810, 30, 600
J. M. Kimbrough, 50, 150, 3500, 50, 950
M. Hamby, 11, 389, 6000, 100, 540
G. W. Herrington, 60, 171, 6000, 50, 265
T. M. Jones, 80, 200, 8400, 100, 1250
Wm. R. Ward, 200, 700, 28500, 500, 1990
Mc. D. Bilberry, 110, 350, 13800, 100, 900
Danl. Kelley, 70, 84, 1310, 60, 480
Jas. Bell, 160, 160, 6400, 475, 1575
Wm. F. Wall, 80, 206, 8580, 150, 200
T. H. & J. Warnock, 200, 500, 24500, 500, 1600
A. K. Watt, 150, 550, 21000, 450, 1700
D. C. O. Bennett, 60, 180, 3600, 50, 545
Jas. Wardsworth, 30, 100, 4550, 100, 580
F. O. Benton, 350, 1170, 45600, 950, 4160

Wm. Bonner, 325, 285, 24400, 950, 3290

J. Haggerty, 140, 410, 16500, 700, 2000

E. J. Pennell, 200, 144, 8600, 500, 1550

Jno. L. Bunton (Burton), 250, 750, 25000, 550, 2000

Wm. J. Barlow, 7, 83, 800, 25, 570

J. N. Harp, 75, 85, 1720, 150, 500

Prudence Harp, 40, 80, 1440, 150, 530

H. & R. W. Morris, 25, 15, 400, 25, 355

Chessly Johnston, 50, 70, 1200, 25, 340

R. W. Stevenson, 45, 115, 2000, 185, 740

Clark K. Melpero, 40, 40, 1000, 50, 425

Duncan Brown, 40, 160, 2000, 15, 580

B. B. Grooms, 30, 130, 500, 100, 200

__luis Sneed, 60, 180, 4000, 25, 500

J. R. Winn, 200, 440, 25600, 675, 1550

A. O. Justice, 40, 100, 5600, 25, 1400

J. P. Winn, 40, 130, 6400, 550, 660

P. & R. Winn, 100, 60, 6500, 150, 1300

F. G. Winn, 40, 120, 4800, 100, 600

R. F. Houston, 300, 1100, 42000, 700, 1600

P. C. Chapman, 120, 165, 8550, 400, 962

A. Kelley, 200, 868, 40920, 250, 1400

Johnson Jordan, 500, 1950, 73500, 960, 2870

J. R. Liddell, 120, 2900, 60000, 2000, 1250

M. W. Seart, 65, 94, 7950, 150, 850

M. W. & R. C. Holt, 105, 327, 17280, 500, 1250

Rich Rains, 350, 1650, 60000, 1300, 4275

R. F. Edwards, 150, 210, 10800, 160, 1510

Peraby Nettles, 60, 100, 4800, 50, 910

E. A. Nelson, 20, 150, 4800, 10, 300

Wiley Copeland, 16, 24, 400, 10, 100

O. Spencer, 200, 1311, 45330, 300, 2920

A. D. Dunn, 30, 50, 1600, 150, 598

Rhody McMullen, 25, 55, 1600, 10, 275

M. Barfield, 180, 1080, 31500, 575, 1875

J. C. Lawrence, 18, 62, 1200, 10, 300

L. M. Cheak, 150, 250, 12000, 125, 1050

W. H. Eason, 100, 265, 10940, 150, 2225

R. H. Winter, 190, 460, 19500, 800, 1675

D. G. Ober, 15, 265, 5600, 30, 285

W. H. Stevens, 200, 423, 15575, 685, 1775

H. J. Williams, 75, 325, 10000, 380, 720

J. S. Prichard, 14, 66, 1000, 65, 210

J. C. Prichard, 16, 74, 2000, 15, 200

F. M. Greer, 16, 64, 2000, 100, 562

John Horn, 35, 325, 5400, 130, 375

L. H. Velar, 30, 170, 5000, 150, 886

T. G. Hicks, 20, 60, 2000, 25, 260

W. W. Crumpton, 12, 28, 1000, 15, 50

G. L. Hinton, 35, 215, 500, 100, 730

W. M. Greer, 50, 110, 4000, 200, 850

'C. C. Chenault, 50, 268, 9540, 100, 990

J. A. Pugh, 130, 870, 25000, 570, 1640

S. N. Chenault, 30, 168, 5050, 60, 665

J. N. & F. B. Young, 80, 98, 7120, 700, 1150
N. S. White, 340, 380, 21600, 450, 1480
W. R. A. Ridge, 24, 136, 4000, 60, 700
John Ridge, 12, 108, 2400, 15, 150
J. W. Jones, 18, 142, 4000, 20, 270
G. B. Pickett, 22, 100, 2440, 70, 520
T. L. Pickett, 15, 145, 3200, 20, 270
W. D. Bradley, 34, 203, 4740, 50, 375
Jeremiah L. Collins, 45, 115, 3000, 50, 800
Harrison Jordan, 340, 1650, 88000, 1550, 3800
C. R. Balfour, 250, 510, 30400, 3500, 2200
J. M. Dennis, 15, 66, 2037, 55, 1160
Prudence Oslin, 35, 107, 4260, 40, 300
C. H. Dabbs, 120, 1200, 49000, 200, 1770
Reuben Scott, 100, 190, 11600, 500, 1920
L. & E. Scott, 140, 480, 24800, 500, 2300
Danl. Stewart, 40, 150, 7600, 125, 1250
R J. Stewart, 15, 65, 3200, 10, 220
A. J. Shillings, 30, 94, 3100, 100, 1160
M. A. Kennedy, 25, 125, 3000, 40, 550
H. Montgomery, 40, 120, 3200, 100, 980
Parham Buford, 125, 455, 34400, 720, 2540
J. T. Cason, 210, 390, 24000, 700, 3210
S. W. Carney, 150, 410, 22400, 295, 1810
R. S. Vaughan, 160, 353, 20520, 350, 2135
C. T. Dunn, 220, 700, 37200, 300, 1825
Wm. C. Tate, 140, 410, 22000, 450, 1100
J. C. F. Taylor, 125, 500, 25000, 550, 1400
S. Smith Heard, 600, 2160, 119200, 1200, 5500
H. H. Heard, -, -, -, 50, 2050
S. M. Pucket, 250, 880, 45200, 350, 2875
K. Pucket, 50, 70, 6000, 50, 1200
Jas. P. Witt, 140, 160, 16000, 475, 1900
B. P. Patton, 110, 550, 39000, 480, 1450
Z. C. Perry, 15, 105, 2400, 150, 2535
W. M. Sims, 35, 126, 4800, 70, 597
Dixon Hall, 130, 30, 14400, 480, 1260
L. N. Thompson, 40, 40, 2000, 30, 600
W. J. Knox, 40, 509, 10980, 100, 665
S. J. Dennard, 40, 40, 2500, 140, 425
R. E. Phillips, 100, 180, 11200, 350, 990
G. W. McDuffie, 250, 430, 22200, 585, 2550
A. W. Bridges, 140, 235, 15000, 500, 1750
S. J. Larkin, 200, 800, 45000, 600, 3745
A. B. Conger, 72, 188, 7800, 175, 910
Margaret Davis, 220, 440, 28400, 260, 1825
C. T. Barton (Bartow), 225, 495, 8800, 500, 2450
Louis Clark, 65, 335, 16000, 50, 870
John Jones, 60, 96, 500, 20, 600
C. M. Eason Sr., 250, 390, 5600, 600, 2480
T. H. Williams, 200, 1800, 40000, 100, 1420
W. R. Barrow (Barron) Jr., 200, 643, 30000, 1000, 1940
T. Tucker, 260, 180, 22000, 450, 850

R. J. Tucker, 60, 100, 6400, 150, 650
C.J. Hatch & Co., 300, 100, 16000, 500, 3400

G. W. Myers, 320, 480, 32000, 800, 2150
L. Powell, 150, 290, 11000, 600, 1680

The Parish of Natchitoches Louisiana
1860 Agricultural Census

The Agricultural Census for Louisiana for 1860 was microfilmed by the University of North Carolina Library under a grant from the National Science Foundation and filmed from original records held at Duke University Library, Durham North Carolina.

There are some forty-eight columns of information on each individual. Only the head of the household is addressed. I have chosen to use only six columns of the information because I feel that this information best illustrates the wealth of the individuals. These are shown below:

1. Name of Owner
2. Acres of Improved Land
3. Acres of Unimproved Land
4. Cash Value of the Farm
5. Value of Farm Implements and Machinery
13. Value of Livestock

Thus, the numbers following the names represent columns 2, 3, 4, 5, 13.

The following symbol is used to maintain spacing where information in a column is left blank (-). This symbol is used where letters, names or numbers are not legible (_).

J. V. Denibbons, 100, 426, 5260, 80, 400
W. J. Best, 25, 45, 2000, 40, 1000
Fost__ Plaisance, 100, 251, 7775, 200, 1600
Francois Latir, -, -, -, 20, 500
John M. Tascia, 80, 250, 6600, 150, 1000
W. M. Burns (S. C. Campbell agt.), 200, 500, 3200, 500, 3000
John Frasier (S. C.Campbell agt.), 500, 200, 3200, 500, 4500
F. P. Daley, -, -, -, 50, 500
W. A. Strong (Strang), 250, 1150, 25000, 500, 2000
Hyppolite Allerin, 140, 452, 1480, 200, 800
Severan Trichel, 150, 417, 11340, 100, 1000
Idolph Vienne, 80, 20, 5700, 100, 600
Marsalite Landseaux, 60, 140, 4000, 75, 250
John R. Jones, (John C. Jones agt.), 200, 440, 31200, 300, 2000
Lerzilin Gallien, 120, 160, 5600, 200, 1200
H. R. Gallien, 120, 254, 7480, 100, 250
Z. Rachal, 15, 35, 400, 10, 100
Mary M. Landreon (Landreau), 75, 125, 4000, -, 300
John B. Trezzine, 90, 70, 3200, 200, 1210
Newton Coffy, 80, 380, 2500, 120, 1000
Antone Lenoise, 15, -, 200, 20, 100
L. Levasseure, 60, 100, 3200, 25, 200
J. D. Faison, -, -,-, 150, 800
Curenan McTyre, 25, 135, 4000, 25, 500

M__men Varcher, 40, 120, 3200, 50, 200
David Antorlan, -, -, -, 6, 250
Inlos Maricealli, 90, 190, 4200, 150, 1000
Norma Barda, 20, 20, 500, 10, 60
Antone Belage, 20, 71, 1820, 20, 300
Victor Barberonse, 50, 250, 6000, 50, 240
Idellied Trichel, 40, 180, 1100, 25, 100
Teansen (Teausin) Leburn, 20, 60, 400, 75, 300
Isaac Frazier, 25, 115, 600, 10, 50
Gabriel Frazier, 15, 65, 400, 10, 75
Joseph Watts, 30, 170, 600, 50, 500
Ellen Brown, -, -, -, 20, 150
Omer (Osner) Perot, 110, 50, 1600, 100, 1000
Darme Trichel, 20, 190, 440, 10, 250
Noel Mazier, 50, 310, 1000, 100, 200
Arnanuel Ely, 50, 30, 120, 25, 500
W. W. Brown, 40, 320, 10800, 50, 900
Mary Brown, 400, 650, 42000, 100, 2129
Wm. J. Brown, -, -, -, 5, 700
M. T. Brooks, -, -, -, 5, 150
Hardy Bryon (Bryan), 1400, 4600, 150000, 500, 9189
J. C. W. Bryan (Bryon), 100, 1000, 8800, -, 754
John B. Blair, 500, 700, 42000, 500, 3260
James D. Blair, 300, 370, 26800, 400, 2300
Thos. Hunter, 1200, 23800, 250000, 1330, 7056
Azorro Vienne, 25, 15, 400, -, 1400
Renot Rachal, 81, 49, 2250, 40, 500
Mary Perot, 40, 60, 2000, 25, 200
Jackson Feeman, 30, 130, 1600, -, 400
Navile Perot, 21, 180, 4675, 15, 400
Mary L. Fosdien (Fradien), 30, 50, 2000, 35, 30
J. F. Fradien, -, -, -, 10, 250
V. A. Fradien, 50, 100, 4500, 50, 1700
E. St. Ann Prudhomme, 250, 1650, 16000, 180, 5128
Lucien Trichell, 160, 690, 17000, 200, 3000
Renjamin (Benjamin) Bravo, 16, 44, 200, 13, 150
Elex C. Wallet, 10, 30, 600, 5, 100
John B. Wallet, 10, 10, 400, 10, 150
S. Vadley, 45, -, -, 100, 800
Eliza Wallet, 25, 60, 2125, 50, 500
J. E. Teauzin, 80, 120, 4000, 25, 825
Delphine Vienne, 100, 150, 6250, 60, 608
J. B. O. Roerquin (Roesquien), 15, 385, 1200, 100, 1100
M. Vascocu, 36, 154, 2280, 75, 850
John M. Lasia, 80, 250, 6600, -, -
Maralin Teauzin, 450, 400, 8500, 150, 200
Jerome Misse, 300, 400, 7000, 200, 1200
E. Murphy, 110, 130, 2400, 80, 670
John W. Butler, 400, 1600, 50000, 500, 3000
Geo. W. Morse (J. W. Butler agt), 300, 500, 24000, 300, 2350
Parcelia E. Sompayrac, 180, 320, 1250, 500, 2000
A. B. Sompayrac, 250, 200, 11250, 125, 2000
Juleus Sompayrac, 350, 850, 24000, 200, 3500
J. N. Deblicux, 350, 650, 25000, 300, 3000
Dr. L. L. McLausin (McLaurin), 485, 365, 21250, 500, 3500
B. F. Wayley, 100, 300, 1600, 120, 250
Franklin Jennings, 10, 150, 800, 100, 400
John Sanders, -, -, -, 50, 200

Rufus H. Wade, -, 80, 400, 200, 320
John W. F. Howard, 100, 460, 5600, 150, 420
Wm. Y. Howard, 40, 600, 6400, 25, 600
S. A. Flemming, 20, 60, 500, 15, 412
William Westfall, 30, 50, 300, 12, 260
John T. Hampton, -, -, -, 20, 160
J. F. Massey, 30, 50, 640, 100, 415
Weslay Walker, 25, 55, 640, 25, 250
William Massey, 44, 40, 640, 100, 250
Henry James, 30, 90, 960, 100, 300
William Walker, 20, 100, 960, 100, 225
John Flemming, -, 200, 1600, 15, 350
John O. Noit (Norte), 40, 160, 1000, 125, 460
Thomas Dew, 20, 140, 800, 100, 300
Richard Green, 20, 60, 400, 12, 240
Richard Williamson, 30, 320, 1600, 25, 300
Pedrer Corduway, 16, 104, 600, 75, 730
Bayho (Bazho) Bartementer, 8, 32, 320, 10, 250
Bosia Bias, 4, 156, 800, 10, 300
A. P. Massey, 20, 220, 1200, 10, 300
James Walker, -, -, -, 10, 52
J. W. Deen, 25, 315, 2720, 10, 250
John Grasse (Grappe), 50, 210, 2600, 120, 1000
Jules Grasse (Grappe), -, -, -, 15, 300
Zed Davis, 18, 22, 400, 150, 730
William Olive, 5, 115, 1000, 100, 300
Thos. B. Tarver, 30, 130, 800, 110, 825
Eleza Tarver, 40, 280, 1600, 10, 250
B. L. Porter, 80, 520, 3000, 130, 1000
Giles Berry, 300, 1200, 7500, 200, 2000
Robert Jones, 20, 100, 600, 20, 135
Alexander Young, 60, 30, 1800, 50, 700
James Coats, 14, 106, 1200, 10, 100
John G. Carmichael, 20, 140, 800, 75, 360
Sidney W. Freeman, 30, 210, 1920, 8, 450
William Magison (Megison), 30, 90, 60, 15, 300
Benjamin Magison (Megison), 60, 280, 1000, 10, 470
Michael Durr, 40, 240, 1400, 60, 420
G. W. Fox, 45, 35, 800, 25, 200
Edmond (Edward) Davis, 80, 1120, 9600, 100, 500
T. T. Hollace, 200, 440, 3200, 125, 100
Joseph C. Leopold, 100, 800, 9000, 200, 1100
D. H. Freeman, 25, 295, 3200, 20, 600
D. B. Carmichael, 40, 100, 600, 75, 450
Isaac Mallette, -, -, -, 5, 225
C. B. Carlton, 60, 340, 3200, 100, 450
H. P. Boid, 50, 100, 630, 150, 325
Phelleps Fedrick, 40, 200, 1200, 100, 450
George Wren, 90, 230, 1600, 120, 500
Wm. J. Thomas, 120, 320, 2100, 100, 1000
John Thomas, 35, 205, 1200, 10, 250
Stephen Kees, 30, 170, 1000, 137, 800
Massey Myers, 12, 228, 960, 65, 360
Lowel Brewer, 80, 550, 3150, 100, 400
Z. Holley, 40, 240, 1400, 100, 300
John Worley, -, 120, 600, 10, 150
Isaac Elliott, 60, 140, 1000, 100, 300
James Elliott, -, 80, 400, -, 100
Edward Debrew, 30, 650, 3400, 125, 478

Phillip L. Collins, 25, 255, 1400, 30, 150
Samuel Smith, 30, 330, 1800, 25, 500
W. L. Lofton, 25, 215, 1200, 15, 125
James Blackwell, 25, 215, 1200, 25, 150
J. W. McCasland, 60, 20, 400, 50, 300
John D. Pair, -, -, -, 30, 100
Rufus C. Berry, 20, 280, 1530, 100, 370
John M. Lightney, 20, 300, 1600, 25, 225
G. F. McGee, 18, 942, 2880, 110, 250
Wm. H. Britian, 25, 295, 1600, 50, 325
James F. Cross, 12, 308, 1600, 55, 80
John W. Bishop, 20, 380, 4000, -, -
John N. Fuller, 10, 150, 800, 55, 100
Hosier Pickett, 25, 125, 100, 100, 350
W. D. McGee, 20, 220, 1200, 10, 120
Aaron J. Fletcher, 45, 595, 1920, 75, 220
Hannah Harville, 200, 1200, 2800, 120, 1250
Daniel Brown, 150, 490, 19200, 300, 3856
Henry R. Welch, 85, 415, 2500, 100, 700
Jacob Kelly, 10, 50, 400, 10, 150
Saul Smith, 150, 750, 4500, 100, 1000
James C. Brooke, 250, 730, 9800, 400, 1750
Joseph Clark, 200, 910, 2280, 300, 1000
Eliza G. Gallien, 1250, 1250, 3000, 40, 1000
R. H. Walton, -, -, -, 20, 250
James E. Reagan (Keagan), 200, 600, 4000, 125, 1100
C. W. Boyston, -, 120, 600, 10, 200
James H. Martin, 125, 535, 4760, 50, 700
John Littor (Litton), -, -, -, 170, 1460
Richard Winn, 60, 100, 800, 100, 1000
John Ranscheck, 16, 2241, 200, 40, 450
Samuel Lum, 30, 130, 600, 70, 450
John C. Hughes, 50, 230, 2800, 200, 400
George Lernon, 15, 250, 100, 5, 200
Isaac Lambert, 100, 540, 3260, 100, 600
Wm. Lambert, -, 400, 1200, 175, 470
Joseph Welch, 25, 415, 2200, 30, 490
Timothy W. Lynch, 10, 230, 960, -, -
S. C. Prothro, 75, 425, 10000, 150, 2000
George L. Clanton, 60, 64, 2240, 100, 650
Mark P. Clanton, 60, 64, 2240, 10, 450
John M. Errant, 60, 204, 3280, 100, 400
W. H. Hendrick, 60, 440, 4000, 100, 450
Mary Hendrick, 10, 845, 2550, -, 450
Hesakire Hendrick, 5, 35, 200, 75, 350
Jerry Smith, 200, 920, 3000, 150, 1650
Wm. Smith, 180, 220, 1200, 150, 1400
John B. Jackson, 200, 200, 7200, 300, 800
Martha Hertzoff, 350, 770, 22400, 150, 4040
Mason Henderson, 80, 334, 207, 75, 530
F. W. Ervanter (Ervanten), 20, 140, 640, 10, 20
Temperence Cox, 12, 14, 260, 10, -
L. G. Dickerson, 25, 35, 720, 100, -
William Prothro, 16, 104, 500, -, -

Jacob Cury (Curz), 12, 188, 3000, 10, -
G. W. Scarborough, 200, -, 4000, 50, -
Abner Law, -, 140, 2000, 100, -
Irvin Scarborough, 80, 520, 12000, 100, -
Josiah F. Scarborough, 30, 160, 5000, -, -
Philimon Cox, -, -, -, 100, -
Francisco Desoto, 20, 20, 200, 10, -
John Conoway, 40, 460, 2500, 25, -
William Mathews, 30, 490, 2240, 100, -
T. L. Mathews, -, 160, 400, -, -
Thomas Johnson, 15, 65, 100, 5, -
W. W. Jones, 20, 140, 1000, -, -
S. M. Crump, 25, 215, 1200, 1100, -
Mary Chereen, 12, 28, 200, 10, -
W. P. Brown, 20, 60, 400, 7, -
Wm. Y. Barnhill, 4, 156, 800, 40, -
Mary Cruser, 7, 123, 630, 28, -
Joseph Warlogge, 5, 185 800, 60, -
Walker Ernandes, 3, 57, 200, 25, -
John Bustamarter, 5, 35, 200, 10, -
John Sudduth, -, -, -, -, -
John Ratcliff, 30, 770, 1600, 100, -
Euriah Carr, 20, 140, 1280, 50, -
Mary Bails, 20, 140, 1280, 50, -
Henry Boid, 5, 75, 640, -, -
L. T. Blanchard, 20, 80, 480, 50, -
Binam Bails, 65, 25, 2880, 80, -
Wm. W. Bails, -, 80, 640, 25, -
J. J. Rains, 140, 260, 400, 300, -
G. W. Berry, 40, 80, 960, 25, -
S. D. Crump, 10, 110, 600, 20, -
A. J. Beroy (Beroz), 20, 20, 320, 15, -

Robert Padgett, 20, -, -, 40, -
Clinton Berry, 40, 160, 1600, 150, -
C. D. Crump, 100, 781, 7056, 150, -
Wm. Crump, -, -, -, -, 20
Wallice Vornon (Vernon), 50, 110, 1280, 125, -
Beroy (Beroz) Vernon (Vornons), 20, 140, 1280, 25, -

Ira Winn, 50, 310, 2880, 50, -
Hesakira Blankenship, 25, 215, 1920, 25, -
Joseph Lolly, -, -, -, -, 5
Joseph Winn, 50, 150, 1600, 30, -
W. H. Barnhill, 75, 45, 980, 135, -
Arthur Charles, 150, 200, 6000, 100, 1500
Z. Walcoat Metoyer, 80, 120, 3000, 60, 300
Florantine Conor, 50, 50, 5000, 70, 75
N. P. Metoyer, 80, 250, 6690, 50, 180
Nurna Metoyer, -, -, -, -, 300
T. Chalier, 508, 1400, 19000, 1000, 300
Erasma Rogues, -, -, -, -, 150
S. Morine, 80, 60, 4200, 50, 500
J. Metoyer Jr., 185, 85, 2000, 50, 515
John A. Gonger, 40, -, -, 15, 300
Elze Durbon, 40, 19, 1180, 50, 750
A___dd (Arnold) Rachal, 40, 54, 940, 60, 300
Sebastin Rachal, 40, 78, 816, 40, 350
Madeline Savage, 31, 58, 640, 40, 400
J. R. Frederick, 60, 134, 1940, 150, 4500
Maxamin Verchet, 12, 148, 1600, 20, 350
M. L. Barnes, 17, 93, 1375, -, 125
M. C. Chelette, 12, 28, 400, 10, 250
Y. P. Scarborough, 18, 92, 1375, 50, -
Joseph G. S__hens (Stephens), 30, 470, 2500, 100, -
Rolbrosor Durban, 16, -, -, 10, 150
J. B. Melaneon, 20, 95, 950, 20, 350
Severan Boden, -, -, -, 10, 250
T. C. Rachal, 30, 37, 670, 60, 250
Bartholowand Rachal, 35, -, -, 10, 150
Liston Lacaze, 25, 35, 600, 20, 300
Philis Boden, 12, -, 120, 10, 150

Joseph Martin, 80, 500, 960, 500, 450
A. Pharris, 15, 185, 1000, 10, 180
G. W. Trannul, 10, 2800, 400, 10, 470
D. A. Farris, 90, 1010, 4400, 40, 1060
Charlie Lacaze, 20, 60, 800, 10, 250
B. Breville, 15, 25, 800, 10, 15
J. A. Wickliff, 30, 90, 600, 100, 500
K. H. Farris, 15, 65, 400, 40, 60
David Moore, 12, 148, 800, 88, 250
Thos. A. Page, 20, 30, 250, 20, 600
J. E. Turner, 35, 45, 400, 100, 540
Wm. Turner, 20, 140, 800, 100, 250
B. M. Lynch, 35, 258, 2240, 150, 420
Antoinette Metoyer, 150, 90, 2880, 20, 300
Clamant Florens, -, -, -, 5, 100
Francois Morens, -, -, -, 140, 120
J. Rogues, 40, 272, 3120, 10, 630
Marie A. Rogues, 14, 166, 1200, 17, 150
Melite Metoyer, 150, 450, 6000, 50, 1000
T. J. Metoyer, 15, 550, 14000, 200, 1500
G. B. Metoyer, 170, 280, 7000, 50, 600
T. D. Metoyer, 20, 63, 8880, -, -
C. A. Sarppy, 46, 60, 1000, -, 400
Clay Florens, 20, 60, 560, -, 300
Tranquillam Metoyer, -, -, -, -, 300
Theodore Rachal, -, -, -, -, 460
Estate of Serre Lattier, 300, 300, 10000, 100, 1200
T. Azenor Metoyer, 100, 80, 3600, 80, 1600
Leniat Rachal, 26, -, 520, 20, 100
P. D. Seviran, 80, 58, 1380, 70, 417
O. D. Metoyer, 60, 75, 1350, 25, 365
S. Florens, 60, 60, 1200, 5, 270
B. Stamans (Starnans), 200, 700, 22500, 150, 1500
E. C. Starnans (Stamans), 100, -, 300, 50, 1000
J. T. Starnans (Stamans), 150, -, 1500, 151, 1000
J. B. Cloutier, 350, 350, 9000, 250, 3000
Alexis Cloutier, -, -, -, -, 820
W. V. Lambert, 225, 275, 12000, 700, 1500
W. Lambert, 225, 275, 120000, 700, 1000
B. W. Bullette, -, -, -, -, 680
T. N. Dickenson, 125, 100, 15000, 100, 2200
Phanor Prudhomme, 1000, 24000, 35000, 2000, 6640
F. A. Prudhomme, -, -, -, -, 800
G. Hulin, -, -, -, -, 600
Tumeca (Turnica) Pace, -, -, -, -, 500
Lutan Prudhomme, 900, 2759, 7930, 820, 961
J. B. Kuppe, 140, 107, 4940, -, 1000
B. Metoyer, 370, 600, 25000, 300, 5000
Aurora Metoyer, 1160, 3000, 80000, 1000, 10000
J. F. Hertzogg, 590, 410, 40000, 1000, 4200
Emile Hertzogg, 100, 370, 1400, 1000, 130
Modest (Hertzogg), -, -, -, 10, 340
Jerrom Serferin, 40, 40, 2000, 30, 160
Wm. A. Smith, 200, 1680, 4700, 100, 1200
John Reynolds, 110, 370, 2400, 200, 500
James W. Reynolds, 70, 410, 2400, 125, 405
Wm. Reynolds, 80, 240, 2000, 200, 400
Isaac P. Will (Well), 150, 470, 3200, 100, 450
Lucy B. Oliver, 200, 400, 3000, 150, 800

Wm. Whitted, 450, 2400, 20000, 500, 3000
C. M. Oliver, 20, 420, 1760, 50, 200
David Hooz (Hoog), 65, 58, 6150, 100, 400
Geo. N. Brauner (Champion overseer), 200, 200, 16000, 150, 1200
T. D. Brown, 400, 500, 36000, 500, 2000
H. M. M. McKnight, 400, 740, 34200, 1000, 3000
J. J. Jordan (Wm. Mulligan overseer), 300, 1700, 100000, 400, 2000
W. B. Gooch (Wm. W. Gantz overseer), 375, 728, 11000, 250, 1600
Joshua Foster (Benjamin Wood overseer), 150, 350, 20000, 150, 800
King & Blacksher (F. M. Martin overseer), 815, 685, 50000, 200, 2100
A. G. Jordan (John Skinner overseer), 240, 1960, 55000, 300, 2500
D. A. Blacksher (A. F. Fletcher overseer), 500, 2500, 100000, 300, 1000
Wm. Ellizy (G. W. Harvel overseer), 215, 248, 4500, 200, 2300
Hyppolite Hertzogg, 440, 6040, 37000, 150, 4000
Theophile Prudhomme, 300, 1076, 27520, 200, 2000
Estate of Francois Gaiennie, 1200, 2232, 88660, 1000, 5000
J. B. Planche, 1500, 3500, 75000, 1000, 7000
P. A. Morse, 150, 850, 22000, 750, 1100
John B. Smith, 350, 850, 20000, 400, 2500
Delphine Gentir, 500, 500, 10000, 200, 2700
Frances Ginney, 115, 170, 2850, 275, 700
Ambrose Sompayrac, 1000, 1800, 42000, 1000, 4000
M. Boyce, 650, 2350, 45000, 1000, 2500
A. H. Pierson, 250, 1530, 24600, 200, 1500
Eugean Lamce (Lamie), 600, 1400, 40000, 500, 3500
Emile Sompanrac, 500, 624, 11340, 1000, 3000
S. M. Haynes, 500, 6500, 105000, 2000, 5000
E. L. Haynes, 700, 6200, 108000, 2000, 6000
W. W. Brazeale, 1350, 1750, 120000, 1000, 5000
Louis Greneaux, 200, 400, 12000, 250, 200
L. A. Hause, 500, 1000, 30000, 500, 3000
Valry Gainnie, 350, 2150, 40000, 250, 1500
Nat. Calhonn, 1000, 1697, 27000, 1000, 4000
George W. Whitfield, 120, 170, 5580, 150, 500
G. P. Breda, 25, 350, 500, 10, 200
Ozeet Roubien, 300, 1200, 30000, 250, 2000
Henry Hertzog, 350, 1650, 40000, 250, 3000
Vienne Metoyer, 60, 60, 1200, 50, 270
Deminci Metoyer, -, -, -, 5, 250
Emanuel Dupree, 54, -, 540, 75, 800
Oscar Dubrenil, 45, 38, 830, 31, 300
Volsa Metoyer, -, -, -, 10, 200
J. B. Metoyer, -, -, -, 10, 50
Louis Metoyer, 40, -, 400, 5, 125
Joseph Thomas, -, -, -, 140, 150
J. B. D. Metoyer, 103, 176, 1395, 75, 440
Wm. Robison, 150, 110, 5200, 300, 924

Theodor Laconse, 55, 50, 1000, 50, 600

A. Lesonite, 2240, 5595, 251000, 5000, 9650

Louis Monette, 100, 20, 1200, 25, 225

Francois Metoyer, 80, 220, 3000, 25, 350

Louis D. Metoyer, 50, 270, 3200, 50, 4000

Marceli Metoyer, 40, 16, 1000, 20, 175

Froisin Gallien, 15, 29, 134, 10, 101

Noels Gallien, 54, -, 540, 10, 250

G. Fontenot, 110, 115, 1250, 7, 400

D. B. Rachal, 150, 590, 6400, 400, 600

A. Lampetie, 230, 350, 6000, 200, 1000

Victor Rachal, 450, 500, 200, 250, 2500

Dr. S. O. Schruggs, 450, 1350, 36000, 400, 5300

Edward Soveran, 81, 560, 12000, 200, 1300

Berry Thompson, 230, 240, 9400, 58, 1300

Alen Wheeler, 80, 20, 5000, 40, 1240

Cockfield E. Benoist, 300, 400, 12500, 210, 2500

Vernif. Rachal, 25, 25, 1150, 10, 250

M Day, 58, 50, 1000, 25, 400

A. P. Metoyer, 135, 265, 7000, 100, 1000

Melisine Rogeres, 80, 150, 500, 50, 750

J. B. A. Metoyer, 175, 200, 10000, 200, 2020

F. G. Metoyer, 120, 160, 4000, 100, 800

C. Christophr, 30, 70, 300, 30, 400

F. Christopher, -, -, -, -, 580

G. Serpy, 730, 270, 10000, 50, 500

Jean Conant, 100, 100, 1000, 75, 220

P. P. Balthazar,-, -, -, 10, 225

Mavile Lacoure (Laconre), -, -, -, 5, 150

Jean Metoyer, -, -, -, -, 150

Joseph Rabilis, 25, 25, 1000, 10, 225

P. N. Rabilas, 16, 5, 420, 20, 400

Antoinne Rachal, 50, 25, 1500, 100, 500

A. Deprnessian (Desrnisseau), 30, 70, 2000, 20, 175

V. J. Rachal, 80, 60, 2800, 100, 700

Elyzee Rachal, 90, 344, 8680, 100, 500

C. Rachal, 100, 270, 7400, 100, 300

B. Lacaze, 12, 38, 1000, 50, 230

D. Lacaze, -, -, -, 10, 100

Luke Poplea, 100, 40, 2400, 30, 458

Thomas Bosco, 20, 30, 500, 10, 230

Francois Valra, 10, 60, 350, 10, 800

Jack Valre, -, -, -, 10, 550

Macel Serplant, 100, 50, 1500, 50, 850

L. C. Rachal, 60, -, 1000, 40, 500

J. B. Berry 20,-, 400, 10, 80

Jacob Kile, 150, 430, 3000, 100, 1640

A. Carnahan, 120, 112, 2820, 200, 3500

John V. Carnahan, 20, 40, 1000, 25, 500

M. C. Contie (Coutie), 10, 158, 1600, 25, 200

Malisa Versher, -, -, -, 20, 500

T. Lattie, 200, 1000, 12000, 300, 1378

G. Lacoure, 100, 100, 1600, 300, 1440

M. M. Carnahan, -, -, -, -, 1100

Emilie Rost (Rast), 600, 2181, 4175, 200, 2830

Robert W. Lorosee, -, -, -, 60, 1250

Mareb Giovanovich, 1600, 3400, 150000, 1000, 10000

Lucine Valory (Valery), -, -, -, 12, 60

Joseph D. St. Germain, 80, 280, 5300, 35, 330

Peter Bodry, 10, 90, 1200, 25, 300

Elizabeth Fradien, 200, 400, 12000, 10, 18
Richard Grant, 130, 145, 5500, 160, 1250
J. B. Morantina, 140, 500, 6400, 100, 120
Cleopas St. Germain, 50, 110, 320, 25, 370
Searaphin Rachal, 50, 110, 800, 25, 308
Manette Dupree, 250, 1790, 14400, 100, 1300
Mary L. Morrean, 100, 300, 4000, 50, 800
Andrew St. Andre, 41, 400, 2505, 25, 300
Jule Leroux, 100, 300, 2000, 40, 375
Chasten Metoyer, 80, 100, 1800, 60, 760
R. H. Turner, 80, 430, 12750, 300, 1250
C. C.Antony, 400, 600, 20000, 135, 2250
C. H. Waters, 35, 65, 2000, 25, 200
Vareiss Prudhomme, 900, 3100, 51600, 800, 9490
J. B. Prudhomme, 500, 2407, 14555, 600, 3400
Achille Prudhomme, 650, 2720, 60670, 600, 6125
Joseph Perot, 48, 44, 840, 20, 1500
Charles Lacaze, 20, 4, 480, 25, 328
F. H. Frederick, 60, 150, 2100, 25, 1000
G. Vienne, 100, 50, 1500, 200, 1600
Joseph Jarim, 400, 400, 800, 100, 2000
J. Desoncher (Deslouches), 60, 140, 2000, 100, 500
D. Rachal, -, -, -, 50, 100
Prudent Rachal, 50, 100, 1500, 100, 300
F. Dubanne, -, 30, -, 30, 300
George Gunery, 300, 800, 16000, 300, 2000
F. C. Hunt, 160, 91, 10040, 250, 1400
H. V. Hessier, 80, 700, 1500, 100, 800
Aharles (Charles) A. Bullard, 25, 15, 1500, 20, 500
H. B. Lavespre, 100, 125, 3000, 10, 1800
Louis B. Rachal, 200, 200, 4000, 10, 1000
Selestan Byon, 25, 75, 2500, 20, 250
G. M. Rachal, 40, 70, 1400, 20, 400
J. B. Lacoure, 20, 40, 1200, 15, 100
Louro Lacoure, 25, 35, 1200, 20, 175
John C. U. Seartsville, 4, 35, 1500, 25, 228
J. W. Roper, 150, 70, 6400, 250, 1550
E. Chevaleur Roper, -, -, -, 50, 1250
T. Chevalier, 100, 300, 8000, 50, 120
B. F. Harrison, 60, 400, 9200, 175, 700
J. Curry, 120, 435, 4100, 100, 950
A. J. Curry, 15, 85, 1980, -, 250
Charles Deneane, 28, 22, 1000, 10, 300
Francois Fredien, 40, 60, 500, 10, 100
L. S. Auty (Anty), 20, 26, 80, 20, 250
Pauline Listage, 18, 22, 800, 20, 500
Azera Tavervo, 80, 260, 6800, 60, 800
Josiah Bonepore (Bonepan), 120, 230, 6400, 300, 14450
D. Borden, 25, 35, 1200, 20, 400
J. B. _. Rachal, -, -, -, 10, 400
F. Vienne, 20, 180, 2500, 68, 780
J. C. Hickman, -, -, -, -, 160
T. C. Dun, -, -, -, -, -
Robert Noble, -, -, -, 80, 190
E. G. Beck, 40, 40, 800, 110, 600
D. More, 40, 10, 500, 20, 270
James Albred (Alfred), 18, -, 520, 15, -

Wm. A. Ponds, 250, 1250, 15000, 200, 1250
J. H. Hickman, 40, 70, 590, 200, 500
John L. Page, 70, 50, 1000, 100, 550
G. W. Burkette, 40, 221, 1505, 120, 400
David Murry, 20, 55, 300, 60, 460
J. B. Parker, 11, 69, 720, 20, 507
A. V. Carter, 25, 295, 3200, 10, 450
Christopher Howman, 30, 610, 3200, 60, 380
W. S. Weeks, 50, 110, 800, 100, 880
Edward Eley, 15, 15, 600, 8, 150
JohnA. Shelton, 60, 740, 4000, 125, 500
Julien Morris, 70, 180, 2500, 20, 850
David Milliamson (Williamson), 40, 40, 800, 5, 250
W. P. Morrow, 160, 680, 7500, 250, 1550
A. G. Rogers, 160, 92, 3780, 150, 150
H. N. Chelte, 70, 70, 2800, 100, 100
Celina Poisset, 65, 148, 4260, 50, 200
Isaac Rachal, 40, 60, 2000, 300, 700
Firmin Lattie, 350, 450, 16000, 300, 5300
Victor Poisett, 6, 94, 700, 10, 200
Charles Ammam, 40, 280, 1500, 25, 650
Alexander L. Sonepax, 20, -, -, 10, 100
H. Fredien, 150, 1050, 8000, 51, 600
Julia Desloucher, (Delouches), 130, 350, 9600, 120, 560
F. Delouches, 150, 260, 8200, 200, 500
Piere Mitchel, -, -, -, 10, -
D. Brosset, -, -, -, 10, 200
G. Lacaze, -, -, -, 10, 400
J. W. Lacaze, -, -, -, 10, 100
O. Lavespre, 20, 125, 2860, 25, 200
E. J. Cookfield, 140, 75, 3050, 100, 1700
Melise Anty, -, -, -, 10, 200
Delona (Delana) Larudor (Lavrder), -, -, -, 10, 60
R. Boden, 180, 390, 2000, 50, 410
Joseph Scarborough, 20, 75, 285, 30, 325
Da__ Sparks, 35, 365, 2000, 75, 550
G. M. Cobb, 70, 410, 4000, 150, 520
G. _. Mobley, 35, 165, 2400, 30, 550
John S. Cobb, 55, 305, 2880, 100, 600
Wm. Mathews, 20, 180, 1200, 60, 425
George P. Byrd, 35, 85, 1200, 100, 340
Nancy Hawkins, 125, 675, 4000, 100, 300
Josaah Greer, 50, 310, 1800, 150, 741
M. P. Hawkins, -, -, -, -, 320
E. H. Garner, 13, 27, 360, 40, 120
D. W. Garner, 13, 27, 360, 40, 120
Wm. Garner, 13, 27, 360, 40, 550
J. E. Hawkins, -, -, -, -, 400
J. W. Marmer (Marnus), 10, 310, 1600, 150, 650
T. M. Smith, 400, 980, 10000, 500, 339
W. M. Fuller, 10, 1330, 2800, 50, 600
Catharine Tinsly, -, -, -, -, 125
Samuel Stewart, 10, 76, 800, 10, 225
James Beasley, 150, 1250, 6300, 100, 1095
J. B. Evirage, -, -, -, 10, 200
N. W. Marshall, -, -, -, 100, 600
Franklin Daimond, 12, 28, 22, 40, 300
Richard Odum, 75, 1, -, -, 250
Francis M. Snell, 50, 270, 1600, 15, 200
Stephen Garant, 15, 385, 1200, 100, 2000
W. R. Taylor, 40, 400, 2210, -, 650
Wm. Ewings, 300, 550, 2000, -, 360
Wm. R. Smith, 70, 240, 1575, 100, 500

James J. Key, 15, 145, 800, 20, 650
R. Robison, 15, 345, 1800, 300, 600
John Traylor, 15, 97, 560, 25, 300
George Airhart, 10, 30, 400, 50, 350
Alexander Airhart, 10, 110, 600, 100, 450
James Collins, 25, 175, 2000, 125, 600
Elizabeth Bush, -, -, -, 25, 300
Wm. F. Hair, 25, 246, 819, 25, 400
James Lee, 16, 104, 600, 20, 400
Hugh Dowden, 200, 120, 480, 50, 950
A. J. McNeely, -, -, -, 6, 500
John Bolton, 80, 240, 3200, 100, 850
W. H. Montgomery, 20, 60, 40, 25, 450
B. D. Owens, 100, 400, 2500, 25, 450
Edmond Kenebrew, 30, 170, 1000, 25, 225
John McKaskel, 8, 32, 200, 10, 180
Wm. Cobb, 16, 184, 1000, 70, 425
Wm. C. Harm, 5, 75, 400, 10, 125
James Cobb, 10, 30, 400, 10, 120
R. M. Cox, 45, 195, 1920, 125, 450
Davis Cox, 20, 100, 996, 20, 200
T. L. Lupe__, 120, 521, 3200, 125, 1000
Mary Broadmay, 25, 54, 400, 25, 250
Silus McCollough, -, -,-, 11, 300
E. D. Forshee, 30, 130, 800, 10, 450
Enoch More, 14, 146, 800, 10, 150
David Murrey, 20, 20, 200, 100, 400
W. J. Withers, 20, 120, 420, 6, 254
John Martin, 50, 581, 3155, 100, 750
John H. Jordan, 22, 20, 200, 20, 200
Rebecca Deritt (Devitt), 10, 230, 1200, 75, 325
Wm. W. Rhodes, 40, 195, 1175, 200, 300
Thomas Jackson, 15, 165, 900, 50, 200
Louis Gilberease, 20, 80, 500, 100, 350

Malam Gilerease, 10, 30, 200, 10, 100
Ephram Martin, 18, 142, 800, 20, 125
James D. Taylor, 25, 95, 600, 25, 350
Frederick Buzel, 30, 610, 2200, 100, 575
Nickbert (Nickhert) Seff, 60, 60, 600, 75, 500
Z. Lee, 40, 80, 600, 75, 525
A. T. Stacy, 50, 110, 800, 50, 600
Benjamin Johnson, -, -, -, 25, 250
James M. Martin, 50, 230, 1400, 25, 450
G. W. Martin, 45, 235, 1400, 100, 300
John Robison, 6, 74, 400, 700, 400
Wm. Glover, 30, 250, 1120, 100, 100
C. C. Niese, -, -, -, 10, 60
Thomas Frunair (Fournair), 15, 25, 200, 25, 300
Joyey Dewberry, 26, 54, 240, 10, 100
Peter Kefe, 20, 140, 600, 100, 200
John Rachall, 10, 30, 200, 40, 150
Henry Frehell, 35, 360, 2000, 25, 120
Isaac Jurinant, 25, 135, 800, 25, 200
Morgan Nixon, 30, 160, 1000, 50, 200
Lenard Frichek, 150, 1150, 9600, 125, 1800
Emanuel Lavine, 30, 240, 1000, 40, 150
David F. Kimball, 25, 695, 2880, 10, 250
Wm. Hilbun, 20, 60, 400, 15, 250
James Weaver, 35, 45, 400, 25, 350
R. W. Stewart, 4, 36, 200, 10, 100
Felix V. Melder, 40, 160, 1000, 100, 250
H. W. Weaver, 25, 295, 1600, 75, 200
Green Morgan, 20, 60, 400, 50, 150
Samuel Wood, 12, 68, 200, 10, 100

R. L. Hamilton, 60, 260, 1600, 100, 400
R. Waggoner, 45, 105, 800, 150, 500
G. W. Barber, 35, 165, 1000, 10, 128
J. B. Robinson, 20, 170, 1000, 75, 400
W. F. Fowler, 20, 200, 1600, 120, 400
James C. Meeks, 15, 685, 2100, 100, 300
G. C. Hall, 30, 230, 1300, 100, 800
Joseph Blakeley, 30, 10, 200, 20, 125
Madison Flanigin, 30, 90, 300, 15, 300
David Brown, 12, 70, 400, 10, 15
Geo. H. Walker, 30, 50, 560, 15, 150
Wm. Hines, 75, 165, 1200, 110, 400
J. M. Williams, 40, 240, 840, 100, 700
H. B. Armstrong, 140, 40, 400, 20, 150
Hugh McRorey, -, -, -, -, 40
S. N. Cloud, -, -, -, 5, 250
James Lester, -, -, -, 75, 250
John W. Walker, 20, 20, 400, 10, 150
Edward Patterson (Govan Williams agt.), 100, 180, 800, 150, 600
Joshua Prothro, 90, 450, 5500, 300, 1837
James E. Prothro, 80, 450, 5500, 200, 1837
H. Readhimer, 50, 30, 410, 75, 400
Burrell Bushing, 60, 240, 1600, 125, 1200
Wm. Bushing, 15, 65, 400, 100, 150
A. G. Bushing, 50, 150, 100, 25, 600
Madison Mobley, 120, 520, 3200, 200, 1200
John Shirring, 35, 285, 1600, 160, 300
John N. Nolan, 40, 80, 600, 15, 300
G. W. Alexander, 60, 60, 600, 120, 450
J. E. Markum, 75, 165, 1200, 150, 410
Mary A. Bryan, 25, 175, 1000, 120, 200
Joel Murphy, 25, 95, 600, 15, 300
Henry S. Thomas, 75, 405, 2400, 40, 400
Lella Greette, 30, 90, 600, 40, 410
Thomas Cook, 10, 30, 200, 8, 100
Stephen Womack, 34, 6, 200, 10, 100
John Barron, 20, 220, 120, 50, 300
Rebecca Thomas, 20, 20, 200, 25, 175
H. H. Heathern, 50, 690, 3700, 150, 1000
Mary M. Grilliot, 50, 430, 2400, 10, 200
Antone Grilliot, 40, -, -, 80, 600
W. _. Ross, 10, 30, 400, 10, 200
David C. Boyd, -, -, -, 150, 400
S. C. Boyd, 40, 80, 610, 20, 350
E. Frichel, 22, 20, 200, 50, 300
John N. Smith, 800, 1200, 6000, 500, 4000
Emanuel S. Perot, 30, 100, 400, 10, 250
G. W. Stone (John Smith agt.), 300, 300, 600, 150, 800
S. A. Thompson, 75, 525, 3000, 150, 500
Clairicy Cagle, 25, 95, 600, 100, 710
John B. Morrow, 130, 210, 1800, 200, 600
L. L. W. Morrow, 50, 130, 800, 100, 400
L. Morrow, 125, 215, 1610, 25, 400
Franklin Burley, 40, 160, 1000, 100, 3500
L. H. Legay, 50, 40, 2250, 50, 275
Mrs. Hawkins, 10, 150, 800, 10, 75
Francois Bassor, 20, 20, 200, 15, 100
Andrew Fedrick, 30, 230, 1200, 100, 450
Wm. Langino, 30, 320, 900, 10, 20

Wm. Longino Jr., 30, 320, 900, 60, 230
H. Banbury, 20, 280, 2000, 58, 250
Evanda Gandy, 175, 1025, 2000, 175, 800
Joseph Henry, 571, 160, 22000, 100, 3950
Benjamin McTyre, 140, 1400, 10000, 100, 820
C. F. C. Puckett, 300, 150, 20000, 300, 1100
John L. Perot, 193, 1152, 15000, 100, 1500
R. C. Hammett, 100, 620, 2500, 75, 500
John Sims, 300, 1900, 2000, 500, 4000
Adolph Prudhomme, 185, 458, 16000, 250, 2500
Noel Condi, 150, 40, 7600, 75, 800
Lewis March, 120, 580, 16000, 200, 1250
Lurand Daris, 145, 295, 15000, 100, 1100
G. V. E. Prudhomme, 300, 1300, 48000, 300, 3250
Cyriac Perot, 200, 470, 10000, 150, 2500
Morlon Bandaris, 125, 760, 2750, 75, 2000
Moses Hurst, 90, 407, 6000, 100, 700
Onezine Grappe (Grasse), 15, 104, 3000, 25, 600
Joseph Adams, 20, 260, 800, 25, 600
Homer Vascoen, 15, 404, 1600, 100, 250
Jeane R. Grappe (Grasse), 25, 835, 400, 30, 700
Henry Jackson, 50, 590, 1600, 100, 850
Justin Jones, 40, 280, 1500, 50, 300
Rally Williams, 100, 1660, 1000, 100, 800
Wm. Mache, 225, 40, 7000, 100, 1200
Lucinda Haily, 100, 130, 1000, 50, 700
P. Reubun, 350, 350, 21000, 250, 2150
R. W. Campbell, 150, 100, 10000, 150, 150
Ben Jones, 25, 135, 640, 25, 600
E. Vascoen, 9, 171, 1000, 20, 450
W. L. Baird, 300, 311, 25600, 200, 2000
N. C. Gillum, 25, 335, 1000, 50, 400
John R. Bosley, 130, 672, 11440, 100, 720
Estes Whitted, 200, 1920, 10000, 500, 900
James R. Bosley, 235, 412, 21800, 250, 1700
Wm. Sprowl, 270, 245, 20000, 100, 1750
J. T. Wilson, 60, 140, 6000, 40, 300
B. N. Shuler, 35, 315, 3500, 10, 1000
W. T. Wilkinson, 130, 210, 1500, 75, 450
Wm. Childers, 125, 235, 3600, 75, 700
B. H. Baird & Brothers, 300, 340, 10000, 50, 1800
Jepthy Tomlinson, 89, 351, 2200, 25, 700
Madison Carrol, 250, 550, 15000, 50, 1400
Robert H. Armistead, 155, 359, 13000, 200, 1650
M. H. Stallings, 100, 400, 10000, 100, 4500
Jarrett D. Law, 90, 130, 12640, 75, 1000
J. W. Wray, 45, 65, 4400, 25, 350
Elizabeth McKenney, 90, 130, 8800, 50, 750
John W. Brown, 200, 940, 28300, 50, 2100
Francis E. Williams, 250, 150, 20000, 100, 2800
A. W. Baird, 230, 1300, 30000, 200, 3500

Wm. B. Stewart, 225, 575, 24000, 200, 2000
Wm. Williams, 120, 185, 15000, 150, 1200
Benjamin Kenney, 30, 344, 15000, 100, 1200
Jonathan Sprowl, 125, 25, 6000, 75, 1000
Benjamin Davis, 40, 320, 2000, 50, 750
John T. McMurry, 25, 295, 1200, 20, 350
Stark H. Smith, 20, 220, 1200, 50, 500
John E. Murph, 250, 950, 4400, 500, 1200
Francis B. Lee, 125, 1225, 1000, 350, 1100
Murrell Rowland, 80, 185, 1000, 50, 1000
James B. Porter, 150, 760, 5000, 250, 1000

The Parish of Orleans, Louisiana
1860 Agricultural Census

The Agricultural Census for Louisiana for 1860 was microfilmed by the University of North Carolina Library under a grant from the National Science Foundation and filmed from original records held at Duke University Library, Durham North Carolina.

There are some forty-eight columns of information on each individual. Only the head of the household is addressed. I have chosen to use only six columns of the information because I feel that this information best illustrates the wealth of the individuals. These are shown below:

1. Name of Owner
2. Acres of Improved Land
3. Acres of Unimproved Land
4. Cash Value of the Farm
5. Value of Farm Implements and Machinery
13. Value of Livestock

Thus, the numbers following the names represent columns 2, 3, 4, 5, 13.

The following symbol is used to maintain spacing where information in a column is left blank (-). This symbol is used where letters, names or numbers are not legible (_).

John Begeron, 2, 1, 1200, -, 600
Piere Nougue, 1, 3, 2000, -, 1500
Hypolyete Belocq, 1, -, 600, -, 1000
Jean Barbenecens, 1, -, 600, -, 1800
Jules Laport, 2, -, 1000, -, 1500
John Utadon, 2, -, 1000, -, 1300
R. F. Nichols agt., 10, 7000, 8000, 500, 10000
Edward Verett, 2, 1 ½, 5000, 100, 1000
Furcy Verett, 50, 400, 65000, 100, 500
Armand Dacazal, 15, -, 10000, 200, 400
St. Leon Dupiere, 16, 114, 8000, 100, 400
John B. Olivier, 80, -, 20000, 500, 1200
Theodule Camus, 100, 2000, 10000, 1500, 3000
Anna Baker, 60, 20, 14000, 100, 400

Peter Marcy, 10, 110, 30000, 500, 1000
Arthur Fortier, 20, 60, 10000, 100, 500
Jules Benit, 40, 40, 15000, 200, 100
J. F. Sturm, 80, -, 20000, 500, 400
John Schinkel, 40, 40, 15000, 300, 850
Amelear Fortier, 18, 22, 3000, 50, 300
John Planchard, 30, 10, 6000, -, 160
Edward Planchard, 30, 10, 6000, -, 160
John Bernard, 4, 6, 300, -, 100
Norbert Trepagnier, 35, 400, 11000, 250, 1700
George Lewis, 25, 105, 7500, 250, 500
Belgard Lacost, 22, 23, 500, 250, 1500

Alfonce Camus, 200, 200, 17000, 300, 1000
Adolph Villere, 600, 700, 8000, 6000, 5000
Hypolyte Delacroix, 750, 4000, 150000, 25000, 8000
John _. Lepretre, 600, 200, 130000, 15000, 10000
Gabriel N. Fazende, 90, 125, 15000, 1000, 1000
Gustave Bougligney, 440, -, 60000, 800, 5000
Edmund Fortier, 140, 140, 10000, 100, 600
Piere Lacost, 20, 60, 8000, 100, 200
Thomas L. McGee, 1200, 2200, 175000, 15000, 15000
Caroline McIntosh, 20, 2, 3000, 100, 300
Francois Ducange, 25, 110, 10000, 200, 500
Peter Cazelar, 200, 1500, 25000, 500, 1500
Frank Strickner, 2, -, 800, -, 100
C. Broadwell, 12, -, 17000, 200, 800
M. Jean, 7, -, 3000, 25, 350
M. Bougiere, 7, -, 400, 30, 200
J. Berreo, 3 ½, -, 2500, 30, 125
J. Davis, 15, -, 18000, 100, 1200
S. Henio, 3 ½, -, 2500, 30, -
T. Schwartz, 5, -, 4000, 50, 600
E. A. Murphy, 3 ½, -, 3500, 50, -
De. Edwards, 7, -, 13000, 100, 300
Brunet, 7, -, 7000, 100, 400
P. Guesnon, 4, -, 8000, 50, -
Brengier, 14, -, 32000, 75, 450
Bruno, 7, -, 8000, 50, 500
Bernard, 4, -, 3000, 50, 250
J. Petrit, 3 ½, -, 2000, 50, -
J. Marshal, 3 ½, -, 2000, 50, -
H.Schrieber, 3 ½, -, 2000, 40, -
M. Rouneau, 3 ½, -, 1500, 35, -
Solomon, 6, -, 4000, 50, 200
Mercier, 6, -, 4000, 50, 200
Wilder, 3 ½, -, 2000, 40, -
J. Fourner, 3 ½, -, 2000, 40, -
Marshall, 3 ½, -, 2000, 40, -
Merill, 6, -, 4500, 50, 250
J. Agaisse, 3 ½, -, 2000, 40, 150
B. Laurence, 3 ½, -, 2000, 50, -
C. Borny, 4, -, 2200, 50, -
Bozonier, 3 ½, -, 1500, 50, -
Dominique, 3 ½, -, 2000, 50, -
M. LeBeau, 6, -, 3500, 100, 300
S. Christmare, 6, -, 3000, 50, -
J. Oliver, 3 ½, -, 1500, 40, -
J. Choteau, 3 ½, -, 1500, 40, -
J. Martin, 6, -, 2500, 50, -
C. Nicholas, 3 ½, -, 2000, 50, 250
P. Deserdo, 3 ½, -, 2000, 40, -
J. Wadwert, 3 ½, -, 2000, 50, -
J. Audler, 10, -, 3500, 50, 200
Audler fils, 6, -, 3500, 50, -
Ducureon, 6, -, 3500, 50, -
R. Zulando, 6, -, 1000, 25, 150
H. Uzman, 6, -, 900, 25, 100
Zimmerman, 6, -, 900, 25, 100
J. Fellote, 6, -, 900, 30, 25
W. Martinez, 6, -, 800, 30, 100
J. Nymann, 6, -, 800, 50, 100
O. Flecher, 6, -, 2500, 50, 1700
Yessembourg, 6, -, 2000, 50, 100
T. Yerme, 3 ½, -, 700, 30, 75
P. Wolkart, 3 ½, -, 700, 30, 25
T. Wiltery, 6, -, 1500, 50, 100
S. Woinger, 6, 1500, 30, 200
J. Wereman, 3 ½, -, 800, 25, 100
W. Nicholas, 3 ½, -, 700, 25, 100
H. Wbingle, 6, -, 1200, 30, 100
M. Wetzel, 3 ½, -, 600, 20, 100
C. Wessenberger, 6, -, 1200, 25, 75
Weiskoff, 3 ½, -, 800, 30, 200
H. Wiel, 3 ½, -, 800, 20, 100
H. Zolger, 3 ½, -, 800, 20, 100
B. Dejean, 3 ½, -, 400, 20, 128
W. Tennill, 3 ½, -, 600, 20, 100
J. Wiel, 3 ½, -, 750, 20, 25
J. Neigle, 3 ½, -, 800, 25, 75
P. Weissel, 3 ½, -, 800, 20, 75
L. Vedrenne, 3 ½, -, 800, 20, 75
A. Ramen, 6, -, 1200, 25, 75
T. Rambeau, 6, -, 1200, 30, 75

J. Quindo, 3 ½, -, 650, 25, 100
S. Purnell, 3 ½, -, 650, 25, 100
H. Zemereau, 3 ½, -, 800, 25, 100
H. Nuta, 3 ½, -, 800, 20, 100
Navarraso, 3 ½, -, 800, 30, 75
Napoleon, 3 ½, -, 750, 30, 75
Rochard, 3 ½, -, 800, 25, 75
Narcross, 3 ½, -, 600, 20, 75
Christian, 3 ½, -, 550, 20, 100
J. Veaux, 3 ½, -, 600, 20, 150
Martin fils, 3 ½, -, 700, 20, 100
J. Tardts, 3 ½, -, 800, 25, 100
B. Kramer, 4, -, 2000, 60, 350
T. Betz, 2 ½, -, 800, 50, 150
J. Taylor, 2, -, 400, -, 100
H. Merill, 5, -, 1000, 100, 450
H. Robert (Kobert), 3 ½, -, 800, 65, 150
D. Master, 3, -, 750, 50, 100
H. Holey, 2, -, 400, 50, -
W. Pogert (Dogert), 2 ½, -, 1150, -, 100
Z. M. Irane, 5, -, 2200, 65, 1000
F. L. Jasaquine, 3 ½, -, 1000, 50, 250
Jean Lasigne, 6, -, 4000, 50, 450
H. Field, 2 ½, -, 500, -, 150
B. Belley, 4, -, 2000, 50, 300
Jos. Merit, 20, -, 500, 15, 150
C. Darby, 2 ½, -, 500, 15, 100
T. Bertimiere, 2 ½, -, 500, -, 150
Rosemonde, 3,-, 800, -, 300
J. Taijs (Tenjs), 5, -, 2000, 50, 600
And. Johnson, 2, -, 400, -, 180
M. Viney, 2, -, 400, -, 100
_. Boges, 6, -, 1100, 25, 300
J. Lambert, 2, -, 500, -, 150
Paul Lambert, 2, -, 500, -, 150
N. Rousseau, 2, -, 500, -, 150
J. Louisseau, 2 ½, -, 600, -, 300
L. Lambert, 5, -, 1500, 50, 600
T. Jolin, 2, -, 500, -, -
H. Shank, 2, -, 400, -, -
Jean Olive, 1, -, 300, -, -
J. Honile (Houile), 2, -, 500, -, 300
M. Nowell, 4, -, 800, -, 350
H. Snomthorne, 3, -, 600, -, 200

R. Glaire, 3,-, 1200, 50, 600
Oh. Napoleone, 2, -, 350, -, 170
Wm. Leaser, 3, -, 600, -, 150
John Drew, 2 ½, -, 500, -, -
Martin Denis, 3, -, 800, -, 400
John Walsh, 2, -, 500, -, -
M. V. Gibbons, 3, -, 600, -, 150
Wm. Williams, 2, -, 500, -, 175
I. Savodet (Sarodet), 2 ½, -, 300, 10, 600
B. Prenne, 2, -, 300, 10, -
P. Smith, 2, -, 275, 15, 250
B. Hoder, 3 ½, -, 400, 20, -
Jean Martin, 3 ½, -, 500, 20, 200
L. Alrish, 3 ½, -, 500, 20, 300
P. Gross, 3, -, 400, 15, -
P. Comer, 2, -, 250, 10, -
Geo. Glain, 2, -, 350, 10, -
Geo. Roper, 3 ½, -, 800, 50, -
H. Robinson, 10, 60, 15000, 300, 2500
T. Menard, 5, -, 1500, 100, 300
M. Papsin (Pafrere), 2, -, 200, 10, -
L. Kesher, 2, -, 200, 10, -
Piere Menard, 6, -, 1000, 50, 300
Y. Garbre, 5, -, 1500, 50, 640
P. Gordon, 3, -, 1200, 30, 650
John Miller, 5, -, 1200, 40, 200
Obr. Shlang, 2, -, 200, 10, -
F. Souriney, 6, -, 2000, 100, 550
P. Cl. Fletetin, 2, -, 300, 10, -
B. Kenhan, 2 ½, -, 200, 10, -
H. S. Guilie, 6, -, 2300, 50, 800
E. G. Boujier, 5,-, 1250, 75, 450
Paul Pelerine, 2, -, 250, 10, -
J. Brown, 2, -, 300, 10, -
D. Rousseau, 3, -, 300, 15, -
F. Schoffer, 2, -, 300, 10, -
P. Mariot, 2, -, 250, 10, -
E. Goodley, 2 ½, -, 300, 10, -
H. Cooper, 2, -, 300, 20, -
J. Gail, 2, -, 300, 20, -
J. Borglignier, 4, -, 800, 30, 400
F. Gandel, 2, -, 300, 10, -
V. Bertinssh, 2 ½, -, 300, 10, -
F. Schoft, 3, -, 500, 15, 200

E. Carolinea, 1, -, 175, 10, -
A. Ishmore, 2, -, 250, 10, -
M. Verney, 2, -, 250, 10, -
Jacob Bardinger, 4, -, 800, 30, 150
C. Rousse, 4, -, 800, 30, 350
C. Carenger, 5, -, 1000, 80, 600
P. Glaver, 4, -, 1200, 40, 200
Nicolas Miel, 4, -, 800, 40, 300
B. Bellery, 6, -, 2000, 100, 950
J. King, 4, -, 2000, 100, 1000
G. Busmer (Bromer), 5, -, 1000, 90, 600
Haris Morel, 4, -, 1000, 50, 400
H. Robert, 3, -, 800, 30, -
P. Meneaux, 4, -, 1000, 50, 300
B. Joaun, 2, -, 400, 10, -
Jas. Agristhe, 4, -, 800, 30, 200
P. J. Schubler (Schubber), 2, -, 200, 10, -
J. Mayres, 2, -, 400, 10, -
Jos. Mminesre (Mminesse), 4, -, 750, 30, 150
Oh. Cosnaine, 5, -, 1200, 100, 1600
F. Maijures, 4, -, 1100, 20, -
B. Gibberst, 4, -, 600, 30, 200

P. Halder, 3, -, 450, 10, -
Zimmerman, 8, -, 4000, 100, 800
H. Vanderbroker, 2, -, 200, 10, -
M. Duner, 5, 10, 8000, 100, 900
P. Mire, 3, -, 400, 10, -
B. Castele, 2, -, 300, 15, 150
B. Model, 2 ½, -, 300, 10, -
O. Sartigue, 3, -, 350, 15, -
Jacob Settlemor, 3, -, 350, 10, -
M. C. Doane (Deane), 5, -, 800, 100, 500
John Henry, 3, -, 400, 20, -
Louis M. Mernier, 2 ½, -, 300, 15, -
Chas. I. Bulder, 6, 5, 1700, 100, 1200
Valentine Kambock, 5, 3, 1500, 100, 1500
J. McManus, 2 ½, -, 300, 15, -
E. Caseriere, 3, 5, 1200, 100, 450
V. E. Lafayette, 3, -, 450, 50, -
V. E. Massey, 3, -, 450, 25, 200
Jacob Massey, 3, -, 450, 25, -
A. Hauley, 2, -, 300, 15, -
J. W. Lewis, 2 ½, -, 350, 15, -

The Parish of Ouachita, Louisiana
1860 Agricultural Census

The Agricultural Census for Louisiana for 1860 was microfilmed by the University of North Carolina Library under a grant from the National Science Foundation and filmed from original records held at Duke University Library, Durham North Carolina.

There are some forty-eight columns of information on each individual. Only the head of the household is addressed. I have chosen to use only six columns of the information because I feel that this information best illustrates the wealth of the individuals. These are shown below:

1. Name of Owner
2. Acres of Improved Land
3. Acres of Unimproved Land
4. Cash Value of the Farm
5. Value of Farm Implements and Machinery
13. Value of Livestock

Thus, the numbers following the names represent columns 2, 3, 4, 5, 13.

The following symbol is used to maintain spacing where information in a column is left blank (-). This symbol is used where letters, names or numbers are not legible (_).

A number of pages were microfilmed out of sequence. They have been transcribed in the sequence in which they were microfilmed.

M. Wisenor, 340, -, 17000, 200, 2000
N. N. Paulk, 712, 1982, 112000, 1500, 5000
J. R. Lacey, 400, 200, 50000, 1500, 5000
N. B. Watkins, 40, 230, 2000, 1000, 1200
J. Bres, 125, 795, 14000, 300, 1200
G. Filhirl, 200, 100, 3600, 310, 3000
Byron McKeen, 250, 450, 12000, 200, 1 600
J. M. Stuart, 200, 360, 25000, 500, 2000
Jno. Williams, -, 20, 100, 20, 600
John M. Gannritch, 85, 272, 3000, 200, 800

Martin Tilman, 30, 270, 1200, 50, 340
L. S. Galloway, 40, 160, 1000, 150, 800
Isham Bond, 10, 220, 700, 200, 1000
J. Sanders, -, 160, 900, -, 400
A. B. Sanders, 20, 140, 900, 130, 300
B. Sanders, -, 40, 200, -, -
Sam Tilman, 7, 113, 600, -, 600
W. H. Truelove, -, 340, 200, -, 125
S. E. Leston, 10, 70, 500, 50, 200
G. W. Collins, 16, 144, 900, 50, 600
J. T. Mason, 310, 420, 21900, 200, 2000
I. Garrett, 500, 2040, 76000, 4000, 5000

T. T. Bell, -, 120, 600, -, 200
B. E. Hall, -, -, -, -, 125
David Faulk, 700, 1300, 100000, 1500, 4400
J. B. Filhiol, 75, 197, 10000, 150, 1200
T. L. McGee, 600, 1000, 65000, 200, 2500
H. Young, 232, 620, 17040, -, 150
J. F. Pace, 130, 800, 15000, 250, 1200
W. H. Paker, 80, 120, 5000, 80, 600
G. A. J. Brown, 135, 265, 15000, 500, 700
J. Baker, 130, 457, 14000, 800, 700
A. J. Sevan (Severn), 250, 150, 20000, 2000, 2300
Mrs. E. S. Sterling, 300, 1200, 60000, 300, 3000
H. Bartlette, 340, 230, 24400, 500, 3000
J. B. Caldwell, 15, -, 600, -, 600
Mrs. P. A. Farmer, 290, 280, 25000, 1000, 4500
Mrs. E. S. Collier, 100, 200, 18000, 150, 1500
A. H. Seriber (Seriter), 70, 96, 10000, -, 300
I. G. Miller, 70, 96, 1000, 100, 350
John Wentzell, 590, 991, 85000, 2500, 5000
David Wentzell, -, 337, 2400, -, -
F. M. Smith, 50, -, 2500, 25, 390
A. G. Breard, 130, 320, 30000, 250, 1100
Mrs. Ann Taylor, 181, 853, 45000, 2000, 720
William McCaleb, 80, -, 800, 25, 100
Robert Dickerson, 140, 220, 8000, 300, 1320
Mrs. Richmond, 30, 16, 100, 400, 600
Philbert Pargoud, 7, 150, 600, -, 50
R. W. Gortes, 6, 34, 100, 25, 165

Andrew Hinson, 80, 560, 6400, 100, 400
A. Perret, 30, 500, 40, 75, 300
John Borvon, -, 80, 200, -, 150
W. J. Errin, 65, 80, 500, 25, 600
T. Wisenor, 80, 390, 2028, 150, 980
A. Thompson, 25, 57, 600, 25, 250
John Spruell, 21, 59, 400, 125, 200
M. Fife, -, -, -, -, 150
H. Fields, -, -, -, -, 50
H. B. Houze, -, -, -, -, 50
F. Moore, -, -, -, -, 100
C. C. Tilman, 25, 75, 2000, 100, 300
John Tilman, -, -, -, -, 150
James M. Crooks, 300, 1000, 30000, 500, 9300
Mrs. M. Earle, -, 40, 200, -, 200
H. F. Vickers, 60, 556, 3100, 1500, 600
W. Sillivan, 5, 78, 480, -, 50
James Holderness, 55, 300, 5000, 125, 380
W. P. Sillivan, 380, 1240, 64000, 300, 2850
T. A. Wilkerson, 60, 275, 5000, 75, 700
James Allbritton, -, 200, 1600, 1, 315
H. A. Burt, 325, 2400, 40000, 2000, 6500
Col. James Timmons, 300, 400, 2000, 150, 50
B. Bayou John, 13, 130, 1000, 50, 800
Mrs. Hunter, 20, 180, 1500, 60, 250
J. B. Bayou John, 24, 160, 1000, 300, 290
Martha Vouson, -, -, -, -, 112
B. D. Sanford (Lanford), 125, 85, 7000, 1000, 1790
F. L. Fouse, 80, 8000, 12000, 125, 1000
M. C. Goff, 15, 145, 2880, -, 600
I. M. Carr, -, -, -, -, 800
F. Nolte, 500, 2500, 41000, 13000, 3500

J. M. Alsobrooks, 12, 68, 800, 580, 250
W. Sanford, 60, 280, 7200, 150, 1000
A. Smith, 120, 200, 10000, 150, 1200
I. M. Sanford, 175, 175, 20000, 200, 1500
J. M. Frantorn, 130, 170, 18000, 200, 1500
F. Sheppard, 45, 355, 8000, 10, 700
E. L. Prudhomme, -, -, -, -, 150
G. P. Rosslon (Rosster), 120, 140, 6700, 400, 900
J. H. Walker, 9, 111, 1300, 100, 150
C. Lemmons, 80, 80, 3000, 100, 900
L. Blackman, 16, 24, 400, -, 1000
G. A. Puckett, 100, 300, 4000, 100, 600
T. S. Vanderford, 45, 115, 800, 10, 500
A. J. Crenshaw, 40, 120, 1600, 100, 200
W. Rouservalt (Roundsevalt), 60, 80, 1400, 50, 600
R. K. Earnest, 25, 125, 850, 50, 300
F. M. Grant, 40, 360, 2000, -, 1000
W. S. Grayson, 300, 480, 30000, 2000, 2000
L. Grayson, 550, 2000, 100000, 500, 5000
John Ambleton, 140, 220, 10800, 1400, 1000
R. Harrison, -, -, -, -, 600
G. W. Baker, -, -, -, -, 500
J. E. Rounsavale, -, -, -, -, -
H. Dinkgrove, 100, 300, 20000, 1500, 1500
J. Boyd, 4, 40, 100, -, 380
John Siles (Liles), Sr., 400, 1000, 50000, 1000, 8000
E. Noble, 200, 1000, 30000, 200, 1500
H. H. Williams, 85, 255, 6000, 200, 200
L. M. Connella, 40, 173, 530, 150, 300
E. Colson, 50, 110, 390, 50, 125
C. Ballew, 80, 23, 370, 25, 175
S. A. Smith, 9, 71, 800, 50, 860
J. T. Jinsright (Jinsight), 8, 95, 1545, 30, 120
G. B. N. Johnson, 60, 41, 1010, 200, 400
Z. Johnson, 100, 160, 1300, 300, 1000
M. Johnson, -, -, -, -, 250
E. Martin, 40, 80, 800, 50, 250
W. P. Blackshire, 40, 40, 400, 50, 150
S. G. Strosier, -, -, -, 25, 150
W. Marlow, 30, 90, 360, 75, 150
W. Moore, -, -, -, 15, 75
W. C. Bullock, 50, 70, 360, 25, 50
C. Bullock, -, -, -, 75, 300
I. Collins, 175, 775, 2500, 600, 1000
J. H. Everett, 26, 94, 500, 25, 150
R. Gainey, 150, 650, 1500, 250, 500
S. R. Butler, 20, 20, 200, -, 150
J. G. Gordon, 14, 146, 600, -, 150
G. W. Brown, 100, 70, 400, -, 150
C. Regan, 20, 20, 2000, -, 50
W. Herring, 30, 10, 200, -, 250
F. Hagan, 120, 280, 1000, 250, 500
S. W. Bennett, 230, 520, 3750, 500, 1200
R. W. McClenden, 425, 1815, 15000, 500, 1500
C. Cockerell, 50, 250, 1500, 50, 600
M. C. Neil, 70, 170, 1500, 100, 200
D. Thompson, 25, 135, 800, 20, 150
B. Etheridge, 50, 470, 2000, 25, 400
R. Sterling, 40, 480, 2000, 25, 400
J. Grisham, 35, 80, 600, 20, 200
T. Miffin, 2, 35, 200, 10, 50
G. W. Thompson, 45, 75, 600, 25, 200
T. J. Watson, 225, 660, 4400, 800, 1000
N. V. Watson, -, -, -, 10, 200
W. L. Barnes, 70, 230, 720, 70, 400

H. Peevy, 150, 400, 3000, 150, 1000
G. W. Brady, 50, 170, 1200, 25, 100
C. Hiley, 100, 200, 1500, 25, 700
T. L. Simpson, 120, 400, 5000, -, 500
Mrs. M. Fenton, 50, 550, 3500, 50, 300
D. Patrick, 60, 640, 2100, -, 300
W. W. Patrick, -, 400, 1500, -, 250
J. A. Craig, -, -, -, -, 300
D. McClendon, 90,3 50, 2500, 150, 500
J. McClendon, 35, 125, 1000, 20, 300
W. A. Nash, 75, 205, 2800, 100, 200
J. E. Puckett, 200, 900, 5000, 20, 700
W. M. Oliver, 100, 1400, 35000, 700, 2750
H. H. Slaughter, 600, 2100, 55000, 500, 6000
J. P. Crosley, 300, 1100, 22000, 500, 2700
H. T. Winberly, 110, 290, 12000, 500, 100
Robt. J. Willson, 212, 1845, 60000, 1500, 4000
J. J. Nash, 70, 170, 4000, 30, 360
T. R. Bry, 20, 1530, 8000, 6000, 1200
Eliza W. Warfield, 300, 1900, 88000, 3000, 2000
W. H. Gayle, -, 700, 70000, -, 150
Wm. T. Atkins, -, 320, 3200, -, 200
H. Gerson Jr., -, 150, 4500, -, 250
J. Hoffman, -, 150, 1500, -, 25
S. L. Slack, 35, 120, 4500, 30, 900
E. W. Williams, 150, 10, 1800, 1500, 1600
E. S. Austin, 100, 820, 2300, 300, 1500
R. W. Richardson, 500, 1000, 65000, 1000, 7000
R. L. Whyte, 200, 800, 10000, 500, 1000
W. Liles, -, -, 24, 100, 500
I. B. Bayles, 40, 40, 400, 20, 200

J. M. McDonald, -, -, -, 100, 300
James Mayes, 40, -, 200, 100, 300
John Dowdy, -, -, -, -, 125
Sarah Carroll, 12, 68, 400, 10, 150
David Lemmons, -, -, -, 100, 300
John Carroll, -, -, -, 15, 250
F. Reynolds, -, -, -, -, 800
M. G. Whyte, -, -, -, 10, 150
John McGraw, -, -, -, 25, 400
E. Worley, 40, 200, 1200, 50, 250
B. Varner, 7, 153, 800, 5, 125
B. Birce, 8, 292, 1500, 25, 300
C. S. Mitchell, 30, 10, 200, 5, 150
Z. Nichols, -, -, -, 5, 45
J. F. Sheppard, -, -, -, 5, 75
J. C. Fulks, -, -, -, -, 100
J. D. Gerrald, -, -, -, -, 125
M. Paign, -, -, -, 5, 40
L. T. McDonald, 100, 400, 10000, 800, 1000
S. A. Roach, 25, 13, 540, 100, 150
H. Lazarre, 136, 207, 17000, 400, 1250
L. F. Larny, 150, 446, 15000, 200, 1700
R. F. McGuire, 320, 1100, 32000, 500, 4000
D. Hasley (Harley), 300, 1800, 12000, 800, 2500
H. Williams, 200, 360, 2500, 200, 1500
E. Fowlet (Fowler), 25, 385, 1000, 125, 150
W. D. McDonald, 250, 350, 3000, 580, 1500
John Gaston, 60, 260, 1000, 50, 500
F. N. Marks, -, -, -, 125, 400
J. A. Colter, -, -, -, -, 50
R. B. Echols, -, -, -, -, 500
W. Thompson, 70, 370, 2200, -, 600
E. Friend, 125, 550, 4500, 100, 1000
I. R. Simmons, 45, 35, 640, 10, 225
P. Labaume, 25, 135, 800, 50, 500
G. Williams, 6, 34, 200, 50, 200
I. R. Regan, 110, 330, 6600, 1300, 1000

I. I. Butler, 12, 108, 720, -, 200
I. E. Butler, 100, 350, 2700, -, 200
I. Dickerson, 100, 340, 1300, 50, 800
W. H. Coats, 120, 100, 1000, 1500, 600
A. Clark, 100, 60, 1000, 2000, 600
T. E. Adams, 150, 330, 2000, 600, 1000
S. Cockerell, 60, 20, 400, -, 550
I. L. Jones, -, -, -, 50, 300
I. M. Miles, 75, 325, 2000, 50, 600
J. C. Cockerell, 50, 20, 240, -, 50
C. H. Collie, 26, 334, 900, -, 150
I. Collie, -, -, -, -, 200
B. C. Clark, -, -, -, -, 150
S. J. Williams, -, -, -, -, 150
A. D. McClendon, 375, 1745, 5280, 600, 1370
F. McClendon, 800, 1400, 10000, 600, 2000

E. A. Averett, 150, 150, 1500, 200, 1000
D. Waters, 40, 140, 800, 50, 346
G. Willson, 15, 105, 600, 25, 100
E. Story, 70, 100, 1200, 50, 200
Sarah Therobalds, 200, 520, 7000, 250, 300
C. Butler, 125, 75, 1000, 50, 300
A. Calhoun, -, -, -, 25, 600
C. Hardy, 80, 800, 800, 25, 400
I. A. Parker, 40, 240, 1200, 20, 30
F. P. Steeks, 50, 1400, 28000, 200, 1000
D. B. Sheppard, 50, 560, 2000, 30, 460
John T. Ludsling, 50, 5000, 51000, 200, 1050
John Ray, -, 208, 1000, -, 600
W. I. Q. Baker, 300, 1100, 90000, 6000, 5000
Robt. Ray, -, -, -, -, 3010

The Parish of Plaquemines, Louisiana
1860 Agricultural Census

The Agricultural Census for Louisiana for 1860 was microfilmed by the University of North Carolina Library under a grant from the National Science Foundation and filmed from original records held at Duke University Library, Durham North Carolina.

There are some forty-eight columns of information on each individual. Only the head of the household is addressed. I have chosen to use only six columns of the information because I feel that this information best illustrates the wealth of the individuals. These are shown below:

1. Name of Owner
2. Acres of Improved Land
3. Acres of Unimproved Land
4. Cash Value of the Farm
5. Value of Farm Implements and Machinery
13. Value of Livestock

Thus, the numbers following the names represent columns 2, 3, 4, 5, 13.

The following symbol is used to maintain spacing where information in a column is left blank (-). This symbol is used where letters, names or numbers are not legible (_).

W. & D. Urquhart, 700, 1100, 40000, 3000, 6520
Nicholas Martin, 40, 80, 4000, 200, 700
Pierre Cosse (Gosse), 100, 100, 4500, 300, 960
Vellere Denisse, 50, 50, 1000, 50, 150
Edmond Mentrtin (McMtrn), 100, 140, 10000, 200, 1000
Norbert Martin, 40, 80, 3000, 200, 800
Basshelney Fonteneler, 90, 150, 6500, 100, 1000
Pierre Herrigle, 39, 161, 3000, 50, 800
Dominque Angas (Argas), 50, 70, 3000, 50, 600
Parul Lafrance, 76, 125, 4000, 200, 1000
Widow K_infreau, 60, 250, 5000, 200, 700
Pierre Vinet, 40, 80, 3000, 50, 800
Charles Fraqon (Frazer), 75, 255, 6000, 200, 1000
__rem Lafrance, 30, 90, 2500, 50, 200
Mdam Pierre Dingon, 60, 160, 3000, 50, 4000
Jarmmne Dohse (Dolise), 55, 45, 2500, 50, 250
Chermix Duplesis, 150, 250, 10000, 200, 800
Manstral (Manstial) Lafrance, 150, 450, 10000, 250, 1000
Pierre Colette, 128, 262, 7500, 200, 500
Charles S. Deplesis, 35, 185, 3000, 150, -
Tarynes Maldfaiser, 40, 160, 2500, 150, 300

Bunnille Lafrance, 30, 120, 800, 50, 250
Sarnte__ Deplessis, 30, 70, 800, 50, -
Bauptiste Lae (Lac), 60, 270, 3000, 200, 300
John Holland, 50, 70, 3000, 250, 500
F__ Crose (Croce), 28, 62, 2500, 240, 400
Foural__ Martin, 65, 105, 6000, 150, 300
Molony Marshall, 10, 50, 300, -, 300
Carset Morris, 10, 50, 5000, -, 500
John Loar, 50, 350, 10000, -, 500
Charles J. Carman, 60, 340, 15000, 500, 750
Graham Power, 50, 350, 12000, -, 500
Adam Frederick, 375, 500, 60000, 2500, 3000
J. C. P. Wederst__nnels, 440, 900, 35000, 5000, 8000
D. J. B. Wilkinson, 120, 1200, 15000, 300, 1000
Heypolite M__n__d, 30, 200, 2000, 50, 120
Auguste Lessups, 1500, 2500, 106000, 5000, 25000
J. T. Williams, 50, 350, 5000, 200, 500
M. F. Dauneey (Dannery), 50, 100, 5000, 200, 900
Estate H. Doyal, 2550, 2000, 230000, 12000, 30000
A. & R. Robinson, 900, 1000, 130000, 5000, 12000
Robinson & McKinny, 300, 640, 30000, 3000, 3500
James Birchand, 400, 1200, 60000, 3000, 4500
Nurlas Verbois, 300, 940, 55000, 5000, 2000
C. A. Regzie, 200, 160, 10000, 1500, 3000
Adolphe Regzie, 260, 340, 25000, 2500, 6000
Jules Dehn, 200, 600, 20000, 1500, 5000
Alex Grant, 900, 1500, 50000, 10000, 25000
T. J. Parkwood, 850, 1200, 65000, 5000, 20000
George Garr (Gan), 650, 1000, 65000, 5000, 12000
Estate T. A. Minson, 900, 1800, 80000, 10000, 25000
J. & C. Villere, 375, 600, 45000, 5000, 12000
James E. Fermby, 800, 1600, 65000, 9000, 20000,
Mde. Ligarde, 600, 1200, 35000, 4000, 12500
O. Villere _. Lavergne, 800, 1200, 40000, 40000, 12500
A. & O. Reggis, 600, 1800, 48000, 4000, 25000
W. Starkhouse (Stackhouse), 300, 1200, 35000, 2000, 7500
M. Sa__ant, 20, 240, 6000, 250, 400
W. F. Smith, 20, 240, 600, 250, 400
P. A. Borland, 300, 1500, 5000, 2500, 18000
Felix Villere, 400, 1200, 35000, 2500, 15000
Haywood Stackhouse, 800, 600, 40000, 2500, 18000
Dawson Dobards, 50, 150, 5000, 150, 700
Lue Dobards, 115, 685, 18000, 250, 3000
Charles Barqhi, 60, 100, 3000, 150, 1000
Venture Barqhi, 60, 100, 3000, 150, 1500
Valery Dobards, 35, 165, 2500, 150, 750
Bonaventure Barqhi, 375, 625, 30000, 2000, 8000
William Erskine, 800, 900, 60000, 5000, 20000
Estate A. Purrifords, 500, 800, 30000, 2000, 15000

White & Infant, 700, 1200, 45000, 5000, 18000
Marnell White, 900, 2500, 65000, 5000, 25000
Marnell White Jr., 180, 620, 20000, 5000, 10000
Thos. H. M. Morris, 500, 1400, 40000, 1000, 20000
Bradish Johnson, 800, 2000, 65000, 3500, 35000
Jas. M. Groleau (Grolean), 120, 120, 5000, 5000, 5000
Theo. Laussads, 170, 360, 10000, 250, 9500
Effingham Lawrence, 1200, 1500, 70000, 300, 12000
Francois Baptiste, 20, 200, 2500, 3000, 350
Jacques Baptiste, 50, 150, 2000, 100, 500
Bushiling, Baptiste, 20, 120, 1500, 100, 350
Gervais Baptiste, 30, 250, 3000, 100, 200
Charles Arnais, 40, 260, 3000, 100, 150
Francois Chartier, 40, 760, 10000, 250, 600
Alex Hingle, 20, 100, 1000, 75, 260
G__ Larnaux & Co., 500, 300, 75000, 1200, 8000
Pierre Tinow, 20, 200, 1500, 50, -
Anna B. Hayes, 10, 70, 2000, 100, 250
Charles Denet, 10, 110, 1500, 75, 300
Valentin Eninla__, 30, 90, 1200, 75, 450
Pierre Blasio, 30, 88, 1500, 50, 150
J. Cathcart, 50, 150, 5000, 250, 500
Francois Aneas, 12, 118, 2500, 75, 500
N. M. Salis, 50, 200, 6000, 250, 800
Marie R__rqhtila, 40, 120, 2500, 200, -
Gervais Lightell, 20, 100, 1500, 100, 350
John D. Johnson, 800, 1000, 100000, 5000, 15000
Pierre F. Barns (Barras), 10, 70, 2000, 150, 250
Salvader Rowan, 15, 105, 3000, -, -
Wm. Bridges, 10, 150, 1500, -, -
George Johnson, 20, 100, 500, -, -
Richard Wright, 20, 180, 5000, -, -
John L. Dows, 20, 100, 5000, -, -
Helane Barras (Burns, Barns), 20, 100, 8000, -, -
Jeans Burns, 20, 100, 3500, 500
J___ B. Navarro, 30, 900, 3500, -, -
Safane Caynorrish (Caqnorrih), 15, 65, 5000, -, -
Johnson Vedoronich, 15, 65, 8000, -, 150
Dominique Hingle, 5, 35, 1500, -, -
Ernest Alberti, 5, 35, 3000, -, 200
Joachim Bulah (Bulot), 35, 275, 20000, 600
S. A. Delaschmitte (Delashmitte), 10, 110, 5000, 200, -
Joseph Cibilis, 20, 60, 1500, -, -
Jno. Stat_flesh, 10, 30, 1500, 120
Antoine Barr, 5, 35, 1500, -, -
C. Ed. Armas, 10, 30, 5000, 350, -
F. G. Schmidt, 5, 35, 3000, -, -
Francois Moreaux, 10, 60, 8500, -, -
Philburt Baril, 5, 35, 1500, -, -
Paul (Raul) Conlini, 5, 35, 3000, -, -
Hypolite Hingle, 5, 35, 2000, -, -
F___ Rogers, 20, 80, 8000, -, -
Barnard Pasterling, 20, 300, 10000, -, 300
Edward Pellas, 20, 200, 5000, -, -
Widow Rose Pellas, 20, 200, 5000, -, -
Edward Pellas Jr., 20, 100, 2500, -, -
Hyarmthe Pellas, 20, 100, 5000, -, -
Joseph W. Barns, 10, 30, 800, -, -
F. W. Lafrance, 30, 120, 1800, -, 5000
Jarman Barns, 25, 275, 5000, -, 450

Uriah Karia, 20, 60, 5000, -, 1200
Mennehn S. Barns, 10, 40, 5000, -, -
Gilbert Toupart, 20, 100, 3000, -, -
Francois Roddi, 10, 30, 2500, -, -
Theodule Burns, 25, 75, 2500, -, -
Lurrent Burns, 10, 30, 2500, -, -
Marie Josephine Burns, 20, 100, 5000, -, -

Juan L. Burns, 10, 130, 6000, -, -
Luka Brebaq__, 5, 35, 2000, -, -
Allen Ellston, 5, 115, 3000, -, -
Emile Burns, 10, 30, 1800, -, -
Augustin Syloc, 5, 115, 3500, -, -
Armalie Smith, 120, 1800, 50000, -, -

Osens Arroyo, 12, 118, 3000, -, -

The Parish of Pointe Coupe', Louisiana
1860 Agricultural Census

The Agricultural Census for Louisiana for 1860 was microfilmed by the University of North Carolina Library under a grant from the National Science Foundation and filmed from original records held at Duke University Library, Durham North Carolina.

There are some forty-eight columns of information on each individual. Only the head of the household is addressed. I have chosen to use only six columns of the information because I feel that this information best illustrates the wealth of the individuals. These are shown below:

1. Name of Owner
2. Acres of Improved Land
3. Acres of Unimproved Land
4. Cash Value of the Farm
5. Value of Farm Implements and Machinery
13. Value of Livestock

Thus, the numbers following the names represent columns 2, 3, 4, 5, 13.

The following symbol is used to maintain spacing where information in a column is left blank (-). This symbol is used where letters, names or numbers are not legible (_).

This Parish had a lot of widows. The abbreviation Wid was used. In some instances, either a first or last name was only listed. If it was possibly a first name, and possibly a continuation of the previous last name I used the following symbol [] and inserted a possible last name.

James Hutchis, 500, 400, 40000, 11000, 4000
J. A. Lebeaux, 16, 40, 1100, 11000, 200
J. Guegny, 4, 50/100, 27 50/100, 500, 800, 150
Pierre Bara, 4, 18, 1200, 800, 150
__. Therence Allain, 10, 11, 300, 800, 75
Honorine Chadeux, 6, 13, 300, 800, 25
Joseph Bergeroux (Bergeron), 4, 13, 300, 800, 25
Octave Gougis, 4, 13, 300, 800, 100
Antoine Patin, 6, 26, 500, 800, 50
H. H. Caylor, 700, 800, 50000, 5000, 6000
Evariste Bara, 110, 60, 4500, 100, 400
Cydaline Porche, 50, 100, 2500, 1000, 200
Evaristee Bara J., 100, 200, 6500, 1000, 400
Antoine Poland, 32, 500, 300, 100, 600
Fortune (Poland), 24, 6, 3000, 100, 300
M. C. Shaffer, 130, 90, 7000, 3000, 800
John Bervass (Bemass), 550, 1050, 30000, 17000, 6000

Grnel Knaps, 75/100, -, 500, 150
M. Gebhart, 2, -, 800, -, 30
T. S. Scott, 500, 400, 45000, 7000, 4000
Adolphe Hecheurx, 50/100, -, 300, 400, 300
Chas. N. Rowley, 500, 327, 15000, 500, 1000
St. Vanvickle, 330, 625, 20000, 5000, 4500
Olivier __. Chave__, 60, 10, 2000, 200, 1500
Pousee Colombe, 550, 300, 2500, 8000, 5000
A. T. Beunier, 85, 35, 4800, 3000, 800
T. B. Lejeune, 120, 120, 4700, 2300, 2600
Wid. Michel Porche, 35, 130, 2000, 1000, 500
Adelard Langlois, 25, 25, 1000, 500, 150
Zenon Langlois, 25, 25, 1000, 500, 550
Philogene Langlois, 25, 100, 500, 1000, 500
Wid. Evar. Boudraux, 2, -, 2000, 5000, 500
Adolphe Graugnard, 5, -, 2500, 12500, 1000
Ch. Kleborn, 75/100, -, 500, 1000, 150
Mariane Pock, 50/100, -, 500, 200, 100
Zenon Langlois Jr., 140, 45, 6000, 2000, 2000
Paul Langlois, 30, 45, 1000, 200, 250
Joseph Patin Sr., 40, 50, 2000, 500, 500
Wid. Aug. Porche, 180, 370, 8000, 6000, 1500
Theodor Chenevert, 50, 35, 2200, -, 500
Etienne Colombo, 50, 150, 4000, -, 300

Laurent Desorme, 10, 70, 700, -, 150
L. D. Pesuroeaux, 60, 145, 5000, 2000, 400
J. N. Garon, 5, 25, 400, 500, 100
Adolphe Tignes, 20, 150, 2000, 1000, 650
Henry Knaps, 25, 60, 1000, 500, 300
Francis Labbe, 50, 50, 3000, -, 150
Francois Samson, 175, 105, 8000, 3000, 1500
Wid. Therence Samson, 220, 415, 13000, 8000, 2500
Francois Leiux, 35, 40, 1000, 2000, 800
Louis Chenevert, 60, 25, 2500, 500, 150
Denos Chenevert, 60, 25, 2500, 500, 200
Marcel Samson, 50, 25, 2000, -, 300
M. Wid. Y. Charias, 60, 25, 2500, 500, 200
Doctoree Porche 40, 35, 1200, 800, 900
Hubert Patin Sr., 100, 585, 6000, 600, 1200
William Kellogg, 1 50/100, -, 800, 200, 150
Prosper Echelard, 3, -, 600, 1200, 300
Georges Walker, 1 ½, -, 400, 200, 150
Lewis Lindsly, 75/100, -, 500, 1500, 200
Michel Meyer, 50/100, -, 500, 1000, 150
Wid. Cel Saizan, 78/100, -, -, 200, 150
Wid. Arm. Monsout, 75/100, -, -, 200, 150
Jules _. Germain, 1, -, 500, 300, 200
Nalbraux Kern, 1, -, 500, 500, 500
Nicolas Soulie, 1,-, 400, 100, 50
Valentin Peyton, 80, -, 1000, 1000, 1000
Mrs __. Verneuil, 1, -, 250, -, 50

Zenon Demsurelle, 20, 115, 4500, 4000, 400
Claude Favre, 275, 25, 3000, 10000, 2500
Samuel Wollf, 75/100, -, 200, 800, 300
Pierre Lieux, 1, -, 600, 600, 200
Adrien Vernuiel, 2, -, 1000, 1500, 300
Henry Rene, 1 50/100, -, 1000, 2000, 200
Virginie David, 3, -, 800, 2000, 400
Francois Lajouse, 50/100, -, 200, -, -
Jean Beoin (Besin), 10, -, 500, 500, 250
Savisnen Poureiaux, 12, -, 1000, 1000, 75
Henry Sansquartier, 2, -, 350, -, 50
Georges Chiestz, 1, -, 150, 400, 50
Simon Hermann, 3, -, 500, 3000, 400
J. B. Arsinaux, 5, -, 1250, 250, 200
Leon Labat, 3, -, 500, 1200, 50
Wid. Jules Christin, 2, -, 300, 200, -
Pierre Borgeron, 2 75/100, -, 900, 1000, 150
Wid Laurent Christin, 75/100, -, 200, 200, -
Celecourt Andre, 75/100, -, 200, 200, 100
Wid. Just Andre, 1,-, 250, 250, 200
Laurest Fine, 1 50/100, -, -, 300, 150
Apollinaire Sicard, 50/100, -, 150, -, 100
Orphis Sicard, 3, -, 200, 500, 50
Louis Saizon, 20, 30, 500, 250, 400
Marcelin Aguidlard, 20, 30, 500, 250, 300
Ovide Dacadee, 17, 17, 400, 400, 325
Jean Pierre Mayor, 54, 34, 3000, 1000, 600
Wid. Bruns Lejeune, 132, 213, 8000, 2000, 1500
Zenon Gremillon, 132, 58, 3500, 2000, 600
Zenon Vincent, 30, 18, 1500, 500, 200
Etienne Mayor, 220, 220, 6000, 3000, 2000
Valmont Mayor, 30, 30, 500, 1000, 1500
Jn. Bte. Saint Cyrl, 75, 65, 3500, 200, 2000
Tusne Gremillion, 22, 13, 600, 400, 500
Benjamin Jewell, 200, 143, 7000, 3000, 2000
Paulin Deplaigne, 80, 16, 3000, 1000, 1200
Jean Chiestz, 30, -, 800, 200, 300
Charles Gremillon, 53, 53, 2000, 500, 500
Wid Charles Gremillon, 142, 85, 6000, 4000, 1200
Laurent Julien, 53, 53, 3000, 1000, 500
Dorlis Aquillard, 32, 36, 2000, 500, 1000
W. St. Ville Bergeron, 17, 18, 800, 200, 200
Wid. Alex. Major, 65, 68, 3200, 800, 800
Jules David, 33, 33, 1800, 200, 1500
Cadet Crousilloc, 50, 55, 3000, 1000, 550
M. Gab Labat, 2, -, 400, -, 100
Wid. M. Dasfsieu, 13, 21, 600, 200, 50
Deloline Lejeune, 120, 20, 4000, 2000, 1500
Jean Pierre Major, 34, 38, 1500, 500, 500
Pre. Bouanchaud, 140, 20, 4000, 2000, 1500
Y. L. Demorulle, 1, -, 200, 400, -
Wid. Pervis Major, 160, 15, 5000, 2000, 1500
Pierre Medan, 17, 10, 1200, 200, 150
Gustave Major, 20, 20, 1000, 500, 250

Robert Arlouett, 53, 53, 2500, 50, 400
M. B. Thomas, 255, 125, 8500, 70000, 1500
Gustavie Robie, 20, 12, 1250, 250, 200
T. B. Major, 34, 34, 1000, 500, 150
James A. Ventres, 900, 2600, 87500, 2500, 8000
Gustave Lebeaux, 52, 51, 1250, 1000, 350
Henry Pascolin, 13, 22, 300, 200, 200
Marcelin David, 21, 2, 300, 100, 200
Virginie Robert, 20, -, 300, 100, 300
Lolo Georges, 50, 2, 1200, 300, 200
Villenueve David, 17, 16, 300, 200, 200
Alexandre David, 10, 15, 300, 100, 100
Leon Olende, 10, 15, 300, 100, 100
Gustave St. Romain, 53, 50, 2500, 2000, 300
Marcelin David, 12, 22, 400, 100, 100
Clement Jariau, 20, 15, 400, 100, 500
Wid Justin Guillaume, 10, 25, 400, 100, 25
Leon David, 10, 7, 200, 50, 500
Jn. Saint Romain, 40, 83, 1700, 300, 400
J. B. Leonard, 6, 7, 200, 50, 150
Lezine St. Romain, 10, 23, 400, 100, 150
Pierre Saizon, 10, 23, 400, 100, 100
Wid Ernot Beuche, 34, 36, 800, 200, 200
Pierre David Jr., 17, 18, 400, 100, 150
Pierre David Sr., 39, 66, 1200, 300, 200
Jelle Porche, 18, 52, 1200, 300, 300
Wid Cyprien Bizet, 8, 41, 700, 100, 100
J. B. Bergeron, 7, 16, 300, 100, 100
Michel Olende, 30, 35, 1800, 200, 400
Bruno Jaireau, 14, 22, 400, 100, 2500
J. B. Guillaume, 10, 45, 600, 200, 200
Wid Val Guidicot, 7, 26, 400, 100, 75
Jules Guillaume, 10, 45, 600, 200, 100
Paul Jarrau, 41, 140, 1600, 400, 300
Marcel Gremillion 7, 26, 400, 100, 100
Gerard Gremillon, 85, 83, 2000, 500, 200
Wid Louis Bonaventure, 15, 54, 800, 200, 170
Gustave Mallet, 43, 63, 800, 200, 150
Gustave Gremillion 19, 50, 1200, 300, 200
Wid Guillaume Guerin, 57, 200, 1600, 500, 1000
Edmond Lebeaux, 40, 133, 2200, 800, 500
Wid Evariste Gauthier, 17, 120, 1800, 200, 500
J. Bte. Rougon, 150, 160, 4000, 1000, 800
Emile Gueron, 60, 180, 5400, 600, 500
Alexis Lebeau, 160, 140, 3000, 2000, 1400
Les Lebeau, 17, 53, 1000, 200, 300
Octavie Lebeau, 125, 125, 2000, 2000, 1000
Joseph Lebeau, 25, 50, 1000, 800, 300
J. B. Bergeron, 142, 102, 2500, 3000, 1000
Sergece Guerin, 43, 27, 1000, 2000, 300
Hipp. Bergeron, 40, 170, 4800, 2000, 800
Valmont Bergeron, 53, 120, 1500, 1500, 1200

S. ville Lebeau, 53, 164, 2000, 2000, 400
Ovide Saizon, 8, 58, 400, 200, 200
Wid Gilbert David, 14, 85, 750, 150, 300
Antoine Lejeune, 13, 2, 800, 100, 100
Zenon Bergeron, 14, 60, 600, 100, 250
Leliot Lebeau, 68, 167, 5000, 3000, 1000
Wid. Napn. Lejeune, 10, 25, 400, 100, 150
Desoleves Lejeune, 12, 40, 1000, 200, 100
Pierre Sicard, 7, 30, 500, 100, 500
Davae Saizon, 42, 26, 1600, 400, 500
Joseph Langlois Sr., 42, 26, 1600, 400, 200
Henriette Saizon, 42, 26, 1600, 400, 200
Hipp. Lejeune, 54, 54, 2500, 500, 3500
Jules Major, 60, 200, 6500, 2500, 100
Y. Yh. Moniotte, 70, 145, 4500, 1500, 600
Wid Michel Perot, 7, 9, 250, 50, -
Julien Goudeau, 39, 65, 7000, 1000, 1000
Pierre Saizan, 35, 130, 4000, 1000, 500
A. L. Mahoudeau, 343, 292, 25000, 5000, 4000
Wright & Allen, 430, 450, 40000, 10000, 6500
Ovide Baid (Bard), 30, 35, 4700, 300, 400
Honore Fabre, 10, -, 200, 50, 100
Y. (T) P. Blanchard, 53, 53, 2400, 1200, 500
Wid. J. B. Sicard, 22, 22, 1000, 200, 300
Octavie Christz, 75, 42, 1300, 200, 25
Marcel Lejeune, 43, 138, 3000, 2000, 750
Auguste Lecoy, 100, 35, 5400, 2000, 900
Michel Olende, 120, 75, 10000, 6000, 1600
Octave Olende, 120, 75, 5000, 1400, 1000
Hyp. Saizan, 27, 10, 2000, 1000, 300
Severin Porche, 70, 410, 10000, 6000, 4000
Wid Sidot Lacoste, 735, 2865, 62000, 32000, 6500
John T. McKnaly, 400, 925, 54000, 10000, 5000
Adolphus William 160, 280, 8000, 2000, 2000
Edmond R. West, 50, 10, 1500, 1200, 1500
John Chastan, 600, 1100, 60000, 15000, 3000
J. Randolph, 650, 1900, 25000, 20000, 4300
M. Mary (May) C. Sterling, 1200, 3400, 120000, 60000, 12500
Adl. Lebreff & Bro., 20, 26, 1800, 400, 500
Cecile Porche, 5, 5, 300, 200, 150
Manuel Butto, 69, 25, 4000, 8000, 300
Lanfroy Fabre, 43, 27, 1000, 200, 400
Wid Pre. Poiteaux, 60, 60, 3000, 1000, 500
L. Y. Gosserand, 237, 194, 10000, 8750, 2600
Joseph St. Cyr Sr., 323, 495, 30000, 4000, 2400
Paul Poureaux, 155, 257, 10000, 8000, 2000
Pre. Robillard, 53, 69, 5000, 1300, 500
Wid Paul Christz, 30, 39, 2500, 300, 400
Lea Lassard, 3, -, 1000, -, 350

Wid _. J. Tuisidad, 20, 69, 1200, 300, -
Andrew Demoruille, 24, 48, 1000, 800, 350
__uneurex Bergeron, 57, 88, 2500, 1250, 300
Joseph Jarris, 66, 102, 3500, 1000, 1000
Dr. L. Lamiraud, 60, 26, 3000, 2000, 4000
Virginie Bellanger, 25, 27, 2000, -, 500
Auguste Provoshi, 174, 856, 32000, 18000, 4000
Arther Denis, 900, 1394, 100000, 50000, 10000
J. H. Windhall, 14, -, -, -, 800
Estade McCausland, 600, 680, 64000, 10000, 45000
Conrad _. West, 560, 670, 65000, 80000, 4000
Pitcher X. Barrow, 1400, 1160, 32000, 40000, 8000
Antoine Deciur, 675, 460, 20500, 20000, 7000
Celina Patin, 71, 74, 5000, 1000, 800
David Deval, 10, -, 80, 200, 200
Martin Juge (Suge), 103, 72, 5000, 1000, 1000
Francois Pheleppe, 86, 1035, 18000, 5000, 1200
Emile Janeret, 365, 585, 40000, 4000, 4500
Alphonse Deciur, 43, 44, 2800, 200, 300
Emilie Bonnefoi, 50, 185, 4000, 1500, 600
Joseph Deciur, 83, 82, 4000, 2000, 1500
Lenfroy Deciue, 83, 83, 5000, 1000, 700
Numa Deciur, 12, 23, 1200, 800, 500
Francois Deciur, 13, 55, 900, 100, 50
Leon Deciur, 60, 112, 5000, 1000, 1200

Prosper Darensbourg, 43, 95, 3000, 1000, 700
Ovid Darensbourg, 10, 24, 750, 250, 500
Frank M. Neff, 60, 317, 3000, 3000, 1200
Martin Touwoin (Pouwoin), 112, 96, 9000, 10000, 2800
Louis Defurion, 20, 8, 1500, 1000, 500
Wid J. Recauvre, 43, 60, 1500, 500, 600
L. B. Daguis, 20, 20, 100, 500, 500
Francois Pourciaer, 100, 100, 7500, 2500, 500
F. H. Farrar, 30, 60, 3600, 4500, 1000
Clement Cmte., 4, -, 1000, 800, 2500
Ed. B. Laguis, 28, 7, 2000, 2000, 750
J. B. Wilcout, 40, 400, 6600, 1500, 750
John A. Harrieux, 120, 40, 9000, 2000, 2500
C. G. Hobe, 10, 200, 1000, -, 250
Auguste Pouriaux, 84, 36, 4000, 2000, 1000
Charles Poydras, 475, 557, 45000, 15000, 4000
Wid Raymond Vignes, 7, -, 700, 300, 200
Alcide Bondy, 50, 320, 2500, -, 3500
Michel Michel, 3, -, -, 1000, 200
L. A. Hubert, 33, 34, 2500, 1500, 650
Thos. A. Mix, 60, 160, 1200, -, 500
J. H. Halsey, 100, 400, 10000, 2000, 600
Georges Fernandes, 1, -, 500, 1000, 50
Francois Labbe, 11, -, 500, 300, 800
Joseph Richy, 7, 7, 1000, 300, 300
Pierre A. Roy, 60, 60, 3000, 1000, 600
Edouard Phillips, 30, 900, 3000, 100, 200

Miss Arshemine Chistz, 107, 60, 7500, 2800, 1800

M. J. E. Jervell, 40, 40, 4000, 6000, 600

Wid. H. Decour, 8, 7, 1500, 1000, 200

Wid Jules Terrier, 18, 7, 1500, 100, 200

Henry Demsuy, 60, 60, 4000, 2000, 1200

Fanny Riche, 223, 222, 25000, 5000, 22000

Zenon Porche, 387, 342, 50000, 8000, 2500

Aug. Terrier, 686, 429, 65000, 10000, 5500

Ebenezer Cooley, 650, 850, 60000, 25000, 920

Omer Bouie, 300, 1525, 48000, 6000, 2500

Desiree Bergeon, 40, 223, 4000, 5000, 1000

J. C. Vanvickle, 300, 1000, 30000, 25000, 10000

Adolphe Belzon, 142, 280, 7000, 12000, 1800

J. A. Stewart (Stewast), 473, 490, 40000, 10000, -

Estate Zenon Ledoux, 35, -, 7000, 4400, 800

J. M. Cullam, 650, 1150, 78000, 30000, 10000

Paker Smith, 35, 275, 6000, 3225, 550

Ealerine Bush, 14, 38, 2500, 500, 400

Narcisse Carmouche, 500, 1100, 10000, 10000, 5500

Henry Carly, 100, , 1000, 1000, 800

Mayer Ov. Strauss, 10, -, -, 3500, 700

Henry Luke, 40, 440, 9000, 600, 500

J. H. Morison, 500, 1000, 57000, 18000, 6500

John F. Jeter, 450, 600, 95000, 10000, 6000

Thos. J. Cooley, 17, -, 1000, 1500, 800

Henry Collin, 17, 53, 3000, 200, 400

Ch. Lalande, 43, 97, 3000, 500, 500

Francois Nurdin, 30, 104, 6000, 1200, 800

T. L. Claiborn, 700, 150, 42500, 12000, 4500

Wid. Ch. Morgin, 1100, 4000, 15000, 20000, 10000

Wid A. Taleover, 250, 520, 38500, 2000, 3000

J. T. Shoother, 120, 420, 12000, 8500, 800

Pre. Richard, 20, 20, 600, 600, 100

Wid. Siechemouldre (Siechemaldre), 21, 13, 2000, 600, 400

James Malony, 27, -, 1000, 250, 800

Hardy Malony, 20, -, 1000, 200, 200

Norbert, Tircuit, 73, -, 1200, 400, 2500

Ludger Tircuit, 73, -, 2500, 1500, 400

Louis Part, 25, 78, 6000, 800, 800

Jos. D. Lacoler, 103, 580, 8000, 4000, 1500

Eugene Oubre (Gubre), 107, 453, 8000, 10000, 4500

George Buguve, 26, 184, 6000, 1200, 1000

Pre. Fr. Bourgeois, 43, 384, 8000, 1000, 1000

Meril Lacour, 53, 357, 7500, 3000, 2500

Wid. Aug. Leonard, 34, 105, 2400, 1000, 50

Mar__ty, Lynch, 20, 42, 1800, 2000, 1000

R. W. Sneid, 300, 700, 50000, 15000, 4300

James Colben, 150, 1250, 25000, 7000, 4300

A. G. Peary, 200, 225, -, -, -

Joh Illinorst (Ollinorst), 50, -, 500, 1000, 400

JohnThan, 50, 75, 200, 100, 1000

David Leasthman, 60, 340, 4000, 500, 3000
Wid M. Sherril, 60, 140, 1500, 500, 700
John Thorp, 50, 475, 4000, 500, 250
Peter Keller, 70, 260, 5000, 200, 1500
Wid. Rennold, 40, 40, 400, 200, 250
Wid Russell, 40, 80, 400, 200, 300
Antoine Landeneve__, 50, 275, 5000, 100, 150
W. L. Brown, 130, 75, 10000, 3000, 2000
Mehias Soucher, 20, -, 400, 300, 500
M. Higgins, 16, 208, 1120, 1800, 150
W. H. Poole, 30, 200, 2000, 3000, 800
Wid. Nancy Cabbertt, 25, 80, 1500, 500, 500
Noah Whitthington, 80, 192, 2000, 200, 200
Wid P. Robertson, 40, -, 600, 800, 700
Ovid Lejeune, 700, 850, 62000, 50000, 12350
Arnauld Deciur, 108, 173, 10000, 2000, 2000
Lovel Ledoux, 180, 224, 30000, 12000, 1950
Heluter Counour, 400, 463, 51000, 20000, 8800
Armand Lacourt, 250, 600, 30000, 4000, 2500
J. C. Patrick, 700, 2000, 52000, 25000, 4000
Ch. D. Hewart, 1000, 3800, 100000, 50000, 15000
J. J. Pringle, 1600, 3943, 143000, 55000, 25000
Edmond Trilland, 160, 200, -, -, 1500
B. R. Coyle, 250, 754, 30000, 1000, 3000
Marcus Levy, 40, 20, 3000, 500, 800
John A. Haurillon, 100, 500, 20000, 1000, 1700
David Gay, 175, 225, 20000, 5000, 1800
Wid. O. Melaneon, 10, 190, 6000, 600, 800
T. B. Smith, 800, 2200, 100000, 8000, 500
Jonas Platt, 160, 652, 16000, 5000, 3000
Thos. G. McIntyre, 900, 3500, 105000, -, 7000
Auguste T. Way, 40, 125, 6000, -, 800
W. F. Cain, 500, 500, 50000, 4000, 3000
J. A. Fergusson, 350, 937, 25000, 7000, 2500
P. W. Fergusson, 220, 30, 5000, 2500, 2100
M. E. Rodgers, 125, 235, 25500, 200, 200
T. G. A. Batchelor, 900, 1200, 105000, 10000, 4000
R. A. Meaux, 200, 200, 20000, 500, 2000
Jos. R. Gayle, 300, 600, 45000, 6000, 3500
Laforgette Keller, 400, 4500, 42000, 4700, 5000
T. & G. Keller, 425, 800, 65000, 2500, 3500
Wid. M. M. Kinney (McKinney), 200, 200, 20000, 1000, 3500
Hept. Barbre, 200, 260, 20000, 1000, 1500
E. t. Mewick, 425, 1300, 80000, 6000, 4500
J. M. Hourauson, 300, -, -, -, 2000
T. F. Brooks, 60, 175, 10850, 3000, 1500
S. M. Weller, 125, 122, 12500, 3000, 1500
N. Chalfant, 170, 200, 18700, 500, 2500

T. Winnstead, 300, 160, 22000, 2000, 3500
N. B. Foist (First), 225, 500, 26500, 13000, 4000
Est. Cl. McGehee, 200, 300, 25000, -, 1500
Ch. S. Cessier, 160, 822, 35000, 1600, 2000
B. B. Tirmin (Firmin), 600, 900, 150000, 2500, 25000
Young Callahan, 300, 350, 32500, 10000, 2400
S. Callaham, 200, 160, 3000, 3000, 2000
Jas. L. Saterfeld, 400, 430, 41500, 7000, 2000
Alcide Bienvenue, 200, 750, 21750, 1250, 2000
S. M. Thomas, 300, 450, -, -, -
W. S. Kennedy, 920, 347, 16000, 1000, 1000
Burrows, 100, 220, 16000, 1700, 800
Sidney Porer, 80, 240, 1600, 500, 800
W. O. Rhoday, 200, 368, 18750, 2500, 2200
A. F. Marshall, 200, 435, 32000, 2000, 2000
Wil.(Wid) Mans, 120, 480, 24000, 1000, 1800
_. W. McCraine (M. Craine), 150, 170, 16000, 2000, 1000
Alfred Brown, 200, 300, 25000, 5000, 1200
John C. Jones, 120, 280, 16000, 1500, 850
J. J. McBrea, 220, 280, 20000, 2500, 2300
O. S. Joncs, 250, 1150, 56000, 4000, 1500
J. B. Kirk, 18, 182, 7600, 500, -
W. M. Lindsay, 180, 810, 38000, 3000, 1200
Allen Cook, 60, 264, 7000, 350, -
D. H. Eeck, 60, 260, 8000, 100, -
Wid. E. Thomson, 40, 280, 8000, 250, -
James C. Coin (Cain), 20, 810, 3300, 6000, 600
T. T. Reed (Reid), 20, 580, 8000, 400, -
John Nugent, 60, 849, 6000, 3000, 1000
Wid. J. B. Vignes, 20, 140, 8000, 2000, 1500
M. Cannouche, 25, 140, 2400, 800, 800
Martin Cannouche, 50, 30, 1200, 600, 800
Jas. A. Norgan, 10, 150, 1000, 10, 2000
John Buford, 100, 595, 6000, 2000, 1700
Wid Pre Guerin, 30, 50, 2500, 100, 500
Jas. Ch. Bailey, 125, 82, 10500, 6000, 1500
Lewis P. Gullian, 120, 25, 5800, 1300, 1200
George Chistz, 60, 50, 3000, 400, 500
A. M. L. Hognet, 102, 130, 5500, 500, 1000
Marcel Fabre, 25, -, 1000, 300, 150
Jon H. Seibat, 200, 1790, 29500, 4500, 3000
Jean Fremause, 120, -, 2000, -, 600
__vesdule Lejeune, 30, 40, 800, -, 400
Paul Bergeron, 80, 260, -, -, 300
Valeria Bergeron, 80, 400, 1900, 5000, 1300
S. James Joffrian, 48, 52, 3000, 300, 800
Est. of J. Lecog (Lacog), 50, 120, 10000, 750, 300
Clairville Siscard, 32, 60, 300, 250, 350
James K. Pickett, 190, 286, 14200, 2500, 2000

R. T. Walkin & Son, 160, 175, 8500, 3000, 3000
A. J. Sellars, 20, 140, 4800, 300, 500
William Sellars, 75, 85, 4000, 1500, 1000
Joshna Predler, 80, 300, 9000, 500, 1500
N. Bell, 150, 250, 10000, 3000, 1800
J. P. Bowman, 900, 1600, 100000, 40000, 8100
Charles Lafou, 150, 900, 18000, 3000, 800
Henry Johnson, 350, 810, 46500, 10000, 4000
Savinien (Savinier) Poureiaux, 7, 13, 400, 100, 200
Adhem_r Robillard, 10, 20, 600, 100, 200
Max Robillard, 40, 125, 5000, 500, 500
Savinerien Robillard, 95, 125, 5000, 500, 500
S. J. Fenner, 167, 168, 9500, 2000, 2500
T. H. Knox, 70, 62, 5000, 500, 1000
W. A. H. _. Sinrall, 550, 550, 23000, 5000, 6500
B. Barron, 1000, 1410, 120000, 55000, 15000
David Barrow, 700, 1700, 96000, 10000, 6000
Wid H. Depree, 500, 460, 24000, 12000, 2000
J. F. Jackson, 55, 245, 9000, 100, 800
A. B. Campson (Tompson), 300, 200, 25000, 6000, 2000
Valerien Guetro (Guebro), 25, 25, 1000, 200, 300
Wid Vincent Guetro, 25, 25, 1000, 200, 1000
Therence Guetro, 10, 4, 500, 100, 600
Raymond Bergeron, 35, 65, 2000, 300, 600
Henry Clark, 90, 210, 75000, 2500, 1000
Guillaume Genst, 15, 180, 3000, 800, 350
J. L. Matthieu (Matthevis), 200, 305, 2500, 500, 3000
Wid. M. Matthevis, 500, 400, 45000, 12000, 3500
Wid S. A. Worshans, 40, 120, 4000, 500, 600
Mathieu Heily, 40, 58, 4500, 1700, 900
Valerin Bergeron, 300, 214, 26000, 5000, 2500
F. V. Samson, 10, 225, 4700, -, 300
Joseph Redman, 40, 120, 4000, 500, 600
J. B. Bergeron, 30, 30, 7000, 300, 1200
D. A. Ferrier, 600, 800, 72000, 15000, 7500
Chas. Desoux, 15, 33, 3000, 1200, 600
Talmore Saizan, 34, -, -, -, 300
Henry Luke, 45, 430, 8500, 500, 400
Alexis Lircuiet, 80, 1170, 11000, 4000, 2500
Eugene Circuit, 400, 200, 33000, 3000, 3000
T. N. Bracewell, 120, 60, 8000, 1000, 1000
Owen Robertson, 80, 240, 16000, 2000, 1200
J. W. Denson, 1210, 200, 160000, 2500, 2000
Clar B. Turner (Curner), 150, 170, 16000, 1500, 800
A. L. Lacourt, 112, 48, 8000, 1500, 1200
H. D. Lacourt, 43, 117, 8000, 400, 800
Louis Escot, 20, 44, 3200, 200, 500
Lewis Carpenter, 75, 155, 6000, 2000, 1400
Clas. L. Boyd, 200, 120, 16000, 2000, 1600

Smiley & Wren, 480, 540, 43000, 4000, 3000
Asa Brown, 125, 52, 10000, 1000, 1500
A. A. Martin, 55, 265, 6000, 300, 2000
P. Dougherty, 125, 132, 13000, 500, 2500
B. L. Joor, 150, 670, 14000, 3000, 3500
Maunsel White, 350, 2750, 90000, 5000, 2500
G. M. Henderson, 60, 260, 9500, 100, 300
Owin [Henderson], 300, 900, 48000, 2000, 1500
L. J. Briggett, 170, 217, 19000, 2000, 2000
William Robertson, 100, 80, 10000, 2000, 2000
Jackson Motley, 125, 200, 16000, 2000, 1500
Ph. Fewell, 30, 160, 4000, 100, 500
Joseph West, 101, 160, 4000, 100, 300
E. L. Ellis, 100, 160, 4000, -, -
Estate W. Carruth, 100, 160, 4000, -, -
Alfred Bradshear, 35, 105, 7000, 500, 200
L. L. Caylor, 650, 1050, 85000, 6000, 5000
J. H. Moore, 250, 1000, 30000, 4000, 3000
D. H. Smith, 450, 200, 30000, 5000, 5000
Will Horton, 30, 280, 3000, 2500, 1000
Joseph Conas, 225, 775, 50000, 6000, 3000
Wid J. Hagan, 200, 1175, 65000, 8000, 1800
U. Broussard & Co., 250, 600, 1500, 7000, 3000
C. B. Chism (Chinn), 500, 1200, 60000, 5000, 3000
R. T. Barrow, 280, 3400, 141000, 1500, 3000
James Barrow, 150, 1000, 24000, 1000, 2500
J. T. Tabor, 300, 330, 14500, 700, 1500
O. H. Courtney, 125, 500, 28000, 2500, 3500
Jacob Zugg, 115, 255, 16800, 2500, 1500
S. H. Rixby, 300, 205, 11200, 2000, 1000
A. T. McKneely, 500, 600, 30000, 2500, 3000
J. W. McKneely, 250, 1000, 75000, 10000, 8000
Eliz Dunbar, 60, 1075, 73000, 8000, 5000
Gill. Zugg, 700, 920, 40000, 500, 1000
C. F. McVrae, 100, 2100, 70000, 2000, 3500
M. O. Bailey (Bailess), 820, 212, 16000, 1500, 1500
Alex Allen, 400, 1409, 112000, 60000, 12000
Mary Bowie, 1000, 400, 40000, 8000, 2000
W. D. V. Downing, 600, 3400, 200000, 35000, 15000
R. R. Sharkey, 400, 1400, 70000, 8000, 3000
F. H. Hitchcock, 200, 1100, 35500, 10000, 5000
M. Lixbry, 300, 410, 18000, 8000, 4000
Es__ Moriteeth, 31, -, 1000, -, 100
Emile Beauvais, 45, 160, 4000, 800, 400
Jules Porche, 70, 191, 8000, 1500, 800
Narujre Beauvais, 100, 1000, 20000, 2000, 2000
Oscar Beauvais, 68, 100, 4000, 1000, 800

Ursin Tounoir, 40, 28, 1000, 500, 300
August _. Sevain (Swain), 180, 39, 5000, 2000, 1000
Gull. Dubrocie (Dubrococ), 250, -, -, 8000, 4000
Chas. Gerard, 16, 64, 2000, 500, 300
Georges Christz, 130, 270, 16000, 1000, 1200
Francois Grosperousrd, 50, 80, 5000, 2000, 1000
Wid L. Landry, 40, 200, 9000, 800, 300
Paulin Bonaventure, 55, 75 1450, 10000, 1800
Jeremy Gauthier, 20, 100, 2000, 200, 950
Wid. Ev. Christz, 60, 100, 6000, 1800, 250
Alexandre Deciur, 120, 160, 12000, 1000, 1000
Chas. Cefreu, 350, 800, 15000, 4000, 1500
Hopkins & Co., 600, 1400, 100000, 25000, 11000
J. G. Archer, 600, 800, 50000, 1000, 3000
Wid. T. Mars, 10, 20, 600, 500, 600
John Moebiens, 40, 80, 2000, 500, 1000
R. J. Dunbar, 400, 500, 10000, 5000, 4500
J. T. Moore, 320, 400, 15000, 3000, 3500
John Lombard, 450, 250, 3700, 5000, 2500
M. Mc. Sterling, 1200, 1300, 130000, 6000, 12000
C. C. Pickett, 150, 700, 10000, 1500, 900
F. H. Ruebillard, 43, 25, 5000, 1300, 500
W. H. Cooley, 10, -, 500, 2000, 800
T. M. Thomas, 150, 600, 20000, 2500, 2000

V. Porchesrge (Porcherrge), & Co., 1500, 1600, 117000, 50000, 14000
Hubers Patric, 40, 85, 2500, -, 400
Wid P__ Porche, 500, 200, 12000, 2000, 2500

The Parish of Rapides, Louisiana
1860 Agricultural Census

The Agricultural Census for Louisiana for 1860 was microfilmed by the University of North Carolina Library under a grant from the National Science Foundation and filmed from original records held at Duke University Library, Durham North Carolina.

There are some forty-eight columns of information on each individual. Only the head of the household is addressed. I have chosen to use only six columns of the information because I feel that this information best illustrates the wealth of the individuals. These are shown below:

1. Name of Owner
2. Acres of Improved Land
3. Acres of Unimproved Land
4. Cash Value of the Farm
5. Value of Farm Implements and Machinery
13. Value of Livestock

Thus, the numbers following the names represent columns 2, 3, 4, 5, 13.

The following symbol is used to maintain spacing where information in a column is left blank (-). This symbol is used where letters, names or numbers are not legible ( ).

Gustavus Labat, 30, 1000, 2000, 100, 1200
Jesse Clifton, 50, -, -, 25, 900
J. W. Moore, 50, 110, 1200, 12, 400
John Cavenaugh, 150, 530, 3000, 50, 1790
Benj. Franklin, 25, 55, 500, 10, 506
George A. Smith, 50, 110, 2000, 25, 676
John Gill, 175, 50, 2500, 125, 3805
P. L. Gill, 30, -, 600, 25, 480
John H. Jones, 40, 120, 1600, 600, 555
Francis Villemon, 25, 275, 600, 25, 680
William Parker, 15, -, -, 10, 355
Rufus Turner, 18, 120, 300, 10, 120
Lewis F. Achord, 25, -, -, 20, 320
L. N. Mims, 30, -, -, 60, 840

R. A. Luttrell, 25, -, -, 15, 180
Violett Terrell, 23, 100, 500, 75, 900
June Thomas, 20, 300, 1000, 60, 188
Thomas J. Gill, 50, 120, 600, 35, 1035
D. N. Hunt, 20, -, -, 10, 250
Dempsey Fennel, 25, 15, 600, 65, 700
John McCurlay, 25, -, -, 8, 400
Silas B. Johnson, 30, -, -, 20, 340d
J. F. Roberts, 45, -, -, 75, 840
Stephen Turner, 100, 60, 1000, 80, 825
Wiley W. Goyous, 60, 120, 1000, 75, 660
John Palmer, 50, 350, 1000, 150, 1650
Richard Mason, 15, -, -, 10, 270
Josiah St. John, 20, -, -, 25, 600

William Stephens, 15, -, -, 20, 380
William West, 40, 40, 2000, 125, 1245
Ephraim Stephens, 15, -, -, 15, 150
Saladin Williams, 15, -, -, 10, 130
Calvin D. Collins, 18, 142, 320, 8, 320
Edmond Crager, 20, 60, 600, 20, 480
Martin Crager, 15, -, -, 15, 590
George W. Meltin, 35 85, 350, 20, 300
Gadi Sweatt, 18, -, -, 20, 200
Elizabeth Butcher, 12, -, -, 8, 205
Wm. B. Wailes, 40, -, -, 15, 250
Emily Bass, 40, -, -, 25, 500
Richard Neal, 20, -, -, 8, 80
Martin Mays, 25, -, -, 10, 325
Irving Bloodworth, 15, -, -, 6, 260
Abram McCloud, 27, 133, 400, 15, 184
Stephen D. Hogan, 14, 146, 350, 50, 415
Reason Perkins, 15, -, -, 10, 410
Samuel Mays, 22, 298, 640, 2, 680
Reddick Watson, 18, -, -, 10, 220
Caswell T. Pollard, 12, -, -, -, 260
James Phillips, 40, 160, 1000, 25, 1045
Dixon Sloan, 11, 159, 320, 8, 260
Joseph Hamons, 45, 135, 560, 20, 495
Mula Riah (Rich) Hamons, 15, 65, 240, 10, 210
John J. Spikes, 14, 106, 360, 8, 145
Robert Knight Sr., 17, 143, 480, 12, 288
Robt. Knight Jr., 8, 92, 240, -, 220
Ellen Spurgins, 12, 68, 240, 8, 210
Johnathan Jowers, 17, 63, 250, 10, 93
Allen Lewis, 20, 295, 1000, 25, 360
Mooring Green, 18, 62, 240, 5, 110
Allen Aldridge, 10, 70, 240, -, 100
John Davis, 15, 65, 500, 10, 500
Thomas Watson, 12, -, -, 5, 65

James P. Watson, 20, 140, 800, 15, 435
Milton Goren (Gorm), 16, 184, 450, 12, 225
Benj. Aoh, 20, -, -, 8, 460
Alfred Hollowell, 35, 45, 1200, 25, 1085
Samuel Hyatt, 18, -, -, 8, 110
James Johnson, 30, 90, 500, 18, 380
Archibald Smith, 20, 20, 250, 25, 912
C. A. Combs, 30, -, -, 60, 170
Daniel Cryer, 20, -, -, 15, 130
Samuel Clark, 25, -, -, 185, 430
Bailis Goodman, 15, -, -, 40, 215
Harman Singletary, 45, -, -, 05, 468
Joseph Singletary, 20, -, -, 10, 200
Elias Bryan, 30, -, -, 10, 450
David R. Bryan, 35, -, -, 50, 525
James Wade, 30, -, -, 15, 100
Richard Boyd, 20, 300, 640, 75, 561
Maria Ammous, 16, -, -, 10, 305
Stephen Rutherford, 18, 102, 250, 15, 540
Hippolytte Ebare Sr., 12, -, -, 6, 115
William Randolph, 25, 175, 500, 25, 480
J. C. Whittington, 12, -, -, 8, 293
William Dyer, 20, -, -, 10, 334
Daniel H. Coe, 13, 67, 240, 50, 485
Hippolytte Ebare Jr., 19, -, -, 8, 198
John Swearengen, 15, 110, 240, 10, 420
Joseph Wingeart, 35, 45, -, 325, 4440
William F. Cheney, 6, 380, 2000, 15, 460
James Freeman, 12, -, -, 58, 85
M. J. McIntosh, 70, -, 25, 1085
Calvin E. Hosea, -, 582, 2500, 500, 998
William Nelson, 30, -, -, 10, 576
Geo. W. Boswell, 12, -, -, 8, 265
Mathew Bushnell, 20, -, -, 55, 1025
William H. Holt, 40, 200, 1000, 125, 1020

Caliste Rougeau Sr., 30, -, -, 20, 930
JerryVan Aram, 25, 295, 450, 15, 650
James Tyler, 12, -, -, 15, 360
William Gordy, 10, -, -, 80, 220
Jerremia B. Tyler, 15, -, -, 10, 485
Jessee Richie, 35, -, -, 60, 620
Morgan Blackwell, 10, 66, 225, 50, 515
Josiah M. Parker, 15, 38, 400, 115, 356
Josiah Parker Jr., 15, -, -, 5, 150
Elias Hamon, 15, 25, 150, 67, 770
Eli McVea, 17, -, -, 60, 150
Wm. M. White, 25, -, -, 20, 220
Shadrach Powers, 20, -, -, 25, 430
Murdock McMillan, 25, -, -, 10, 138
Martha E. Sammons, 15, -, -, 15, 490
Joseph Nash, 14, -, -, 88, 270
Morah Nash, 18, -, -, 5, 220
Isaac Nash, 18, -, -, 70, 284
Austin Burgess, 20, -, -, 6, 350
Celestin Rachal, 20, -, -, 65, 286
Hose. L. Pracellox, 16, -, -, 5, 245
Stephen Chevalier, 15, 105, 360, 10, 610
William McClusky, 45, 35, 4000, 625, 485
[William McClusky], 16, -, -, 10, 120
William Smith, 35, 165, 625, 125, 758
Thomas French, 20, 240, 400, 25, 200
John Andros, 12, 148, 300, 75, 305
Louis Vishyden, 10, -, -, 18, 125
H. P. Grubb, 28, 649, 3730, 50, 435
R. L. Wadlington, 35, -, -, 125, 415
E. S Woodard, 18, 182, 1000, 25, 528
Louis Meese, 27, 133, 2400, 10, 770
Albert Meese, 12, -, -, 6, 266
Mary Buster, 10, -, -, 8, 248
Josiah Neal, 15, -, -, 30, 205
Jeff Tuterall, 20, -, -, 75, 498
Barney Whaley, 35, -, -, 50, 585

John Swan, 22, 188, 400, 75, 975
William Burnidge, 40, 40, 400, 15, 135
Michael Paul Jr., 40, 157, 785, 125, 928
Caliste Rougeau, 30, 130, 480, 100, 2470
David C. Paul, 35, -, -, 35, 408
Severain Rougeau, 18, -, -, 50, 395
Ernes Guidry, 13, -, -, 10, 310
Severain Rougeau Jr., 100, 260, 1080, 85, 1235
Wm. R. Sanderson, 50, 150, 600, 45, 430
Celia Dunham, 190, 160, 1500, 500, 1886
Robt. T. Laird, 16, -, -, 90, 178
George Landress (Landtrip), 18, -, -, 35, 185
John Shaw, 17, 143, 450, 10, 246
William Landtrip, 25, 125, 450, 10, 155
James Landtrip, 30, -, -, 50, 230
A. G. Tuck, 6, 315, 320, 12, 175
Chs. Or_l, 35, 205, 500, 15, 564
Nathan J. Or_l, 12, 28, 200, 15, 165
Thos. K. Smith, 150, 1650, 18000, 150, 193
John Boyd, 12, 68, 250, 100, 256
J. R. Mathews, 13, 147, 320, 15, 245
James Or_l (Orse), 20, 380, 800, 65, 600
Isaac McNutt, 15, 65, 200, 75, 291
Abraham Hynson, 20, -, -, 8, 240
Isaac Cooper, 15, -, -, 10, 170
John Sales, 20, -, -, 12, 280
Thoms. S. Knight, 35, -, -, 45, 190
Isy C. Knight, 30, -, -, 50, 355
Isaac Huddleston, 160, 120, 2500, 400, 2938
Nancy Neal, 150, 170, 1800, 700, 2135
Wm. W. Smart, 30, -, -, 75, 515
Jno. L. Johnson, 18, -, -, 100, 400
Gibson Johnson, 40, 40, 500, 45, 1250

Aaron Bailey, 20, -, -, 15, 205
William Bailey, 15, -, -, 10, 90
William Brister, 30, 290, 1200, 15, 520
Isaac H. Bailey, 30, -, -, 12, 90
Samuel Harper, 17, 266, 1000, 15, 465
William C. Johnson, 20, -, -, 30, 678
Thomas Nash, 10, -, -, 5, 680
Nathan Perkins, 18, -, -, 130, 470
John Johnson, 40, -, -, 25, 1700
Chs. Hogan, 18, -, -, 12, 155
David Vick, 40, -, -, 60, 470
Benj. Statsby, 24, 96, 500, 10, 150
Moab Gregory, 85, -, -, 110, 720
Wilson Coward, 14, 66, 250, 65, 1006
George W. Cryer, 10, -, -, 10, 280
Daniel Cryer, 30, -, -, 20, 550
Hansel Neil, 40, -, -, 30, 600
Shelton Powell, 18, -, -, 15, 220
C. L. Williams, 15, -, -, 20, 120
W. C. Fletcher, 40, -, -, 160, 255
Warren Williams, 18, -, -, 10, 170
Reuben Gill, 45, -, -, 100, 640
Andrew McAllen, 16, -, -, 50, 385
James Groves, 80, 160, 1500, 150, 2090
J. P. Groves, 20, -, -, 15, 678
Leonard Sweatt, 20, -, -, 5, 285
William Brewer, 12, -, -, 38, 155
Stephen Cooley, 50, 430, 2000, 150, 1131
Carroll Jones, 40, -, 1000, 100, 2009
N. S. Butler, 21, -, -, 100, 450
Thomas Woodard, 70, 130, 1075, 180, 630
Joseph Turner, 12, -, -, 10, 115
Joseph Guess, 15, -, -, 10, 165
Arlow Ainsworth, 20, 20, 650, 25, 360
Jsaiah Dykes, 20, -, -, 20, 190
Anderson Adams, 25, -, -, 20, 790
Jacob Brister, 27, -, -, 10, 470
Zachariah Jourdan, 17, -, -, 65, 150
John Miller, 40, 40, 600, 200, 1835

Allen Davis, 26, -, -, 18, 216
Isaac Midkiff, 20, 20, 200, 10, 335
Elizabeth Lawson, 18, -, -, 100, 880
Silas Phillips, 16, -, -, 15, 250
Henry Jourdan, 16, -, -, 8, 100
William Thompson, 15, -, -, 85, 399
Josiah Williams, 19, -, -, 75, 245
James W. Old, 25, -, -, 100, 1345
Charles Wiley, 20, 220, 500, 80, 1062
John Bonds, 15, -, -, 150, 270
Watkins S. Smith, 30, 170, 800, 100, 264
Lemuel Harvey, 21, 59, 280, 55, 690
Jefferson Evans, 17, 23, 300, 15, 550
Danl. Jourdan, 30, -, -, 150, 238
Moses Daniel, 20, -, -, 100, 509
Nancy Jennings, 23, 46, 400, 58, 610
Willis West, 21, -, -, 125, 948
John Montgomery, 12, -, -, 10, 590
Edward W. West, 15, -, -, 15, 120
William Harvey, 25, -, -, 100, 790
Joseph S. McKay, 50, -, -, 100, 275
John L. Hardson, 15, -, -, 8, 170
Jsachow (Jackson) Young, 27, -, -, 40, 435
Johnathan D. Cain, 20, -, -, 160, 718
Frederick Craft, 16, -, -, 65, 500
John Broachs (Brooks), 12, -, -, 75, 820
Stephen Richards, 18, -, -, 250, 820
William J. Eaves, 15, -, -, 8, 200
T. W. Stephens, 18, -, -, 55, 810
Geo. Stephens, 15, -, -, 18, 245
Micajah Andrews, 30, -, -, 110, 180
William Elliott, 40, 120, 600, 100, 1810
David Elliott, 15, -, -, 10, 1356
David M. Biliew, 12, -, -, 10, 293
Ezekiel Coward, 20, -, -, 70, 571
Joseph Melder, 30, -, -, 15, 1240
William A. Rollins, 21, -, -, 10, 200
Jeremiah Dyer, 10, -, -, 5, 145
William Rollins, 13, -, -, 6, 240
R. Weatherford, 17, -, -, 50, 180

Thoms. V. Scarbrook, 80, 180, 1500, 80, 2340
Jno. P. Stanly, 18, -, -, 5, 115
Jerry Bass, 20, -, -, 15, 434
Melanda Gordon, 30, 210, 500, 100, 340
Isaac Semmons, 33, 117, -, 18, 173
Ezekiel Smith, 12, -, -, 10, 156
Mathew H. Lynote, 20, -, -, 80, 225
I. C. Simmons, 38, 205, 700, 10, 180
James Simmons, 18, 132, 500, 6, 264
Lewis Simmons, 18, -, -, 10, 140
Josiah Miller, 35, 286, 1000, 100, 1015
William Reed, 12, 148, 320, 15, 454
John Smith, 15, 460, 1200, 50, 490
Bazil Smith, 15, -, -, 10, 160
Joel F. Freeman, 10, -, -, 6, 105
Geo. W. Dutton, 40, 161, 400, 25, 100
George Wells Sr., 12, -, -, 10, 80
Jno. B. Phillips, 25, -, -, 40, 655
Sanden Smith, 16, 64, 240, 6, 230
Isaac Simmons, 30, 130, 450, 10, 160
William Simmons, 15, -, -, 45, 335
Joseph Chevallier, 16, 24, 100, 8, 494
Robt. Graham, 25, 95, 240, 140, 550
Moody L. Squires, 50, 180, 1500, 95, 670
Jesse Hart, 120, 40, 1000, 1100, 1229
Wm. Russell, 10, -, -, 5, 384
Stephen W. Squires, 16, -, -, 5, 189
Wm. L. Squires, 16, 144, 800, 12, 353
Joseph Chapman, 12, 105, 400, 25, 360
John S. Touchstone, 13, -, -, 10, 210
William Tully, 10, 276, 350, 30, 1330
Benj. Scroggs, 30, 130, 1200, 25, 510
Soloman Carter, 15, -, -, 60, 285

Joshua C. Gilbert, 25, 295, 500, 15, 335
Sanford Gorham, 20, -, -, 10, 430
Bernard Ruoque (Rusque), 18, 623, 1600, 15, 390
Augustus Clark, 12, -, -, 8, 130
Mathew Carter, 15, -, -, 10, 140
Coleman M. Calvit, 150, -, -, 80, 1815
M. Meylin, 100, 100, 600, 150, 915
Wm. B. Harper, 18, -, -, 150, 476
Leonidas Harper, -, -, -, 150, 445
Michael deville, 35, 165, 1000, 300, 3550
James Lacroix, 25, 50, 500, 80, 1290
Dempsey Isles (Isler), 80, 520, 3000, 115, 1050
Chs. H. Walden, 180, 280, 6400, 500, 1586
Zenon Byrd, 20, 60, 600, 100, 990
Benj. Laysard, 15, -, -, 10, 199
Valentine Wale, 22, 138, 500, 20, 198
Aaron Kirkland, 30, -, -, 35, 380
Job Dean, 28, -, -, 10, 198
W. W. Bruce, 25, 15, 300, 8, 280
James Brinkley, 14, -, -, 10, 130
A. Duffcl, 35, 45, 500, 300, 680
W. H. Riggs, 20, 100, 300, 8, 318
Joseph A. Wise, 20, 140, 350, 50, 1120
Thoms. R. McBride, 12, -, -, 5, 96
Johnathan Aldridge, 14, -, -, 8, 175
Stephen Cockafar, 110, 90, 1100, 2, 1056
A. L. Chafin, 30, 50, 3000, 80, 726
David Clark, 18, 122, 280, 15, 430
Danl. H. Willis, 12, 118, 300, 75, 278
Washington Roy, 10, -, -, 6, 475
Joseph Smith, 12, 108, 360, 15, 272
Thomas Phares, 25, -, -, 75, 420
John Stanley, 12, -, -, 8, 245
Isaac J. Phares, 18, -, -, 55, 470
Wm. McDaniel, 20, -, -, 50, 2640
Wm. Terrell, 30, 89, 250, 25, 705

Henry A. Williams, 30, 50, 400, 20, 125
Saml. H. Brister, 40, 160, 600, 100, 300
Wm. J. Huddleston, 25, -, -, 25, 445
Arsin LeBlue, 55, -, -, 30, 4780
Joseph Nichols, 50, -, -, 20, 680
Jefferson Nichols, 18, -, -, 40, 340
John O. Davis, 75, 30, 400, 45, 320
J. B. Eaves, 50, 10, 600, 35, 1100
James A. Gray, 28, 27, 200, 15, 106
D. L. Hogan, 15, -, -, 8, 125
Henry Gill, 30, -, -, 15, 212
James Wisbey, 23, -, -, 100, 590
A. T. Evans, 15, -, -, 20, 110
Wade H. Ellis, 80, 420, 800, 150, 380
Alex Buxton, 30, -, -, 15, 325
David Bush, 19, 61, 250, 10, 510
James E. O'Larry, 30, -, -, 8, 80
Joseph P. Willis, 20, -, -, 150, 380
Jackson Marracle, 20, -, -, 56, 1505
Seth Martin, 15, -, -, 16, 188
Ephraim Sweatt, 25, -, -, 20, 1450
Henry C. Avery, 17, -, -, 30, 840
A. Thompson, 15, -, -, 50, 200
Henry Mancill, 15, 65, 200, 30, 470
Solomon Dyal, 25, -, -, 75, 595
William Watson, 30, -, -, 65, 230
R. Ezekiel Watson, 36, 84, 500, 75, 770
Eleander Smith, 37, 43, 650, 135, 412
Simon C. Vick, 60, 160, 500, 315, 430
William I. Vick, 15, 25, 180, 15, 233
Jeremia B. Davis, 35, 45, 500, 20, 190
David Gilley, 25, 135, 800, 60, 290
Soulange Lacaze, 20, -, -, 80, 1580
Soulange Lacaze Jr., 18, -, -, 20, 1300
Pierre Lacaze, 30, -, -, 10, 260
James E. Turner, 30, -, -, 75, 210
John Goyens (Goyous), 18, -, -, 15, 176
E. E. Smart, 40, 280, 2000, 125, 590
Amedee Lange, 20, -, -, 15, 210
Nelson Craft (Croft), 12, -, -, 15, 130
John T. Turner, 10, -, -, 6, 160
Joseph Cooper, 18, -, -, 15, 180
Lewis A. Perkins, 18, 22, 250, 125, 500
John Speights, 80, 40, 1000, 200, 1085
Daniel R. Knights, 30, -, -, 12, 350
Addison Miller, 20, 220, 1200, 25, 380
Joseph T. Hatch, 140, 60, 1200, 130, 1500
J. H. Ward, 30, 370, 500, 60, 2325
John Obannion, 35, -, -, 14, 340
J. T. Hewitt, 35, -, -, 40, 550
Geo. H. Wilson, 15, -, -, 6, 96
A. F. Cryer, 14, -, -, 65, 305
Jno. J. Holliday, 45, -, -, 40, 120
Nancy M. Williams, 27, 53, 600, 50, 458
Wiley Hunt, 30, 50, 400, 60, 370
Oliver Perkins, 60, -, -, 200, 1105
Duncan Hynson, 25, 55, 400, 200, 300
Est. Henry Cooper, 75, 45, 1000, 100, 1275
David Cooper, 20, -, -, 10, 240
Nat. S. Williams, 12, 28, 250, 100, 180
James Adkinson, 15, -, -, 10, 140
Robt. Smith, 20, 20, 700, 125, 515
Jackson Cooper, 14, 66, 300, 15, 260
Wm. R. Cryer, 30, 50, 460, 80, 770
William Croft (Craft), 18, -, -, 10, 280
Frederick Craft, 50, 270, 1000, 125, 795
G. L. Gunter, 15, -, -, 20, 500
P. H. Fletcher, 50, 20, 1000, 50, 765
Jno. W. Conner, 18, 182, 500, 15, 412
Alex. Wilson, 30, 189, 600, 100, 700
J. C. Turner, 40, -, -, 105, 490
Stephen Caldwell, 50, -, -, 100, 470

Catharine Turner, 30, -, -, 75, 125
C. C. Hunt, 16, 144, 1050, 40, 345
Jno. R Crumpler, 17, -, -, 50, 290
Luke Cooper, 40, -, -, 75, 330
Zederick Brister, 40, 120, 1800, 100, 500
Jasper Phillips, 10, -, -, 8, 140
Hudson Jourdon, 13, -, -, 6, 120
Isaac Perkins, 34, 35, 350, 85, 760
William Perkins, 16, 4, 240, 12, 315
Isaac Perkins Jr., 13, -, 10, 12, 580
James Ware, 15, -, -, 15, 346
Aaron Fee, 12, -, -, 10, 430
Gibson Johnson, 20, -, -, 25, 875
Obediah Johnson, 18, -, -, 10, 214
Burrel Johnson, 21, -, -, 18, 730
Joseph Marracle, 25, -, -, 20, 525
Carroll Johnson, 18, -, -, 25, 1360
Calvin Johnson, 25, -, -, 15, 1240
William Odom, 16, -, -, 8, 230
Gray Maunsel, 15, -, -, 10, 160
Alex Thompson, 15, -, -, 35, 660
Robt. Perkins, 20, 80, 250, 18, 725
William Marracle, 30, -, -, 20, 670
John Clark, 18, -, -, 20, 330
Edward Haunsel, 10, -, -, 8, 125
John Drake, 15, -, -, 10, 120
James Drake, 15, -, -, 10, 120
John Dyal, 40, 40, 300, 75, 1540
William Dyal, 20, -, -, 10, 305
K. P. F. Powell, 20, -, -, 25, 340
J. P. Pugh, 30, -, -, 18, 325
James R. Swain, 33, -, -, 20, 275
Timothy Watson, 22, -, -, 80, 600
Hugh Johnson, 25, 55, 300, 25, 449
John Bush, 22, 55, 300, 12, 148
Alex. Shanklin, 20, -, -, 7, 135
Hezekiah Haymans, 25, -, -, 15, 245
Lawrence Hilley, 65, 95, 2600, 45, 875
John Cooper, 25, 15, 500, 20, 394
Thos. Goyous, 18, -, -, 10, 250
Hugh L. Sanders, 120, 250, 2000, 100, 1650
James Cooper, 45, -, -, 15, 315
G. W. Benton, 15, 25, 250, 25, 206

Alex. Hale, 70, 410, 1300, 35, 920
Duncan Curry, 14, -, -, 10, 126
Daniel M. Curry, 20, -, -, 20, 610
James W. Curry, 15, -, -, 12, 425
William Dean, 25, -, -, 18, 450
William Ritter, 35, 5, 250, 15, 155
David Rose, 35, 205, 480, 18, 950
Levy Boyd, 50, -, -, 25, 350
Lydia Ann Boyd, 50, -, -, 25, 310
Simon C. Nichols, 50, 110, 500, 25, 250
George Wells, 18, -, -, 15, 195
Zach Carroll, 15, 65, 160, 10, 300
Book__ Mercer, 20, -, -, 16, 313
Alfred Weatherford, 25, -, 2, 20, 938
Christopher Simmons, 6, -, -, 65, 325
Joshua B. Baggaty, 12, -, -, -, 105
Hannah Perkins, 20, -, -, -, 210
Daniel Perkins, 13, -, -, -, 240
Mary A. Strahers, 12, -, -, 50, 340
Pedro Castillio, 16, -, -, 80, 375
Austin Presswood, 20, -, -, 75, 525
Reuben Cloud, 10, -, -, 60, 450
Noah Cloud, 12, -, -, 5, 325
Thoms. Dyal, 15, -, -, 15, 205
Dio Rodriques, 15, 50, -, 75, 330
James Belvirs, 19, 181, 400, 15, 476
Joseph Willis, 25, -, -, 25, 1300
Lemuel Willis, 12, -, -, 10, 320
Joseph McGuire, 13, -, -, 10, 200
Lemuel Willis Jr., 12, -, -, 10, 1200
Micajah Mancil, 15, -, -, 8, 250
Jackson Johnson, 15, -, -, 8, 135
John Strother, 15, 240, 1000, 430, 1220
William Willis, 30, -, -, 275, 970
John A. Strother, 25, -, -, 15, 575
Francis Strother, 15, -, -, 10, 180
Richard Odom, 10, -, -, 10, 180
Zedekiah Gibson, 25, 45, 360, 20, 800
Amos Avery, 15, -, -, 10, 275
William Slaughter, 30, -, -, 20, 1035
Jacob Gunter, 23, 67, 800, 25, 1435
Jeremiah Cloud, 16, -, -, 10, 155
Adam Ray, 10, -, -, 10, 560

Reuben Ray, 35, 145, 1000, 40, 1250
Juan Jose Padillio, 20, 60, 240, 20, 880
Mitchel LeBaume, 20, 260, 1400, 180, 790
Jack Jones, 18, 82, 450, 45, 1290
Josiah Jackson, 40, 360, 820, 100, 375
Eliga A. Nugent, 30, 410, 500, 25, 925
Allen W. Jackson, 50, 150, -, 180, 360
Joseph Lebaume, 60, 1300, 3000, 85, 490
Gray McLaughlin, 12, -, -, 60, 745
Degerd Wise, 15, 105, 240, 70, 710
Moses W. Heeler, 50, -, -, 85, 350
John C. Sneed, 20, 100, -, 75, 700
Mary Ann Sneed, 30, -, -, 160, 600
John Carnahan, 20, 160, 500, 25, 1025
Thos. McNeil, 20, -, -, 80, 840
Benj. Cleavland, 20, -, -, 85, 600
Francois Vannier, 10, 43, 200, 10, 265
J. C. Morantine, 30, 95, 1200, 125, 430
Hiloise Dubois, 30, 68, 1000, 125, 390
Joseph Lattier, 50, -, -, 25, 480
Dorgillion Dupre, 40, 80, 360, 85, 430
William D. McCoy, 20, 180, 1000, 15, 300
William F. Carnahan, 90, 410, 2500, 175, 1390
Mary H. Shackelford, 60, 160, 1100, 1000, 1500
Manuel Hernandez, 60, 20, 1500, 65, 865
Theodule Lattier, 40, -, -, 10, 275
William F. Deloach, 157, -, -, 180, 2520
John J. Spears, 100, 60, 1800, 85, 750

Thoms. Richardson, 200, 200, 28500, 800, 1900
Eliga Richardson, 100, 200, 12000, 400, 730
William Tyson, 18, 222, 720, 50, 590
P. S. Lattier, 25, -, -, 60, 520
Lucy Ann Williamson, 10, -, -, 15, 230
William H. Saddler, 120, 450, 2800, 250, 1900
Jackson Simmons, -, 40, 200, 80, 360
William L. Morgan, 80, 910, 3000, 150, 1200
B. C. Hendricks, 30, 670, 1400, 100, 1245
Stephen Venas, 10, -, -, 60, 520
Stehen Wait, 22, 18, 300, 25, 790
Erasmus Scott, 12, 28, 100, 10, 220
Jesse Simmons, 15, 385, 600, 80, 460
John E. Berlund (Borland), 30, 610, 3200, 300, 1700
Stephen Holstein, 40, 120, 600, 25, 1570
John B. Cross, -, 80, -, 50, 390
Reason Cripps, 45, 195, 1000, 100, 310
John Franks, 35, 50, 300, 25, 375
Frederick Stitley, 40, 312, 2460, 200, 650
Delilah Rheams, 12, 268, 800, 40, 430
Silas Campbell, 20, 260, 1400, 25, 510
W. H. Ryland, 10, 150, 800, 8, 360
John Peterson, 15, -, 200, 10, 590
Ephraim Pearce, 40, 120, 1200, 15, 360
Alfred W. Ryland, 11, 109, 600, 110, 300
Samuel L. Stitley (Stiltey), 16, 64, 400, 150, 510
John R. Shultz, 12, -, -, 100, 315

Stephen Goyous (Goyons), 20, -, -, 65, 1165
Isaac Sweatt, 30, -, -, 50, 565
Stephen Holstein Jr., 20, -, -, 180, 1440
Joseph Craig, 20, 110, 250, 85, 400
Phillip Ryland, 35, 165, 600, 70, 980
William P. Hickman, 300, 1000, 16650, 175, 2850
Thomas B. Waters, 125, 425, 7000, 2500, 1550
Isaac Tyler, 18,-, -, 50, 320
James Woodson, 25, 95, 360, 40, 840
Margaret Connor, 50, 270, 1500, 75, 520
Otho W. Nally, 50, 265, 500, 70, 240
Geo. A. Wise, 220, 1080, 16000, 3000, 4900
Augustin Lamoche, 15, -, -, 20, 460
Ageron Arceneaux, 40, 540, 1620, 100, 580
Charles Banks, -, 40, 1500, -, 295
Hugh Dysart, 20, 84, 2000, 15, 595
Jean Pierre Arceneaux, -, 407, 2000, 60, 330
Valentine Miller, 25, 295, 1600, 300, 2100
Daniel Voorhies, 100, 160, 1300, 85, 1080
Oggy Wiley, 10, 150, 600, 15, 460
James M. Jackson, 10, 150, 300, 12, 180
Lewis Carter, 12,-, -, 80, 680
Mary C. Nugent, 15, 625, -, 800, 375
Daniel Walker, 150, -, -, 40, 1000
Hamilton Tyson, 75, 765, -, 250, 1960
Harman Lyncicum, 30, 50, 400, 100, 1070
Nelson Nugent Jr., 15, -, -, 80, 490
E. K. Davis & Co., 20, 180, 1000, 25, 400
Thomas Harvey, 40, 60, 500, 15, 510
James E. Tyson, 65, 1135, 6000, 95, 1280
Hosea Biddle, 55, 215, 1350, 85, 1095
George Starks, 70, 1490, 2800, 75, 2300
James (Jane) Gray, 50, 390, 2200, 95, 2105
Robert Hester, 80, 440, 2600, 575, 815
John D. Addison, 18, 142, 480, 60, 240
James Russell, 40, 460, 1200, 50, 600
Nathaniel Gentry, 20, -, -, 75, 160
James Auld, 25, 135, 400, 25, 265
R. R. Honeycutt, 25, -, -, 75, 450
George Dean, 45, 585, 1500, 250, 2210
Chs. L. Pearce, 60, -, -, 125, 1000
Susan Wright, 80, 70, 1500, 25, 1260
Linn Tanner, -, 480, 5000, 80, 840
J. B. Reeves, 65, 465, 8000, 50, 975
Thoms. M. Butler, 25, 50, 500, 800, 570
Thoms. G. Allen, 40, -, -, 75, 880
Robt. Hart, 105, -, -, 200, 1170
Napoleon Deville, 15, 75, 500, 50, 900
John Handlin, 8,-, -, 50, 315
Jacob Paul, 25, 175, 00, 100, 2090
Phillip Paul, 40, -, 300, -, 900
Anthony Bellgarde, 35, 125, 500, 130, 1040
Johntee Deville, 20, 600, 2000, 50, 560
Fountain Price, 10, -, -, 100, 630
William Wiley, 10, -, -, 10, 325
Valentin Deville, 10, -, -, 30, 300
Batiste J. Bellgarde, 35, 45, 300, 15, 600
Joseph Gochia, 15, 65, 300, 20, 600
St. Ville Gaspar, 10, -, -, 5, 330
Peter Bellegarde, 50, 130, 1000, 15, 1720
Cassimer Bellgarde, 10, 32, 350, 8, 770

Emeline Lucas, 50, 130, 1200, 30, 480
Nathaniel Oneal, 10, -, -, 15, 470
Michael Paul, -, 40, 300, 175, 2045
Auguste Chevallier, -, 360, 800, 100, 2090
John Lucas, 18, 62, 410, 125, 495
Willis Fant, 80, 240, 1500, 150, 1040
Pleasant Rowe, 20, 160, 500, 80, 1100
Dilworth Winningham, 15, -, -, 10, 320
Nathan Jackett, 14, 506, 1500, 165, 340
Joshua Kemp, 45, 869, -, 50, 2400
Mathew Nugent Sr., 55, 145, 600, 100, 4600
Stephen Neal, 18, 222, 500, 10, 310
Christian Starks, 20, 860, 2640, 75, 835
Thoms. Swofford, 100, 400, 2500, 200, 2080
Levi Waits, 60, 180, 1200, 65, 720
C. R. Nugent, 15, 185, 500, 60, 430
John Starks, 60, 180, 1200, 150, 1375
Nelson Nugent Sr., 60, 420, 1500, 160, 1955
Randolph Reeves, 12, 228, 1200, 10, 270
Joseph Ebare, 18, 142, 540, 40, 220
John H. Henson, 50, 450, 2500, 50, 550
H. J. Harper, 15, 225, 500, 15, 300
Geo. W. Brister, 15, -, -, 20, 380
Albert Hawthorn, 40,-, 1000, 150, 1625
William Nugent, 40, 200, 1200, 80, 500
James C. Abrams, 12, 68, 800, 100, 350
J. R. Nix, 20, 20, 250, 80, 330
Bryant Brady, 15, 105, 600, 25, 180
David Collins, 40, 40, 400, 100, 2550
James Stephens, 35, 365, 800, 12, 570
John Nugent, 8, -, -, -, 530
E. A. Neal, 40, 320, 800, 25, 485
Mathew Swafford, 100, 500, 6000, 250, 2450
Nicholas L. Goyons, 20, 100, 600, 100, 450
M. H. Nugent, 20, 180, 400, 20, 300
Job G. Tyson, 27, 573, 2000, 100, 825
Est. Wm. Tyson, 50, 590, 5000, 75, 340
William Rushings, 25, 135, 600, 15, 330
Rosina McKay, 14, 66, 200, 15, 500
C. C. McKay, 10, 190, 600, 65, 1340
Nancy Southerland, 12, 68, 300, 10, 440
Grant Lyncicum, 40, 40, 800, 200, 2250
William Hawthorn, -, 120, 600, -, 1295
William Roe, 18, 222, 1000, 20, 670
Smith & Carnal (Carval), 800, 2200, 80000, 25000, 9800
Duncan C. Goodwin, 110, 692, 21000, 1250, 2695
A. C. Neal, 400, 2630, 40150, 5000, 4760
Thoms. Woodard, 330, 1316, 26160, 2200, 2200
Est. F. Henderson, 710, 4000, 53900, 2500, 11685
Wm. C. James, 80, 320, 1200, 150, 2275
Coushti Dark, 500, 1000, 50000, 10500, 3959
T. H. J. Bowles, 450, 450, 30000, 3000, 3955
C. H. Blanchard, 850, 545, 55760, 3000, 7000
Daniel Robert, 600, 1600, 50000, 2950, 3430
T. J. Tecada (Texada), 369, 686, 30000, 1000, 2470

T. S. Robert, 150, -, -, 300, 1630
J. J. Myers, 20, 60, 750, 15, 170
Theodor Tecada, 400, 1600, 50000, 2500, 3330
James H. Dawson, 600, 900, 60000, 2000, 5850
Est. P. Lamothe, 250, 858, 40000, 500, 3460
Est. C. Innis, 450, 1200, 66000, 12400, 4250
Wm. L. Sanford, 175, 502, 27080, 1300, 2056
C. C. Brown, 300, 200, 20000, 1000, 2850
Emily Archenaud, -, -, -, -, 620
James R. Andrews, -, -, -, -, 870
Anderson McNutt, 520, 600, 50000, 1500, 22355
Eliga Seip (Senss), 800, 450, 75000, 2000, 3620
John H. Holt, 380, -, -, 1500, 5790
Thomas Martin, 300, 250, 20000, 15000, 1897
R. M. Henderson, -, -, -, -, 2800
O. N. Ogden, 550, 286, 50000, 3000, 3212
M. M. Rhorer, 330, 770, 27835, 580, 4995
Thoms. Neal, 450, 2000, 32000, 2000, 4800
M. J. Calvit, 300, 186, 24360, 500, 2595
Sarah P. Cummings, 370, 400, 4000, 4000, 2990
John Osborn, 1000, 6000, 200000, 20000, 14080
Dennis A. Smith, 150, 260, 24000, 3000, 2045
T. G. Compton, 100, 150, 15000, 1500, 2275
Landry Baillis, 120, 130, 15000, 3000, 2520
Peter B. Compton, 500, 1200, 65000, 12000, 8260
S. L. Compton, 300, 270, 32000, 4000, 3875
Levi Wilson, 800, 27000, 286000, 25000, 19612
Thoms. J. Stafford, 125, 375, 25000, 400, 4008
S. M. Cade, 320, -, -, 375, 3160
James Simpson, 75, 430, 10000, 2200, 1360
John Runnels, 200, 960, 10000, 4000, 3250
P. T. & T. H. Hickman, 1000, 2000, 64000, 5000, 9600
P. T. & T. J. Hickman (Highland), 1100, 1100, 120000, 1000, 12800
Est. J. R. Mead, 1000, 1800, 150000, 20000, 8950
Eli Bush, 400, 200, 25000, 5000, 2770
Mary Ann Hickman, 500, 500, 50000, 600, 6970
Chs. A. Thornton, 600, 280, 35600, 5000, 4160
Michael Ryan, 300, 450, 70000, 7000, 6710
M. Laysaid, 350, 175, 25000, 1600, 1870
H. M. Hyams, 600, 1000, 75000, 2000, 4910
Mary Hickman, 30, 1000, 20000, 50, 740
Alfred Lewis, 95, 40, 6500, 2000, 820
Wm. Waters & Son, 1000, 14300, 86000, 8000, 8460
Henderson Swilley, 100, 220, 10000, 2000, 990
Est. Danl. James, 80, 950, 5000, 225, 1570
Nicholas Villain, 250, 900, 25000, 3000, 1800
J. B. Sullivan, 700, 1900, 94000, 4000, 6950
Levi (Lewis) Luckett, 800, 1000, 55000, 8000, 5770
B. L. Griffith, 160, 250, 13000, 500, 1650

Leonard Magruder, 600, 700, 40000, 1000, 5930
R. Cruickshank, 300, 340, 21000, 500, 3695
E. R. Crosby, 280, 120, 15600, 2000, 1120
P. J. Cockburn, 550, 400, 50000, 1500, 3890
H. B. Fergusson, 260, -, -, 250, 2620
Thoms. H. Maddox, 1100, 675, 60000, 2500, 8070
John Dunwoody, 500, 1000, 50000, 1000, 3695
Hugh Carlin, 400, 350, 52500, 1200, 2460
P. F. Keary (Keany), 800, 2200, 80000, 2500, 9900
Frances Spriggs, 1050, 3560, 105500, 3500, 12365
Est. J. F. Brout, 450, 650, 50000, 1500, 3780
T. J. Wells, 20, 200, 6000, 150, 6675
David Wilson, 70, 3500, 8000, 300, 3500
Littleton Bailey, 150, 3850, 70000, 800, 1275
R. W. Newell, 25, 930, 4925, 100, 3917
John N. Lewis, 125, 375, 15000, 1200, 1220
Jesse A. Bynum, 800, 170, 50000, 6000, 7225
Aaron S. Nestor (Hestor), 20, -, 500, 15, 364
Nathan Griffin, 20, 360, 2000, 25, 375
Peter Sanson, -, 320, -, -, 360
Patrick Oneal, 20, 20, 500, 25, 2500
William Jolly, 12, -, -, 10, 810
Augustis Oneal, 16, 304, 800, 100, 5200
Louis Huffman, 40, 360, 800, 110, 280
L. D. Corley, 25, 250, 1500, 65, 170
S. H. Haygood, -, -, -, -, 2000

Est. G. W. Kelso, 600, 1000, 50000, 10000, 6520
Aaron Prescott, 600, 2210, 65000, 8000, 4610
Est. H. Overton, 1000, 2320, 90000, 13600, 10728
B. W. Frazier, 750, 1250, 50000, 15000, 4820
John R. Williams, 2250, 4750, 150190, 26000, 20300
Est. C. H. Flowers, 500, 400, 35000, 4000, 9250
Thoms. O. Moore, 1600, 5900, 114000, 45000, 17600
J. H. Ransdell, 300, 300, 22500, 3000, 2115
Melessa Neal, 500, 500, 35000, 1250, 4370
N. C. Weems, 350, 250, 25000, 1200, 4320
Roger Robert, 150, 390, 15300, 1570, 1100
Duncan S. Linton, 1300, 1200, 100000, 5525, 8400
J. M. Stafford, 500, 200, 29000, 3250, 3730
Orran Dorsett, 150, 500, 15000, 3000, 1640
William Polk 1100, 4900, 85425, 18220, 8620
H. M. Parham, 150, 390, 13500, 2500, 1894
Sophia Martin, 500, 800, 45000, 5500, 6545
Oscar Cheney, 130, -, -, 200, 650
Lewis Thompson, 1050, 1850, 85000, 14000, 10370
Josiah Chambers, 2410, 7420, 200000, 36000, 17850
K. M. Clark, 700, 1800, 65000, 5000, 8500
A. P. Chase, 800, 34600, 80000, 30000, 10375
C. L. Mathews, 700, 5400, 12600, 5000, 9000

Est. Jno. & A. Compton, 350, 550, 32250, 2400, 3360
Est. Jn. Compton (upper), 800, 1200, 66800, 25000, 8420
Est. Jn. Compton (Lewis), 1500, 5000, 165000, 30000, 23500
Winder Crouch, 600, 1749, 56000, 5000, 6620
Joshua Pearce, 500, 7000, 60000, 5000, 6375
Degera Tanner, 700, 900, 75000, 12000, 8650
Martha R. Johnson, 482, 544, 40500, 6000, 6305
Geo. B. Marshall, 394, 4600, 60000, 5000, 7082
Jabez Tanner, 900, 4600, 100000, 22000, 8605
Peter _. Tanner, 550, 2800, 65000, 6000, 3320
Ezra Bennett, 164, 100, 16000, 3500, 1885
J. L. Pearce, 625, 3000, 80000, 5000, 5490
Silas Talbert, 1160, 1654, 233550, 12550, 7700
J. R. Ford, 200, 550, 30000, 3000, 3365
Ralph Smith, 700, 1900, 60000, 20000, 6610
Thoms. B. Helm, 600, 1100, 60000, 15000, 8700
Gould & Audibert, 300, 258, 27900, 2000, 4760
William Bailey, 1000, 300, 153000, 1530, 7675
Andrew Jackson, 480, 900, 50000, 9000, 5190
Susan R. Wright, 500, 1000, 75000, 4000, 2775
Leroy Stafford, 700, 1300, 100000, 12000, 8400
Robt. L. Tanner, 1190, 4858, 74074, 30000, 10630
Est. Henry Jackson, 480, 900, 50000, 9000, 6450
R. H. Jackson, 200, 169, 18000, 300, 2320
J. D. Loyd, 275, 100, 30750, 2000, 3580
Wm. R. Brown, 500, 480, 38200, 2800, 4950
John O. Pickens, 1700, 3200, 200000, 50000, 23388
E. Deblee, 40, 120, 500, 60, 310
Gervais Baillie (Baillio), 1243, 2100, 75000, 12000, 7425
A. E. Casson, 2500, 5000, 126700, 20000, 25080
Robt. C. Hynson, 1000, 1030, 62850, 5400, 8480
Walter O. Winn, 300, 400, 50000, 2500, 6250
Henry Boyce, 550, 350, 35000, 5000, 3940
Henry Boyce (Cotide), 900, 2300, 90000, 5000, 7450
Henry Boyce (River), 750, 1450, 70000, 5000, 6050
E. & R. Archinard, 800, 1900, 78000, 20000, 5050
Wm. J. Beatty, 360, 640, 50000, 1600, 4260
Joseph H. Hynson, 325, 530, 42750, 2000, 5885
Whitty M. Sasson, 700, 1930, 113000, 10000, 5540
Geo. M. Graham, 1000, 1200, 100000, 6000, 13070
W. W. Whittington, 400, 600, 30000, 2000, 4515
Caroline A. Simms, 300, 400, 35000, 5400, 4275
Smith W. Gordon, 880, 1230, 60000, 8000, 6960
Rachel Clifton, 150, 400, 12000, 2000, 8100
Mahala Tecada, 125, 60, 1200, 200, 1435
T. G. Calvit, 400, 700, 30000, 2000, 4915

B. R. Hunter, 400, 500, 35000, 5000, 5250
Lewis E. Tecada, 500, 3000, 75000, 5000, 9660
Mathew P. Jones, 235, 957, 37000, 2125, 4620
Neal Davidson, 600, 2275, 40000, 1500, 4815
Clara L. Brown, 260, 300, 30000, 2000, 2000
Green Huie, 250, 250, 22500, 2000, 3870
A. H. Hadnot, 160, 327, 10600, 3000, 1700
Eliga Huie, 1300, 4700, 125000, 4000, 5745
J. C. Olcott, 600, 1800, 75000, 600, 5965
James W. Hadnot, 225, 550, 10800, 800, 3230
Angus McCrummin, 75, 90, 5500, 1500, 1085
Jackson Singleton, 50, 350, 1600, 120, 735
John McCoy, 18, -, -, 10, 185
James Barron, 638, 870, 78500, 5000, 5250
Andrew Leech, 20, 100, 600, 75, 280
John Briggs, 20, -, -, 150, 225
William Mackie, 50, -, -, 50, 960
Stephen Lacroix, 75, 520, 6000, 100, 1450
John Brady, 25, 95, 500, 65, 420
William Haynes, 10, 30, 150, 70, 540
Samuel Walden, 70, 90, 480, 120, 495
John R. Walker, 16, 64, 320, 80, 408
Thomas West, 10, 30, 200, 85, 695
Chs. L. Zimmerman, 80, -, -, 175, 1030
John H. Coney, 10, 130, 300, 75, 250
Robt. G. Leckie, 30, 1470, 2300, 100, 1215
Isaac Lacroix, 100, 400, 1500, 90, 2050
Napolene Paul, 10, 30, 120, 75, 595
Crittenden Ball, 12, 420, 1500, 120, 445
Norris Nugent, 12, -, -, 50, 470
Wm. C. Haynes, 12, 70, 150, 5, 230
C. L. Lyman, 20, -, -, 8, 380
John Nugent, -, -, -, 50, 630
Cornelius Nugent, 10, 560, 1500, 75, 4550
John Simmons, 60, 280, 3000, 600, 815
Lewis Simmons, 30, 200, 1000, 50, 625
Peter Boggass, 80, 100, 1800, 100, 1150
Peter McLelland, 10, 310, 1000, 150, 365
Olivia Wilson, 20, -, -, 100, 50
Andy Wilbanks, 20, 220, 1000, 10, 420
Hambol Posey, 8, 302, 400, 50, 160
James Bennett, 12, -, -, 10, 300
Keary Knapp, 17, -, -, 50, 150
Peter Lacroix, 33, 600, 1500, 100, 1554
Samuel Budd, 16, -, -, 50, 460
Josephus Kiicle, 15, 85, 1000, 200, 660
Walter Wilcox, 10, -, -, 75, 440
Robert Lacroix, 25, 27, 300, 100, 1250
Reece Price, 20, 380, 800, 75, 1055
Berbert Crowder, 20, 300, 600, 25, 920
J. H. Dewell, 50, 350, 600, 15, 855
Amanda Howard, 10, 30, 300, 18, 408
William Justice, 25, 15, 300, 20, 425
Silas Marlow, 15, 130, 350, 25, 320
James Bryant, 25, 275, 3000, 150, 1320
Sarah Bailey, 10, 160, 350, 70, 540
James M. Wells, 700, 2250, 100000, 2300, 12900
Martha & J. Wells, 1000, 1200, 130000, 15000, 13000

Geo. W. Compton, 300, 360, 38000, 700, 2905
Meridith Calhoun, 5000, 10000, -, 25000, 24100

G. M. Long, 1100, 3000, 135000, 15000, 5755
J. D. Allen, 1000, 700, 100000, 8000, 4100

The Parish of Sabine, Louisiana
1860 Agricultural Census

The Agricultural Census for Louisiana for 1860 was microfilmed by the University of North Carolina Library under a grant from the National Science Foundation and filmed from original records held at Duke University Library, Durham North Carolina.

There are some forty-eight columns of information on each individual. Only the head of the household is addressed. I have chosen to use only six columns of the information because I feel that this information best illustrates the wealth of the individuals. These are shown below:

1. Name of Owner
2. Acres of Improved Land
3. Acres of Unimproved Land
4. Cash Value of the Farm
5. Value of Farm Implements and Machinery
13. Value of Livestock

Thus, the numbers following the names represent columns 2, 3, 4, 5, 13.

The following symbol is used to maintain spacing where information in a column is left blank (-). This symbol is used where letters, names or numbers are not legible (_).

M. L. Branch, 480, 720, 5000, 800, 2600
B. J. Brown, 100, -, 400, 10, 770
W. T. Alford, 40, 40, 160, 25, 720
Hery Brooks, 20, 140, 500, 20, 82
W. B. Campbell, 35, 205, 600, 25, 540
C. C. Campbell, 15, -, -, 10, 50
Sarah Salter, 35, 65, 560, 10, 275
David Reckiner, 25, 55, 400, 8, 305
C. P. Salter, 12, -, 50, 5, 350
W. Quick, 85, 560, 1000, 40, 824
R. Parrott, 15, 200, 260, -, 386
Mary Quick, 45, 175, 600, 30, 650
A. Neighborns (Neighbours), 35, 580, 600, 10, 426
J. Oliver, 28, 160, 800, 10, 414
J. Maximillion, 15, 25, 120, 25, 375
J. Maxy Sr., 40, -, 160, 10, 460
J. Maxy Jr., 25, 95, 300, 10, 180
Martha Sanders, 15, -, 100, 10, 120

W. M. Smith, 20, -, 200, 10, 300
J. White, 10, -, 100, 5, 75
J. Cirsty (Cirstry), 20, -, 800, 10, 120
J. H. M. Waven (Waren), 25, -, 200, 10, 400
Jo. Crisly, 25, -, 300, 7, 270
Isaac Herring, 15, -, 75, 6, 388
Jno. Varner, 15, -, 50, 5, 140
J. E. Varner, 10, -, 100, 2, 48
J. Alfred, 12, 80, 150, 10, 205
C. Kidd, 12, -, 50, 5, 160
W. Crow, 40, 40, 160, 8, 170
T. A. Morisson, 12, -, 50, 5, 120
A. Sharbenany, 30, -, 150, 20, 800
P. Levan, 14, -, 100, 5,1 90
W. Levan, 12, -, 120, 5, 110
N. Mouette, 12, -, 50, 5, 100
A. Martinus, 12, -, 100, 10, 175
V. Supulvedo, 25, -, 50, 5, 156
M. Ryan, 13, -, 25, 5, 140
P. F. Supulvedo, 20, -, 80, 15, 400

M. Garer (Gurer), 20, -, 150, 10, 37
F. Sharnack, 10, 30, 150, 20, 104
A. Sharnack, 30, -, 100, 5, -
A. Sharnack Jr., 15, 25, 100, 12, 150
B. Mitchell, 10, -, 50, 20, 275
Friar, 15, -, 75, 15, 140
B. Mitchell, 13, -, 30, 5, 150
L. P. Ryan, 12, -, 50, -, 287
Theodore Kintard (Kintaro), 15, 285, 300, 5, 275
C. Sanches, 8, -, 50, 70, 50
C. Ebarbe, 6, -, 50, 10, 130
G. Baba, 6, 8, 50, 10, 200
Blass Larue, 25, -, 100, 3, -
L. Baba, 6, -, 50, 5, 170
R. Leon, 15, -, 100, 8, -
J. B. Webb, 40, -, 300, 15, 70
M. Garcier, 15, -, 100, 5, -
G. Supelvado, 20, -, 100, 10, 310
H. Baba, 12, -, 150, 10, 225
J. Prosell, 20, -, 100, 5, 170
W. Williams, 10, -, 50, -, 54
C. Darvell, 53, -, 500, 10, 725
T. Roberts, 20, 100, 200, 20, 860
E. Ebarbo, 18, -, 180, 2, 500
E. Prosell, 10, -, 50, 5, 160
A. Ebarbo, 10, -, 50, 4, 150
M. Ebarbo, 18, -, 100, 7, 267
C. Ebarbo, 20, -, 100, 8, 150
A. Meringer (Meuger), 15, -, 100, 10, 156
C. Prosell, 9, -, 50, 6, 90
R. Brown, 16, -, 100, 8, 92
H. Rick, 20, -, 200, 10, 300
Eli M. Castle, 30, -, 500, 10, -
W. B. Schuler, 50, 200, 600, 50, 1050
J. B. Stewart, 10, 30, 200, -, 144
Wm. Willson, 25, 56, 400, 10, 312
F. M. Chambliss, 40, 120, 240, 15, 290
L. D. Surgent (Sargent), 40, 40, 100, 15, 800
J. M. Latham, 75, -, 200, 10, 175
F. L. McDowell, 17, -, 100, 5, 180
H. M. Ebarbo, 25, 55, 200, 25, 360

J. W. Moore, 9, 79, 360, 5, 130
Elijah Latham, 25, 135, 300, 7, 270
Lee Vines, 40, 120, 800, 10, 600
Frank Allen, 30, 10, 200, 10, 475
Susan Price, 20, -, 150, 10, 100
Henry J. McDonald, 20, 620, 800, 20, 400
Robert B. McDonald, 12, 68, 200, 7, 725
S. N. Bossier, 4, -, 100, 10, 239
S. S. Bossier, 15, -, 300, 10, 110
Augustus Bartman (Hartman), 40, 120, 200, 10, 300
S. D. Bossier, 30, 320, 1500, 15, 1300
Thomas Killgore, -, -, -, -, 150
Wm. Latham, -, -, -, 5, 260
E. Sistrunk, 44, -, 250, 15, 740
Rama Lafite, 20, -, 250, 15, 270
Sarah A. McKnis, 15, -, 150, 5, 120
John Vines, 100, 60, 640, 15, 500
Wade Anderson, 60, -, 600, 10, 575
John Branch, 45, 235, 560, 25, 550
Elizabeth Chambliss, 15, 25, 200, 5, 160
James A. Campbell, 280, 1000, 2560, 50, 1900
P. P. Jarrett, 50, 230, 2560, 25, 900
Abred Lout, 50, 70, 800, 20, 720
N. R. Waldroup, 11, 69, 100, 10, 125
John Sims, 16, 144, 200, 10, 16
John Tord, 45, 160, 800, 200, 490
Hiram Litton, 50, 270, 1000, 20, 920
Asa Churington, 18, 142, 500, 8, 150
Wm. B. Scritchfield, 35, 125, 600, 30, 450
Alfred Litton, 50, 70, 600, 25, 545
J. W. Largent, 25, -, 250, 10, 125
James Largent, 52, -, 500, 8, 1055
James Self, 60, -, 200, 5, 30
Jacob Tyler, 29, -, 250, 15, 180
Philipp Procelle, 12, -, 150, 5, -
Manuel Martinas, 12, -, 150, 5, 200
Josiah Davis, 20, -, 100, 5, -
John Leona, 25, -, 200, 10, 500

Corneliue Lougorio (Lougorie), 12, -, 100, 5, 130
Thomas Wiley, 30, -, 400, 20, 500
Anna J. Sneed, 20, -, 200, 15, 175
P. P. Mathews, 25, 55, 200, 10, 400
Harvey Curtis, 30, -, 200, 12, 850
T. Negrovenus, 11, -, 200, 10, 150
F. Baldrige, 35, -, 500, 25, 358
Sam Webb, 80, -, 1000, 35, 1285
Wm. Wyley, 30, -, 350, 10, 755
Wm. Vines, 30, 330, 750, 12, 520
Luke Williams, 30, 210, 750, 12, 300
Edward Holmes, 15, -, 150, 25, 155
B. H. McLendon, 8, -, 100, 10, 195
Wm. Campbell, 40, -, 500, 10, 230
Isaac Raines, 175, 585, 2500, 400, 170
Hugh S. Kennady, 100, 180, 1400, 20, 687
Mary Armstrong, 130, 190, 1600, 350, 1190
R. L. Armstrong, 200, 460, 5000, 475, 1310
Willis L. Coobs, 35, 45, 450, 12, 270
Nancy Latham, 30, -, 240, 10, 279
C. P. Waldroup, 200, 460, 5000, 165, 1460
Catherine Wyley, 2-, -, -, -, 400
Wm. F. Woods, 45, 40, 150, 75, 275
J. B. Brewster, 17, 143, 500, 32, 382
Davis Durr, 30, 130, 500, 10, 380
Anas Fisher, 30, 170, 500, 60, 350
S. E. Sanderson, 30, 170, 500, 100, 400
James Campbell, 30, -, 200, 50, 250
M. A. Bedingfield, 50, 310, 500, 25, 560
J. M. Gibbs, 165, 335, 5000, 750, 1420
M. L. Allen, 60, -, -, 90, 390
Nancy J. Lee, -, -, -, 175, 600
Thomas Dasia, -, -, -, -, 250
James Fyke, 30, 130, 1000, 40, 450
S. A. Kirkpatrick, 60, 20, 500, 175, 458
Milton Evans, 38, -, -, -, 250

Wm. Finly, 60, 140, 1000, 110, 650
R. R. King, 380, 20, 4000, 500, 2050
Wm. L. McGinty, 630, 1370, 20000, 750, 3000
Wm. Hampton, 75, 420, 2100, 75, 700
Calvin Palmer, 500, 500, 7000, 300, 3500
C. P. Waldrope, 18, -, 180, 21, 320
Daniel Camerlands, 70, 210, 1800, 100, 600
J. A. Crawford, 40, 40, 500, 10, 350
Arne E. Pullin, 250, 150, 7000, 300, 1500
D. H. McCrary, 40, 40, 400, 20, 325
J. W. McCrary, -, 18, 90, 10, 100
W. H. Crawford, 370, 630, 7000, 500, 250
J. A. Woods, 135, 500, 2360, 165, 950
S. W. Caldwell, 50, -, 500, 55, 350
T. A. Armstrong, 10, 40, 2500, 500, 930
Pil__ Carter, 70, -, 300, 70, 325
Joseph White, 50, 390, 1200, 25, 750
W. W. Sibley, 40, 40, 320, 100, 790
L. W. Williamson, 75, -, 200, 15, 160
Brad Carter, 18, -, 100, 75, 200
Thorn Herndon, 300, -, 200, 100, 328
John Horton, 50, -, 300, 30, 600
Wm. Horton, 20, -, 100, 15, 150
James Edwards, 35, 45, 500, 100, 2500
Abram Roberts, 40, 120, 800, 100, 70
George Roberts, 25, 55, 400, 20, 400
F. M. Carter, 130, 710, 4000, 350, 1100
Nathan Cook, 150, 590, 3500, 400, 1000
William Cain, 40, -, 400, 25, 400
L. L. May, 75, 285, 1440, 95, 325
Sam Mitchell, 40, -, 200, 90, 525

Isaiah Flanakin, 37, 24, 500, 20, 300
R. Flanakin, 16, -, 100, 10, 100
G. B. Watkins, 40, 120, 300, 75, 400
John Carroll, 75, 90, 800, 30, 525
J. T. Montgomery, 170, 311, 2000, 1000, 1100
Silus Roberts, 30, -, -, 90, 350
Mary Cook, 75, 445, 2000, 30, 600
Mary Stroud, 75, -, 700, 75, 425
Zadoc Turner, 20, -, 100, 10, 300
M. L. Price, 130, 410, 2000, 90, 1088
Thomas Constable, 35, 250, 1000, 100, 600
T. J. Arthur, 38, 80, 400, 150, 538
L. P. Edrington, 250, 500, 3000, 350, 1520
D. W. Weeks, 20, 140, 320, 75, 250
Mary A. Allen, 125, 115, 1000, 85, 700
L_evy (L_eoy) Lowe, 50, 60, 500, 70, 600
Asa Miller, 15, -, 200, 50, 350
Elijah Miller, 15, -, 100, 10, 175
Elisha Miller, 16, 104, 300, 15, 150
W. M. Antony, 50, 1310, 6800, -, 750
Jessee Wright, 400, 1137, 4260, 200, 1785
Isaac Wright, 85, 115, 600, 50, 525
John Miller, 30, 90, 360, 35, 500
Sam Miller, 11, 23, 200, 25, 250
Davis Miller, 25, 205, 1000, 75, 370
Price Miller, 18, -, 180, 15, 125
M. S. Salter, 22, 55, 400, 60, 280
Wm. Miller, 85, 155, 1000, 145, 955
Elijah Roberts, 75, 165, 500, 15, 375
W. J. Salter, 25, -, 100, 5, 378
Ann Carter, 60, 260, 1000, 20, 400
F. Dutton, 160, 700, 2000, 65, 900
B. C. Arthur, 80, 80, 640, 110, 575
Mark Williams, 25, -, 100, 15, 525
Allen Whitley, 20, 180, 600, 15, 350
Henry Francis, 30, 20, 300, 85, 700
B. R. Truly, 130, 300, 2000, 300, 1100

Leslie Barbee, 50, 390, 800, 200, 736
H. Tines, 20, -, 100, 10, 25
Harmin Carter, 50, 190, 1000, 100, 300
Wm. Stone, 30, -, 100, 50, 300
W. M. Peters, 80, 120, 300, 60, 380
M. T. Peters, 15, 105, 180, 5, 254
Ruben Oxley, 25, 115, 500, 75, 400
James Craigg, 35, -, 100, 70, 170
Elizabeth Fox, 15, -, 100, 110, 325
J. H. Thompson, 350, 2100, 8000, 300, 1740
Harris & Beck, 750, 1370, 3762, 300, 1500
H. L. Quinn, 30, 30, 400, 5, 220
H. L. Harris (Horn), 25, 55, 500, 50, 230
H. H. Collins, 30, 90, 600, 10, 148
E. C. Collins, 15, -, 100, 10, 180
J. H. Cox, 75, 165, 880, 450, 825
John Cutright, 40, 180, 550, 25, 400
William Stoker, 80, 240, 1000, 25, 670
R. L. F. Sibley, 60, 230, 870, 60, 500
John Br__ens, 70, 127, 1000, 110, 750
L. V Shoebrook, 12, 55, 1500, -, 300
Thoms. A. Balerige, 16, -, 100, -, -
W. H. Aldrige, 20, -, 100, 10, -
Hose Lamerius, 15, -, 100, 5, 75
J. H. Daugherty, 22, 128, 300, 20, 250
R. B. Stille & Co., -, 7380, 15475, -, 1075
C. D. Carroll, 30, -, -, 15, 120
N. J. Alfered, 30, 10, 200, 100, 200
J. P. Strickland, 20, -, 100, 50, 215
H. P. Stroud, 20, 300, 800, 20, 250
J. M. Cook, 16, -, 100, 65, 210
H. D. Allen, 30, -, 150, 15, 100
J. M. McCollister, 15, -, 100, 20, 325
J. A. Chance, 10, -, -, -, 35
Elizabeth Chrenoe (Obrenoe, Obrense), 50, 30, 400, 50, 450
Letty Johnson, 35, -, 150, 15, 100

J. M. Holt, 30, 210, 600, 65, 550
A. B. Trammel, 64, -, -, 45, 115
Lydia Godwin, 110, 958, 1700, 600, 2040
J. C. Truly, 15, -, 100, 10, 150
S. Wineberg & Co., 25, 135, 400, 115, 380
E. A. Campbell, 20, -, 100, 10, 125
Mary V. Ragan, 150, 750, 4800, 85, 800
Wm. Strand (Stroud), 25, -, 100, 15, 425
M. A. Robertson, 8, -, 40, 50, 60
M. R. Speight, 150, 330, 800, 160, 840
John Caldwell, 150, 1230, 2600, 250, 1280
A. S. Neil, 120, 1300, 3000, 20, 1035
L. L. Waters, 60, 150, 1200, 375, 900
P. P. Willson, 12, 625, 3200, 15, 325
Wm. Pearce (Peace), 15,-, 75, 10, 170
John S. Thompson, 85, -, 900, 475, 900
J. H. O. Antony, 150, 400, 1650, 420, 700
E. F. Presley, 100, -, -, 250, 850
M. D Alfred, -, -, -, 10, -
P. R. Hodges, 35, -, 150, 70, 330
Nancy Stoker, 180, 1840, 2500, 300, 974
M. L. Holmes, 30, 20, 100, 20, 425
J. T. Cliff, 30, 294, 625, 50, 316
R. M. Armstrong, 100, 520, 2000, 5000, 700
Henry Flenry, 45, 735, 1000, 200, 625
J. B. Dillard, 70, -, 400, 30, 480
John Dillard, 30, -, 150, 150, 140
John Spiker, 80, 160, 600, 125, 1050
Jasper Dove, 47, 313, 1500, 115, 750
W. R. Cutright, 16, 104, 480, 10, 300
Simon Dove, 30, -, 150, 25, 360
Andrew Cutright, 25, -, 125, 50, 217
John Clark, 11, -, 100, 5, 115

J. F. Vidler, 30, -, 150, 14, 310
M. B. Thompson, 20, 480, 1200, 500, 720
Eli Smith, 67, -, 300, 1500, 800
R. A. Forbes, 100, 60, 400, 50, 230
James Skinner, 10, -, 100, 15, 180
J. B. Billingsley, 20, -, -, -, 225
J. R. Billingsley, 40, -, 300, 125, 200
J. D. Estess, 95, -, 450, 150, 850
John Forbes, 60, -, 300, 25, 630
G. A. Dillard, 20, -, 100, 15, 200
Levicy Dally, 15, -, 100, 10, 220
Washington Prime, 6, -, 50, 5, 150
P. F. Brevens, 30, 318, 860, 65, 1000
Mathew Jones, 75, 85, 100, 125, 750
S. A. Eason, 60, 300, 1800, 300, 750
M. A. Dandy, 10, -, 100, 15, 140
John Presley, 175, 1000, 3037, 400, 1500
W. H. Edmondson, 100, 372, 1416, 250, 990
James Parrott, 28, 175, 400, 75, 184
Edmond Duggin, 80, 360, 1200, 75, 715
John Davis, 60, 340, 1200, 55, 1100
Eliza Parrott, 100, 60, 600, 50, 1000
H. L. Williams, 150, 130, 840, 75, 600
G. R. Ray, 30, -, 115, 115, 215
Joseph Mazee (Magee), 15, 65, 81, 10, 40
L. W. Presley, 30, 110, 200, 55, 470
C. H. Presley, 125, 795, 1400, -, 75
Willis Cooper, 50, -, 150, 50, 600
John West, 20, 60, 300, 60, 1400
A. D. McNeil, 20, -, 100, 5, 120
John Dowden, 15, 25, 160, 50, 600
Dan White, 27, -, 200, 60, 75
E. D. Prewitt, 25, 55, 250, 20, 90
Charles Martin, 25, -, 200, 15, 290
Cavill Bray, 60, -, 100, 30, 451
Levy Welden, 22, -, 100, 25, 140
J. K. Liles, 12, -, 150, 10, 30
B. West, 10, -, 100, 100, 700
E. Mitchell, 18, -, 150, 15, 160

Wm. W. Turner, 14, 106, 350, 40, 325
Wm. B. Crumpler, 20, 180, 500, 20, 340
John Waver, 20, -, 100, 10, 120
J. A. Weeks, 70, -, 500, 50, 500
Ben Weeks, 20, -, 300, 50, 300
W. S. Gordon, 15, -, 250, 40, 310
H. Collins, 20, -, 150, 15, 100
W. J. Williams, 18, -, 150, 25, 105
W. Stephens, 14, -, 75, 10, 100
R. W. Martin, 44, 75, 1200, 100, 675
J. A. Brown, 29, 131, 550, 10, 250
R. A. Brown, 15, 105, 450, 60, 454
W. H. Jones, 30, 130, 250, 100, 615
T. R. Stephens, 22, 135, 1099, 375, 950
M. Stephens, 32, 125, 1230, 15, 550
W. H. Brown, 50, 150, 700, 200, 360
C. H. Phillips, 12, -, 100, -, 75
T. Boom, -, -, -, -, 250
W. P. Cain, 55, 65, 1000, 50, 200
N. H. Bray, 80, 160, 2000, 300, 1700
Jno. McGee, 100, 703, 3000, 150, 2050
G. W. Powell, -, -, -, 60, 200
L. A. Kaughman, 10, -, 100, 15, 180
R. Connerly, 110, 10, 1000, 350, 1350
Isabel Coward, 20, 20, 320, 10, -
S. Whitaker, 15, 25, 200, 70, 375
R. Blackman, 120, -, 800, 125, 420
A. M. Peavy, -, -, -, -, 200
R. Harvey, 11, -, 100, 15, 60
J. W. Harvey, 25, -, 200, 10, 300
W. R. Neely, 12, -, 120, 15, 125
Peter May, 14, -, 200, 75, 350
David May, 40, -, 200, 75, 450
W. G. Franklin, 50, -, 200, 110, 380
N. Williams, 15, -, 100, 15, 210
H. Owen, 15,-, 100, 15, 20
Enis Pitman, 70, 130, 300, 175, 515
D. O. Kay, 70, 80, 500, 25, 300
T. Kay, 7, 105, 480, 10, 150
L. Kay, 45, 155, 700, 100, 645
E. Kay (Ray), 15, -, 1, 10, 78
W. G. Langton, 15, 105, 420, 75, 325
Thos. Franklin, 21, 20, 300, 75, 460
J. M. Franklin, 50, 70, 330, 30, 330
A. Turner, 25, 55, 300, 15, 175
J. W. Franklin, 75, 325, 1000, 40, 850
Albert Self, 30, 130, 480, 20, 510
T. G. Gray, 12, -, 100, 15, 260
J. J. Self, 80, 240, 800, 110, 630
J. Maloney, 30, 90, 330, 105, 450
S. D. Sandal, 15, -, 100, 6, 230
P. G. Kay, 20, 80, 400, 10, 225
Emily Self, 30, 250, 3000, 15, 240
J. Whitiker, 70, 250, 960, 85, 420
J. Self, 16, -, 100, 10, 40
I. McConathey, 35, 185, 700, 85, 700
J. K. Farris, 30, 490, 920, 100, 600
H. Youngblood, 30, 270, 480, 100, 330
W. Furgerson, 80, 160, 480, 85, 475
W. A. Hodges, 16, -, 100, 10, 50
Thos. Williams, 50, 70, 600, 85, 200
E. Addison, 40, -, 200, 15, 225
R. Langton, 12, -, 70, 5, 85
Mary McGalion, 20, -, 100, 10, 60
W. Langton, 45, 120, 500, 75, 550
M. Jones, 50, 70, 400, 75, 345
M. Dickson, 35, 245, 500, 60, 100
Wm. Dickson, 100, 220, 800, 75, 700
S. J. Eddones, 25, 250, 250, 40, 200
D. P. Lockwood, 21, 60, 100, 25, 175
John Lockwood, 12, -, 100, 15, 230
Wm. Mosley (Mosby), 16, 114, 400, 200, 800
Wm. Oxley, 10,-, 75, 10, 100
W. S. Smith, 10,-, 75, 60, 325
John Mosby, 13, 80, 200, 70, 450
H. J. Lyles, 10, 30, 300, 10, 70
J. H. Anderson, 60, 200, 1300, 20, 214
Josiah Kennedy, 40, 25, 200, 10, 70
Anna Lester, 20, 180, 325, 15, 150
Henry Lester, 20, 180, 320, 10, 320
A. J. Norsworthy, 18, -, 200, 70, 125

S. S. Whatley, 20, 100, 400, 15, 66
John Boswell, 30, 210, 500, 75, 315
J. K. Pharris, 45, 275, 750, 60, 480
Henry Cook, 25, 135, 500, 15, 85
J. W. Alford, 36, 364, 800, 120, 340
R. F. Sibley, 130, 470, 3000, 500, 1300
A. C. Leach, 20, 140, 560, 110, 480
L. P. Corley, 13, 68, 200, 100, 400
Z. Corley, 30, -, -, 100, 500
Isam McCalister, 60, 40, 200, 20, 500
W. S. Ellezey, 30, 210, 720, 75, 300
S. T. Sibley, 20, -, -, 60, 220
H. P. Smart, 100, 100, 2000, 250, 530
V. Hash (Nash), 100, 700, 2400, 200, 600
S. G. Lucius, 100, 1576, 4000, 300, 1000
Riley Kelly, 30, -, -, 15, 500
Wm. Martin, 45, -, 450, 80, 500
Dan McNeely, 50, -, -, 25, 350
Mary Provence, 40, 360, 1000, 20, 500
A. Barr Sr., 150, 810, 2000, 350, 1100
Eli Miller, 50, -, 250, 50, 178
Isaiah Kirk, 22, 380, 2000, 600, 620
J. R. Smart, 170, 708, 5000, 1340, 2500
H. C. Smart, 11, -, 100, 12, 375
J. W. Cole, (J.V. Smart—names overwritten), 40, 40, 800, 125, 530
L. W. Smart, 35, 205, 1920, 100, 1200
J. T. Smart, 35, 85, 840, 33, 550
Wm. McElveen, 15, 145, 300, 15, 268
Daniel Shelling, 23, 57, 300, 90, 330
Alfred Self, 35, 40, 200, 75, 280
M. A. Furgerson, 60, 180, 700, 95, 450
Hansford Addison, 15, 145, 100, 70, 180
G. W. Addison, 8, -, 100, 10, 135
J. H. Long, 14, 225, 360, 20, 330
Wm. Addison, 8, -, 100, 40, 330
O. B. Thompson, 95, 450, 1200, 125, 660
Wm. Drawdy, 15, -, 150, 10, 150
J. G. Russell, 25, -, 200, 25, 200
Sam Butler, 60, 20, 250, 20, 175
H. W. Scroggins, 15, -, 150, 65, 430
O. McGathens, 18, -, 150, 10, 115
Hery Lamb, 14, -, 100, 5, -
M. W. Burr (Barr), 40, -, 250, 70, 550
W. H. Mitchell, 35, 45, 400, 100, 680
T. G. Gray, 80, 36, 500, 300, 750
Lewis Jackson, 25, -, 250, 70, 750
Charles Hughes, 60, 160, 1000, 20, 275
U. L. Connerly, 12, 100, 1040, 10, 250
Wm. Gunon, 32, 130, 640, 109, 600
Isaac Dickerson, 25, 240, 750, 75, 310
S. B. Jackson, 13, -, 100, 15, 108
E. Brown, 30, -, 150, 60, 200
W. A. Steel, 115, 35, 1130, 150, 800
F. Rollins, 175, 240, 1250, 70, 800
J. S. Lucius, 60, 140, 800, 40, 140
Charles Bennett, 40, -, 300, 90, 850
Wm. Parrott, 62, 335, 600, 20, 550
B. Lewin, 60, 600, 1000, 100, 800
Hosea Lewin, 75, 225, 800, 50, 60
Byrd Dupree, 20, 140, 500, 25, -
E. C. Davidson, 260, 2440, 3600, 200, 900
D. R. Gandy, 160, 585, 22500, 400, 2250
Story Park, 20, -, 70, 10, 100
A. F. Evans, 15, -, 100, 110, 310
Ezra Byrd, 40, 40, 300, 75, 580
Wm. Drury, 30, -, 300, 20, 800
Q. M. McCalpin, 75, 85, 2500, 175, 1400
A. Wright, 100, 260, 900, 175, 700
Mrs. M. A. Smart, 60, 100, 3000, 140, 9575

Wyley Faircloth, 130, 130, 3000, 1000, 1250
Stephen Smith, 60, 100, 280, 70, 400
Allen Holland, 150, 610, 1520, 75, 1500
Hery Coburn, 55, 257, 750, 80, 520
E. B. Ilay (Clay), 14, 105, 240, 10, 80
Z. Z. Smith, 50, 150, 40, 85, 355
Allen Gandy, 8, 142, 130, 15, 140
John Tynes, 20, 25, 150, 10, 175
Green Welden, 30, 120, 450, 30, 220
James Isgalt, 50, 150, 600, 25, 170
Major Hardy, 10, 110, 160, 60, 120
Oliver Sanders, 30, -, 100, 60, 300
Young Pruett, 40, -, 100, 40, 375
Joshua Mitchell, 25, -, 125, 80, 328
Thomas Mitchell, 15, -, 100, 10, 150
Joseph Lynch, 60, 140, 1000, 110, 575
A. K. Addison, 30, 130, 400, 90, 720
James Cook, 165, 475, 3000, 450, 1200
V. A. Montgomery, 40, 120, 800, 70, 350
Allen Arthur, 80, 520, 1050, 115, 820
David H. Carter, 18, -, 90, 10, 120
John McCormack, 25, -, 100, 15, 200
G. W. Small, 20, -, 100, 30, 250
J. W. Eason, 34, 266, 400, 10, 550
D. Carter, 18, -, 100, 7, 125
A. H. Addison, 40, 280, 900, 80, 830
W. L. Sibley, 180, 700, 4000, 500, 2100
Elijah Self, 100, 220, 3000, 110, 660
G. W. Addison, 30, 290, 1000, 20, 400
W. J. Self, 20, 140, 500, 40, 360
James Johnson, 20, 60, 300, 10, 220
Moses E. Leach, 30, 50, 200, 90, 330
John I. Sibley, 200, 600, 4000, 425, 1500
Jefferson Leach, 35, -, 150, 15, 136
Wyley Cooley, 60, 20, 200, 70, 480
Wyley Wooley, 25, 55, 200, 10, 75
James Craig, 20, -, 100, 140, 220
Josiah Martin, 25, -, 175, 20, 225
Solomon Roysdon, 45, 875, 2500, 80, 220
Thomas Berry, 30, 130, 800, 70, 230
J. J. Johnson, 35, 165, 600, 20, 400
Samuel Johnson, 45, 355, 1000, 85, 415
Thomas Tyler, 40, 120, 300, 90, 350
Wm. Mains, 50, 110, 1000, 120, 425
Mariah Childers, 400, 600, 7000, 500, 2660
F. Marens, 25, -, 125, 70, 100

The Parish of Saint Bernard, Louisiana
1860 Agricultural Census

The Agricultural Census for Louisiana for 1860 was microfilmed by the University of North Carolina Library under a grant from the National Science Foundation and filmed from original records held at Duke University Library, Durham North Carolina.

There are some forty-eight columns of information on each individual. Only the head of the household is addressed. I have chosen to use only six columns of the information because I feel that this information best illustrates the wealth of the individuals. These are shown below:

1. Name of Owner
2. Acres of Improved Land
3. Acres of Unimproved Land
4. Cash Value of the Farm
5. Value of Farm Implements and Machinery
13. Value of Livestock

Thus, the numbers following the names represent columns 2, 3, 4, 5, 13.

The following symbol is used to maintain spacing where information in a column is left blank (-). This symbol is used where letters, names or numbers are not legible (_).

Edouard Lebeau, 70, 210, 28000, 75, 1000
Mrs. Louis Bordelon, 30, 30, 15000, 30, 600
Neville Bienvenu, 90, 90, 8000, 80, 1000
Frederic Roy, 6, 200, 2000, 5000, 3000
Jean Languille, 60, 260, 8000, 300, 300
Mrs. Lombard, 60, 260, 8000, 100, 1000
Octavis Cantrelle, 17, 500, 5, 1, 300
Jules Delery, 100, 340, 20000, 500, 1500
Emile Pegroux, 40, 120, 15000, 300, 1000
Delas Simon, 15, 30, 1000, 25, -
Charles Dinner, 75, 135, 6000, 100, 500
Victor Debouchel, 56, 104, 6000, 100, 1000
Charles Buisson agt., 70, 10, 3500, 200, 300
Philippe Villere, 150, 130, 10000, 300, 1500
William Dunbar, 800, 2200, 100000, 20000, 5000
Jean Jacques, 16, -, 2000, 25, 300
Auguste Aba, 20, -, 3000, 50, 300
Damiens, 45, -, 7000, 600, 400
Jean Guineart agt., 60, -, 12000, 600, 700
Eugene Dhuart, 42, 6, 15000, 100, 800
G. C. Villere, 500, 100, 60000, 200, 1500
Edmond Villere, 600, 1200, 100000, 10000, 6000
Auguste Walker, 600, 5000, 130000, 12000, 9000

Pierre A. Ducros, 450, 1670, 18000, 200, 2120
Antoine Lardier (Landier), 15, -, 3000, 50, 200
L. C. Story, 800, 2000, 150000, 25000, 5000
Francisco de Ortieta, 35, 65, 3000, -, 250
J. Marcel Ducros, 337, 800, 45000, 5000, 3000
W. Collins agt., 1400, 2800, 75000, 40000, 10000
Clement Lanusse, 90, 30, 5000, 25, 600
Henry Van Bilber, 275, 475, 20000, 7000, 4000
Lorenzo Morales, 13, 22, 600, 75, 200
Nicolas Gutieres, 29, 71, 2000, 50, 250
Philippe Gutieres, 26, 67, 2000, 50, 350
Julien Lerpos (Serpas), 20, 20, 800, 60, 150
Emile Serpas, 13, 22, 800, 15, 60
Ygnate Bourg, 6, 14, 200, 50, 200
Estens Morale, 8, 9, 500, 15, 60
Francisco Bourg, 18, 40, 1200, 50, 150
Antoine Covin, 2, 35, 150, 15, 150
Augustin Serpas, 10, 30, 500, 20, 150
Marcel Cantrel, 7, 19, 700, 10, 50
Joseph Esteves, 5, 15, 60, 10, 50
Antonio Serpas, 7, 19, 400, 5, 70
Joseph Cantrel, 4, 9, 200, 20, 60
Leonard Stopenal, 18, 55, 1200, 90, 2500
H. Corner, 30, 90, 11000, 400, 300
Valcourt Livardais, 7, 13, 700, 3, 80
Ursin Pegrera, 17, 42, 1800, 50, 100
Joseph Cantrel, 14, 6, 500, 5, 80
Juan Asevedo, 8, 12, 600, 10, 90
J. M. Serpas, 13, 23, 2000 -, 350
Antonio Crespo (Crispo), 3, 7, 350, -, -
Octavis Rousseau, 40, 40, 4000, 200, 600
Pedro Elvas (Elvar), 4, 10, 300, 40, 500
Antonio Asevedo, 6, 13, 400, 25, 50
Francisco Steves (Esteves), 10, 160, 600, 60, 100
Francisco R. Serpas, 14, 26, 200, 30, 150
Estevan Veillons, 14, 18, 200, 80, 150
Charles Marin, 6, 8, 550, 30, 150
Joseph Silveria, 6, 8, 550, -, -
Marie R. Serpas, 6, 8, 400, 20, 80
Francisco Gutieres, 20, 60, 900, 25, 100
Joseph Stopenal, 7, 17, 500, 20, 500
Juachim Sanchez, 6, 14, 250, 30, 40
Antonio Gonzalez, 23, 45, 1500, 50, 160
Manuel Messa, 15, 20, 2000, 100, 200
Francisco Stopinol, 25, 50, 1500, 100, 450
Antonio Lopez, 4, 12, 300, 40, 60
Patricio Rodriquez, 15, 32, 1200, 15, 180
Adelard Stopenal, 16, 24, 1500, 25, 100
Joseph Hernandez, 13, 15, 800, 100, 100
Joseph Conrad, 8, 12, 600, 100, 100
Santiago Nunoz, 8, 22, 1500, 100, 150
Izador de St. Germain, 13, 17, 600, 10, 100
Louis de St. Germain, 9, 22, 1000, 25, 100
Felix de St. Germain, 6, 14, 500, 5, 100
Pierre de St. Germain, 16, 49, 1500, 50, 100
Pierre de St. Germain, 5, 15, 500, -, 80
Antoine Chalaire, 30, 90, 5000, 150, 800

Michel Pegrura (Pegrera), 40, 120, 5000, 100, 200
Louis Cure, 120, 202, 9000, 200, 500
Oscard Stopenol, 6, 16, 500, 80, 100
Antoine Marrers, 600, 920, 35000, 5000, 6000
Estanedas Alpointe, 5, 15, 500, -, -
Pable Feleri, 15, 15, 800, 300, 600
Cyprien Serpas, 10, 10, 700, 25, 50
Francois Serpas, 7, 7, 500, 25, 100
Manuel Serpas, 15, 15, 2000, -, 60
L. Alfred Ducros, 500, 900, 40000, 12000, 4000
Pedro Rodriquez, 6, 1000, 2000, 30, 150
Francisco Gonzalez, 4, 56, 300, 25, 200
Hilaire Gonzalez, 3, 57, 300, 50, 200
Joseph Guerras, 12, 308, 500, 20, 80
Gregorio Asevado, 12, 308, 400, 20, 100
Gregorio Archote, 8, 72, 600, 50, 50
Jual Alfonso, 12, 228, 1500, 80, 300
Simon Alonzo, 16, 304, 800, 50, 200
Felix Marrero, 9, 111, 600, 25, 800
Louis Sergines, 6, 144, 500, 25, 300
Antonio Campo, 44, 836, 3000, 25, 300
Joseph Morales, 112, 308, 700, 100, 250
Juan Morales, 7, 75, 200, 30, 80
Evariste Acosta, 200, 1200, 10150, 100, 700
Modesi Cradaway, 15, -, 800, 25, 150
Vincent Morice, 4, 70, 200, 100, 150
Marie Marrero, 200, 1200, 8000, 200, 300
Antonio Alfonso, 12, 68, 800, 50, 250
Francisco Alfonso, 5, 11, 100, -, -
Valentin Molero, 6, 74, 500, 100, 150
Juan Nunez, 12, 108, 700, 25, 100
Joseph Rouiz, 5, 45, 500, 50, 300
Juan R. Nunez, 12, 90, 500, 50, 600
Augustin Nunez, 17, 303, 2000, 10, 150
Francois Nenesses, 25, 156, 1500, 30, 150
Jules Riggio, 80, -, 10000, 100, 700
Mrs. W. Wagon (Wagan), 1100, 2260, 40000, 8000, 6000
Charles Marrero, 15, 85, 600, 15, 100
Justo Marrero, 10, 20, 500, 25, 150
Maretial Verret, 50, 230, 3000, 30, 300
Melicour Bienvenu, 600, 1000, 50000, 15000, 8150
William Scarbrough, 850, 5150, 50000, 10000, 10000
C. H. Davis, 700, 623, 66900, 15000, 4000
Antony Thiel, 55, 105, 5000, 200, 300
Pierre Chapelin, 20, 300, 2000, 50, 300
James Simon, 7, 73, 2000, 60, 200
Pierre Rouiz, 50, 346, 500, 10, 500
Joseph Rouiz, 10, 150, 1000, 15, 250
Edne N. Gueriot, 20, 300, 1000, 100, 100
G. Lanais, 120, 80, 14000, 200, 2000
Hipolite Bienvenu, 65, 80, 6000, 150, 225
S. N. Proctor, 900, 915, 60000, 6500, 5638
Frederick Knopp (Krass), 450, 510, 60000, 20000, 5000
A. C. B. Merritt, 1200, 12000, 180000, 30000, 15000

The Parish of St. Charles, Louisiana
1860 Agricultural Census

The Agricultural Census for Louisiana for 1860 was microfilmed by the University of North Carolina Library under a grant from the National Science Foundation and filmed from original records held at Duke University Library, Durham North Carolina.

There are some forty-eight columns of information on each individual. Only the head of the household is addressed. I have chosen to use only six columns of the information because I feel that this information best illustrates the wealth of the individuals. These are shown below:

1. Name of Owner
2. Acres of Improved Land
3. Acres of Unimproved Land
4. Cash Value of the Farm
5. Value of Farm Implements and Machinery
13. Value of Livestock

Thus, the numbers following the names represent columns 2, 3, 4, 5, 13.

The following symbol is used to maintain spacing where information in a column is left blank (-). This symbol is used where letters, names or numbers are not legible (_).

Webb _. Broaddus, 1200, 600, 90000, 15000, 14000
Joseph Narcisse, 30, -, 1000, 20, 600
George Wells, 600, 1350, 40000, 20000, 9000
Bertrand Labat, 35, -, 2500, 20, 200
Sosthene Deneufbourg, 800, 1200, 100000, 10000, 9000
Gilbert Darensbourg, 30, 30, 3000, -, 800
Arthemise Lorio, 21, 8, 1500, -, 150
Pierre Dapremont, 21, 8, 1500, -, 500
Pierre Cannon, 15, -, 200, -, 200
Aimee Darensbourg, 40, 35, 2000, -, 450
Charles Perret, 40, 40, 5000, 100, 1225
Andrienette James, 30, -, 1500, 10, 200
Francis Webb, 800, 1200, 100000, 10000, 15000
Wm. B. Whitehead, 750, 2000, 100000, 15000, 11600
Prosper Trouard, 200, 730, 14000, 100, 2000
Charles Davenport, 600, 700, 75000, 10000, 6600
Heloise Augustin, 141, 99, 20000, -, 4000
Amrboise Touzane, 50, 30, 6000, 50, 250
Celine Touzane, 45, 25, 4000, -, -
Zenon Rousselle, 25, -, 3000, 25, 500
Achille Bougerd (Bougere), 490, 1000, 75000, 11000, 10000
Valcour Lavergne, 45, 30, 5000, 20, 500

Francois Bougere, 300, 190, 30000, 16000, 5200
Pierre C. Becnel, 400, 400, 25000, 9000, 6000
Andrew Dorvin Jr., 50, 2, 5000, 5, 400
Andrew Dorvin Sr., 70, -, 7000, 25, 400
Rosemond Troxler, 180, 35, 10000, 1100, 1800
Edmond Troxler, 780, 35, 10000, 1000, 1600
Emilien, Troxler, 180,3 5, 10000, 1000, 800
Louzin Troxler, 180, 35, 10000, 1000, 400
Wm. P. Champagne, 60, -, 5000, -, 200
Francois Champagne, 75, -, 5000, -, 500
Victorin Lorio, 75, -, 7000, -, 500
M. Folse, 80, -, 7000, 50, 200
Emile Tastet, 45, 30, 9000, 2100, 580
Andre Lorio, 30, -, 2500, -, 300
George E. Payne, 1200, 1000, 110000, 10000, 8000
Telesphore Baudoin, 80, -, 6000, -, 700
Francois Chaix, 20, -, 1500, -, 100
Paul Lavergne, 40,-, 700, 5, 4
Richard Taylor, 1500, 4000, 150000, 40000, 250000
A. Lanfear (Aston___), 700, 150, 100000, 20000, 5000
Louis Ranson, 350, 2400, 100000, 12000, 6000
Jacques Kinler, 40, 40, 4000, 15, 500
Paul Maillard, 75, 32, 12000, 50, 800
J. B. Labranche, 1100, 3200, 200000, 800, 10000
Wm. F. Magronne (Mayronne), 900, 4000, 175000, 30000, 14000
Eugene Ory, 450, 1050, 75000, 20000, 5000
Ezra Davis, 800, 2200, 80000, 12000, 5000
A. Lanfear (Louisa), 800, 2500, 100000, 20000, 4500
W. Louis Friloux, 60, -, 500, -, 200
J. Baptiste Huertin, 80, -, 6000, -, 300
Onesime Champagne, 30, 10, 1500, -, 250
Telesphore Champagne, 30, 10, 3000, -, 300
Ursin Zeringue, 100, 20, 15000, 50, 800
Norbert Zeringue, 100, 100, 6000, 25, 500
Wm. D. Laneaux, 500, 200, 40000, 10000, 6000
Pierre Sauve, 1200, 1300, 110000, 15000, 7000
Henry Frelson, 800, 2000, 100000, 25000, 15000
George R. Price, 700, 1500, 80000, 15000, 10000
Wm. L. Labranche, 1000, 3000, 175000, 10000, 9000
Lestang Sarpy, 150, -, 15000,-, 1000
Octave Labranche, 800, 400, 50000, 10000, 10800
Pierre Soniat, 600, 600, 50000, 20000, 9000
P. A. Rast (Destrehan), 800, 2500, 155000, 40000, 15000
J. W. & S. McCuthon, 1000, 1300, 120000, 30000, 20000
E. F. Labranche & Co., 800, 4000, 80000, 15000, 13000
George M. Pinckard, 1100, 4000, 125000, 20000, 10000
Wm. F. Trepagnier, 800, 480, 50000, 25000, 8000
Martha K. Oxley, 680, 700, 80000, 25000, 12000
P. A. Rast (Hermitage), 1400, 2000, 140000, 25000, 12800
Charles Dospy, 40, -, 1500, -, 100

Anais (Avais), Delhommer, 80, -, 3000, -, 1400
Theodor Fortineau, 240, 420, 25000, -, 2000

Aimee Trepagnier, 120, -, 7000, -, 1000
Wm. H. Trepagnier, 40, -, 2000, -, 500

The Parish of St. Helena, Louisiana
1860 Agricultural Census

The Agricultural Census for Louisiana for 1860 was microfilmed by the University of North Carolina Library under a grant from the National Science Foundation and filmed from original records held at Duke University Library, Durham North Carolina.

There are some forty-eight columns of information on each individual. Only the head of the household is addressed. I have chosen to use only six columns of the information because I feel that this information best illustrates the wealth of the individuals. These are shown below:

1. Name of Owner
2. Acres of Improved Land
3. Acres of Unimproved Land
4. Cash Value of the Farm
5. Value of Farm Implements and Machinery
13. Value of Livestock

Thus, the numbers following the names represent columns 2, 3, 4, 5, 13.

The following symbol is used to maintain spacing where information in a column is left blank (-). This symbol is used where letters, names or numbers are not legible (_).

C. E. Strickland, 121, 300, 2000, 50, 1200
Larkin Wailes, 250, 650, 2000, 125, 2500
Henry Caile, 25, 125, 300, 15, 275
Michal Neadom, 40, 160, 400, 15, 375
Mrs. Jane Miller, 30, 90, 500, 5, 105
Henry Barksdale, 40, 240, 800, 20, 200
A. Wamack, 300, 1700, 10000, 1000, 650
M. W. Glasscock, 40, 150, 800, 25, 300
Thos. Wainwright, 60, 360, 2000, 25, 800
B. E. Newsom, 200, 450, 5000, 125, 1800
T. W. Allen, 50, 350, 1000, 10, 375
W. L. Venables, 120, 200, 3000, 15, 350
H. P. Wamack, 25, 55, 1000, 15, 650
Anias Kent, 100, 2200, 12000, 200, 700
John Martin, 30, 70, 5000, 50, 200
Wade Varnadoc (Varnadoe), 100, 170, 2700, 25, 900
J. N. Nevin, 75, 245, 10000, 200, 1000
John McGuirt, 70, 330, 1500, 25, 700
Jacob Dykes, 25, 320, 1000, 5, 400
G. W. Deane, 20, 110, 500, 5, 100
Asa Deane, 20, 80, 1000, 5, 200
Hugh Hall, 30, 100, 1000, 10, 300
S. B. Draghan, 100, 480, 3500, 75, 1300
B. D. Taylor, 160, 480, 3500, 25, 1300
Mahulda Naul (Haul), 75, 225, 1000, 25, 440

W. S. Gordon, 30, 1000, 200, 200, 3100
John Day, 150, 650, 1000, 100, 950
John Birch, 170, 330, 7500, 40, 1100
Thos. Phillips, 40, 60, 700, 15, 475
F. M. Naul, 30, 75, 735, 200, 375
Decy Martin, 25, 405, 5000, 15, 375
Richard Young, 50, 270, 2240, 15, 500
J. J. Bridges, 100, 300, 2500, 25, 600
Sydia (Lydia), M. Allen, 150, 550, 2500, 25, 460
W. G. Prescott, 75, 200, 1300, 20, 450
Joel Pearson, 100, 200, 2000, 25, 575
Jesse Caruth, 140, 627, 5000, 100, 1600
Jas. A. Neuson, 15, 56, 500, 20, 300
W. D. Birch, 30, 66, 800, 20, 400
Wm. D. Carruth, 14, 66, 200, 20, 150
Jackson Belue, 40, 84, 500, 10, 200
D. D. Day, 200, 584, 5000, 800, 120
Wm. D. Saunders, 40, 4, 500, 10, 200
Wm. Melton, 30, 70, 1000, 25, 500
G. W. Reddin, 700, 700, 1000, 25, 800
Richard Wamack, 15, 50, 400, 14, 250
H. K. Strickland, 85, 155, 1500, 20, 500
Thos. D. Allen, 200, 304, 500, 1000, 1300
Wm. Belue, 50, 590, 3000, 15, 300
Mrs. A. H. Ramsey, 100, 540, 3000, 25, 800
M. H. Collins, 60, 120, 500, 20, 00
Y. G. Norwood, 250, 250, 2500, 800, 950
S. H. Graves, 340, 300, 3000, 1000, 840
D. C. Kemp, 150, 1010, 5800, 1000, 840
Wm. M. Carter, 80, 240, 1500, 25, 780
Be___il Carter, 350, 940, 6450, 1000, 2000
P. G. Quinn, 275, 1025, 6250, 800, 2000
Q. Raborn, 200, 465, 3000, 400, 700
W. A. Carter, 260, 704, 7000, 1000, 1470
Mrs. E. Davis, 200, 500, 3000, 800, 1200
S. J. Nettles, 75, 205, 2000, 20, 300
G. P. McCoy, 100, 400, 3000, 25, 500
Robt. Fluker, 500, 1200, 7700, 1000, 1800
W. C. Lee, 350, 7000, 5000, 1000, 2000
Mrs. M. S. Hurst, 520, 800, 6000, 1000, 1150
Dan. P. Wilson, 400, 520, 4000, 1000, 1950
G. W. Nash, 150, 457, 3000, 600, 1100
S. W. Womack, 35, 65, 500, 10, 400
J. Methvin, 100, 220, 1600, 15, 1000
J. B. Vining, 25, 175, 1000, 10, 500
Jno. Bruton, 550, 550, 5000, 1000, 4200
Ronney Lee, 150, 850, 5000, 20, 1000
Mrs. A. D. Spencer, 200, 440, 4000, 25, 900
M. H. McCraine, 200, 834, 5000, 1000, 1500
Wm. Frasier, 40, 260, 1000, 20, 300
Henry Frasier, 40, 260, 1100, 20, 550
J. L. Nettles, 35, 235, 1500, 20, 300
Mrs. M. Strickland, 200, 500, 3000, 1000, 1600
Mrs. E. Hays, 60, 250, 2500, 20, 500
J. H. Alford, 70, 430, 2500, 40, 800
A. W. Smith, 150, 350, 2000, 1000, 600
Jos. Williams, 100, 220, 1500, 50, 300

C. D. Strickland Sr., 400, 200, 5000, 1000, 2400
Keet Miller, 90, 250, 1500, 20, 600
Robt. Easley, 75, 250, 2000, 75, 600
Jas. Woodward, 200, 300, 2000, 40, 1000
Jos. Powell, 150, 370, 2500, 800, 800
Henry Bond, 65, 143, 1250, 75, 400
Alex Barrow, 100, 170, 1500, 25, 350
W. S. Addison, 70, 490, 2000, 20, 300
Mrs. Mary Addison, 150, 650, 4000, 60, 500
Thos. Rainer, 30, 260, 1500, 20, 400
Henry Strickland, 200, 520, 5600, 900, 1200
Thos. Jennings, 40, 80, 500, 20, 250
Wm. Bridges, 35, 375, 1500, 20, 400
D. G. Lambeth, 30, 530, 2500, 25, 40
C. Lambeth, 401, 1400, 2000, 20, 400
Harris Waller, 50, 370, 2000, 40, 540
J. C. Waller, 25, 60, 300, 10, 300
Wesly Hays, 30, 50, 1000, 10, 300
David Moore, 50, 150, 1000, 10, 250
S. H. Pearson, 75, 130, 1000, 50, 500
N. Amacher, 300, 1200, 1500, 20, 300
J. D. Johnson, 40, 160, 1500, 20, 300
J. B. Newsom, 20, 40, 250, 20, 250
Catherine Neusom, 60, 100, 500, 10, 150
W. G. Lee, 100, 500, 2000, 20, 350
Nancy Roddy, 200, 800, 8000, 1000, 1600
R. P. Lee, 80, 240, 2000, 40, 800
J. G. Wamack, 50, 390, 1000, 15, 200
Wm. Lee, 40, 120, 1000, 10, 200
R. Lilly, 30, 50, 800, 5, 50
Wm. Travis, 40, 280, 1500, 5, 250
G. B. Waller, 35, 107, 500, 15, 125
Jas. Woodward, 40, 160, 1000, 10, 300

Jacob Curle, 30, 270, 4000, 650, 1000
W. W. Watson, 90, 268, 1700, 75, 600
D. S. Watson, 100, 300, 2000, 25, 500
Jas. Andrews, 120, 210, 1600, 100, 700
W. G. Hope (Hofse, Hosse), 150, 450, 3000, 160, 1100
J. M. Vernon, 120, 880, 10000, 150, 1071
F. Bridges, 200, 440, 6000, 200, 1300
Marston Newsom, 500, 580, 12000, 150, 2000
A. Dixon, 100, 270, 3000, 100, 1000
Mrs. M. Neuson, 200, 1080, 12800, 1000, 1200
Mrs. R. Mexon, 200, 400, 12000, 200, 1000
W. H. Lillard, 350, 650, 10000, 1000, 2150
J. H. Wingfield, 150, 1150, 8000, 300, 1750
J. T. Spencer, 100, 900, 6000, 300, 700
James Welsh, 120, 200, 3000, 100, 500
Stephen Cockern, 300, 960, 10000, 200, 2500
Edmd. Taylor, 150, 1350, 12000, 200, 600
Seaborn Wainwright, 50, 320, 1000, 20, 500
_. D. Strickland, 150, 900, 3000, 150, 900
Elander Crittenden, 8, 32, 200, 5, 40
S. Hutchinson, 250, 1350, 3300, 500, 1500
Wm. Hutchinson, 30, 200, 2000, 10, 250
Dancella Taylor, 30, 210, 500, 10, 300
H. Barksdale, 30, 250, 1400, 5, 350
Jas. Lambeth, 20, 20, 150, 7, 700

W. Bazoon, 40, 800, 500, 5, 350
John Hays, 30, 50, 500, 10, 250
Sam Mitchell, 40, 120, 800, 10, 200
H. Crittenden, 25, 145, 800, 6, 6000
Jas. Hayes, 50, 110, 1500, 10, 350
Jas. Helterbrandt, 25, 55, 400, 10, 150
Thos. Nippers, 40, 120, 640, 15, 300
S. R. Parker, 50, 500, 2000, 20, 350
Jas. Warren, 250, 300, 2500, 150, 1400
A. B. Wamack, 200, 200, 2500, 200, 100
Jackson Catchy, 150, 244, 1500, 20, 500
L. H. Venables, 150, 515, 3500, 150, 700
Mrs. H. Fletcher, 200, 400, 3000, 150, 1000
Bart Travis, 30, 290, 1500, 10, 350
T. K. Gorman, 60, 1470, 3400, 100, 250
J. K. Gorman, 150, 810, 6000, 700, 1800
John H. Roland, 20, 40, 250, 10, 200
Jesse Williams, 15, 65, 400, 15, 200
J. C. Dees, 35, 185, 500, 25, 450
B. P. Viers, 40, 280, 800, -, 500
J. E. Morgan, 10, 30, 200, 5, 295
Joseph Morgan, 40, 600, 1200, -, 200
Saml. Morgan, 100, 200, 3200, 40, 250
Hez. Williams, 20, 60, 500, 5, 300
Henry Vernon, 30, 50, 400, 50, 900
W. Story, 8, 782, 2500, 15, 462
S. Watson, 30, 395, 1200, 25, 500
S. A. Brady, 100, 490, 2500, 200, 800
John Watson, 60, 600, 3000, 125, 1000
Saml. Youngblood, 60, 480, 12500, 15, 200
Danl. Vernon, 59, 280, 1500, 15, 200
L. P. Jackson, 70, 250, 1600, 60, 300
Hyram Williams, 400, 800, 12000, 1500, 2700
W. H. Tillery, 120, 108, 3000, 600, 1550
Danl. Eads, 30, 270, 600, 45, 245
John Harris, 35, 36, 400, 17, 300
Permelia Wamack, 150, 1030, 4000, 25, 300
J. S. Arbuthnot, 70, 400, 2500, 100, 900
Alfred Jones, 70, 150, 1000, 20, 300
James Little, 17, 300, 800, 5, 200
B. B. Newson, 200, 1100, 1000, 900, 1100
Robt. Spencer, 100, 970, 1000, 200, 300
Sol Lewis, 50, 220, 400, 10, 200
Wilford Williams, 600, 200, 20528, 1150, 2500
John Hatfield, 30, 50, 400, 10, 145
S. J. Chance, 140, 679, 1500, 150, 900
W. Z. Riley, 7, 93, 200, 50, 250
Wm. J. McAlister, 140, 160, 400, 100, 300
A. Sresome (Tresome), 80, 720, 300, 50, 800
Joseph Bethold, 9, 71, 250, 5, 100
G. W. Fleneau (Flenveon), 30, 70, 800, 10, 150
P. J. Harvin, 200, 1000, 8000, 20, 1000
Wm. Harvin, 100, 500, 3000, 25, 1000
Alexandre Calvit, 60, 480, 1600, 10, 71
Jackson Davis, 100, 500, 2500, 200, 1000
W. K. Davis, 175, 480, 1000, 175, 1000
Alex. Slocum, 50, 300, 600, 110, 500
Wm. Finbrink, 511, 540, 1000, 75, 400
D. C. Davis, 100, 500, 1000, 40, 500
Ed Miller, 50, 260, 100, 50, 500
Wm. F. Wamack, 600, 380, 1200, 10, 300
J. G. Watson, 71, 400, 1450, 10, 350

W. F. Hodges, 41, 460, 1800, 125, 700
Proctor Bickham, 35, 200, 1500, 20, 400
Robt. Cole, 70, 140, 4500, 500, 350, 500
Wm. Bracewell, 50, 290, 800, 10, 500
J. S. Blount, 25, 375, 800, 10, 600
T. K. Davis, 155, 325, 1500, 150, 1000
Wm. Fletcher, 151, 336, 3000, 150, 1000
Jas. Boykin, 150, 450, 5000, 100, 1200
Carter Thompson, 51, 380, 2500, 100, 800
Ed. Warren, 100, 540, 2500, 120, 900
Eliza Leonard, 40, 850, 5500, 10, 500
H. Thompson, 400, 1800, 7600, 800, 3200
B. Pipkin, 300, 1640, 6500, 1000, 3800
Thos. Clinton, 500, 600, 3500, 1000, 2500
Mrs. Margaret Nettles, 300, 600, 9000, 1000, 3500
J. _. Robinson, 130, 1050, 7000, 350, 1300
Rachal Boykin, 150, 490, 3200, 150, 500
Ahat Breeden, 50, 480, 3150, 100, 800
U. Youngblood, 20, 240, 500, 60, 800
D. K. Cannon, 125, 1750, 10000, 1000, 750
Willis Watson, 100, 600, 10000, 200, 1500
Gillim Bomades, 40, 170, 500, 160, 225
James Watson, 25, 75, 1000, 10, 300
Josiah Moore, 60, 380, 4000, 100, 150

Martin Kelly, 80, 240, 1000, 100, 1500
Tilman Carrol, 40, 40, 300, 10, 150
Jas. Strickland, 120, 800, 900, 1000, 800
R. M. Watson, 100, 500, 3000, 200, 1500
Elisha Andrews, 200, 944, 5720, 700, 1500
Alena Thompson, 140, 526, 1900, 100, 1000
A. W. Strickland, 175, 273, 3000, 800, 800
J. L. Sanders, 100, 220, 1200, 20, 195
A. D. Finn, 50, -, 500, 25, 390
T. B. Thompson, 15, 85, 2000, 15, 270
G. W. Nesome, 100, 960, 6000, 200, 1630
Dick Martin, 15, 80, 300, 20, 140
Bonnan & Chapman, 40, 960, 6000, 10, 275
Wm. Fletcher, 30, 280, 1500, 25, 308
Thos. Bennett, 80, 1200, 2500, 125, 840
E. F. Russell, 20, 1060, 4000, 101, 240
A. Addison, 130, 640, 8200, 100, 600
Frederick [Addison], 40, 320, 1600, 100, 440
D. Tr. Thompson, 200, 480, 5000, 100, 1940
W. Silverstone, 20, 40, 100, 5, 250
John Cockern, 100, 1100, 10000, 200, 1505
J. J. Overstreet, 100, 640, 5000, 150, 860
R. J. Clark, 56, 104, 1400, 20, 450
S. H. Decker, 40, 600, 1000, 5, 240
W. G. Richardson, 60, 200, 3000, 25, 375
J. House, 100, 920, 4620, 100, 1540
Sam Harrell (Hauell), 500, 1500, 17000, 1200, 2856

Hez. Harrell, 90, 140, 1200, 1500, 795
Sarah Robertson, 150, 600, 6000, 75, 1081
Mary Lee, 12, 36, 3000, 10, 155
Chas. Merrit, 125, 680, 2500, 125, 726
Rebecca Rounas, 30, 150, 800, 50, 475
Jas. Taylor, 20, 290, 2600, 50, 487
M. White, 15, 640, 3000, 50, 226
W. Y. Riley Jr., 50, 50, 300, 25, 250
Isaac Odem, 60, 700, 300, 150, 1310
Wm. Dennis, 125, 1530, 4740, 200, 1200
Mary Toney, 60, 100, 500, 15, 200
Bershala Zachry, 15, 40, 100, 75, 3100
Ab Pennington, 30, 56, 150, 10, 175
John Glover, 10, 320, 800, 10, 750
C. Underwood, 12, 160, 600, 10, 500
J. Whitington, 10, 100, 400, 5, 218
A. Hodges, 15, 150, 750, 25, 340
Wm. Duxworth, 30, 308, 1000, 200, 354
G. McCoy, 12, 430, 2580, 5, 170
J. G. Parker, 25, 55, 400, 10, 365
Martha Holloway, 60, 2000, 10000, 100, 1850
B. L. Mann, 20, 600, 15000, 50, 302
Peter McGilbury, 12, 108, 600, 15, 278
Thos. Waters, 100, 360, 14400, 200, 876
J. H. Maloney, 100, 1000, 20000, 15, 1440
H. H. Bankston, 10, 300, 1500, 200, 278
E. P. Ellis, 50, 100, 2800, 25, 600
W. J. Ridgell, 15, 100, 10000, 20, 500
Lucinda Thompson, 15, 307, 4800, 10, 800
F. T. Keisadur, 14, 66, 1000, 5, 300
Peter Sharkey, 50, 160, 3600, 10, 168

A. Yelvington, 60, 680, 5000, 20, 510
Charles Kountz, 30, 560, 5000, 50, 150
E. Herring, 9, 960, 9600, 10, 340
Wm. Strange, 120, 200, 7000, 250, 1398
L. H. Duncan, 140, 300, 10000, 500, 1444
A. Wormsley, 20, 48, 7500, 25, 365
R. W. Huling, 25, 25, 3000, 75, 430
R. S. Morgan, 60, 20, 800, 5, 65
D. Hadden, 100, 500, 15000, 750, 1406
J. P. Langley, 25, 21, 3000, 15, 100
A. D. Henkle, 25, 25, 2500, 50, 200
G. Freerson, 75, 245, 9000, 300, 1068
R. E. Ruffin, 40, 40, 100, 10, 320
P. R. Allen, 40, 40, 100, 10, 300
T. J. Dobbins, 100, 10000, 100000, 15, 750
Wm. L. Hutchinson, 200, 1100, 7520, 300, 1950
W. H. Strickland, 150, 1000, 7000, 200, 1200
M. M. Smith, 20, 200, 1400, 5, 200
W. W. Carter, 70, 500, 3500, 20, 450
John Presley, 30, 160, 1500, 5, 194
Dr. J. McKinney, 14, 56, 1000, 10, 500
J. B. McClendon, 40, 1850, 7500, 50, 450
Tebetha Carruth, 45, 640, 3425, 15, 175
Dr. S. J. Youngblood, 75, 540, 2500, 25, 660
Catherine Wright, 60, 300, 3000, 30, 378
Catherine Fastaker (name written over), 46, 14, 140, 10, 220
J. A. Williams, 50, 850, 5000, 12, 1200
L. H. Young, 45, 915, 2745, 15, 400
Thomas Hughes, 14, 98, 950, 6, 40
T___th Durbin, 50, 400, 500, 5, 285

Calvin Durbin, 20, 80, 1000, 25, 1214
Leander Durbin, 100, 220, 600, 10, 371
Israel Addison, 40, 160, 500, 15, 311
Sarah Hause (House), 15, 60, 750, 5, 358
Wm. House, 30, 160, 1000, 10, 1645
Wm. McMichael, 27, 25, 1000, 15, 180
Jno. P. McMichael Jr., 170, 2350, 23500, 652, 2550
R. V. McMichael, 100, 200, 2100, 10, 312
Saml. Morgan, 75, 100, 800, 15, 320
Eliza Jackson, 10, 90, 50, 5, 104
John King, 20, 60, 1000, 10, 186
Dr. K. _. Taylor, 200, 3000, 50000, 5000, 250
J. K. Rufus (Bupres), 70, 580, 1500, 100, 200
J. E. Wilson, 125, 1140, 6000, 300, 1360
A. B. Thomas, 50, 110, 500, 10, 200
J. D. Kemp, 250, 2655, 1000, 1000, 2240
Wm. Sims, 70, 303, 909, 25, 380
John Matthews, 65, 320, 2000, 100, 780
Sarah Webb, 40, 600, 4200, 100, 485
James Webb, 30, 71, 350, 10, 206
Lathrop Webb, 252, 60, 400, 15, 228
J. K. Womack, 15, 65, 400, 10, 320
Danl. Murry, 6, 80, 506, 10, 103
Cathran Sharkey, 15, 161, 150, 10, 130
Michael Brannon, 12, 80, 800, 10, 201
Henry Durin, 40, 175, 1600, 15, 350
Mary Durmin, 80, 80, 700, 15, 300
Mat Riesdon, 15, 55, 250, 5, 164
James Sharkey, 23, 80, 2000, 100, 415
J. G. Jackson, 100, 300, 6000, 100, 1130
George Moore, 22, 307, 6000, 50, 470
John Robinson, 95, 200, 750, 25, 445
J. H. McMichael, 60, 300, 6000, 250, 305
G. P. Michael, 60, 440, 6000, 150, 944
Saml. Richardson, 15, 30, 500, 50, 360
Alice Murry, 17, 30, 500, 10, 400
Sophia Moore, 65, 200, 2700, 100, 1180
Sarah George, 300, 1700, 10000, 400, 3300
Hez. What, 100, 475, 5000, 100, 2138
Joseph Killiam 220, 1240, 75000, 500, 1832
Elish D. Spr__ler, 275, 1711, 1200, 350, 2850
Hilery Kemp, 200, 275, 35310, 600, 2010
S. M. Killiam, 75, 325, 2500, 80, 1825
Mary Young, 80, 700, 2000, 125, 1320
Lary Young, 50, 310, 3000, 10, 826
Burl__ Young, 75, 665, 8200, 100, 772
Mary George, 510, 2025, 7000, 1000, 418
Charles Kemp, 150, 200, 1500, 40, 130
Geo Roberts, 75, 125, 8000, 1000, 1431
John Ryan, 18, 82, 250, 5, 165
Presley Kemp, 150, 1420, 7000, 150, 1328
Seabourn Jones, 30, 320, 2800, 15, 330
Samuel Story, 320, 957, 322710, 1100, 2358
Joseph Coffman, 25, 40, 500, 20, 373
Moses Moore, 10, 110, 720, 50, 220
Edward Hays, 100, 60, 1000, 10, 365

Jacob Shelling, 50, 95, 1000, 70, 652
James Glasscock, 40, 480, 1000, 100, 880
Wiley Goines, 25, 185, 1000, 100, 824
Green Slocumb, 84, 86, 4500, 15, 397
George Brashears, 50, 590, 2220, 40, 500
Thomas Jones, 30, 610, 3000, 15, 996
Allen Castles, 65, 403, 11000, 100, 1257
Wm. Harvel, 20, 380, 1200, 100, 500
Jacob Cotton, 20, 40, 800, 10, 240
Anderson Cotton, 20, 245, 800, 60, 336
Cullen Dykes, 18, 195, 1265, 6, 170
James Kirby, 20, 680, 1200, 20, 570
Richard Daniels, 20, 80, 1200, 20, 500
Jacob Odom, 20, 300, 1600, 57, 651
Wm. Whiten, 30, 700, 600, 20, 435
Thos. K. Craft, 175, 465, 7000, 600, 1234
Peter H. Kemp, 500, 6880, 25000, 3000, 5950
Albert Packwood, 16, 425, 5000, 25, 780
John Zacherie, -, 30, 800, 25, 254
Henry Whielhousen, 25, 300, 1000, 60, 380

The Parish of St. James, Louisiana
1860 Agricultural Census

The Agricultural Census for Louisiana for 1860 was microfilmed by the University of North Carolina Library under a grant from the National Science Foundation and filmed from original records held at Duke University Library, Durham North Carolina.

There are some forty-eight columns of information on each individual. Only the head of the household is addressed. I have chosen to use only six columns of the information because I feel that this information best illustrates the wealth of the individuals. These are shown below:

1. Name of Owner
2. Acres of Improved Land
3. Acres of Unimproved Land
4. Cash Value of the Farm
5. Value of Farm Implements and Machinery
13. Value of Livestock

Thus, the numbers following the names represent columns 2, 3, 4, 5, 13.

The following symbol is used to maintain spacing where information in a column is left blank (-). This symbol is used where letters, names or numbers are not legible ( ). Also [] is used when only a name is listed—could be a first or last name. If I could guess I used the brackets and inserted the last name. However, both are indexed.

Armand Duplantier, 650, 630, 54000, 15000, 6000
C. M. Schepherd, 1600, 1300, 126000, 25000, 14000
Johnes [Schepherd], 130, 20, 5000, 4000, 100
Wm. Chr. Roussell, 20, 30, 1000, -, 100
Wm. Genais Gaiennie (Caiennie), 385, 713, 36000, 32000, 2100
Francois Rennels, 150, 136, 16000, 4000, 1440
Wm. Adams Schuxnaydre, 200, 200, 15000, 1200, 1300
Wm. A. Humphreys, 500, 540, 55000, 8000, 6885
Wm. Pierre Poche, 40, 40, 3000, -, 600
Francois Poche, 170, 30, 13000, 3000, 1600
Felix Polet, 30, 15, 6000, 1000, 1120
J. B. Poche, 18, 12, 1000, -, 1000
An Deslate, 22, 44, 800, -, 328
Laiche Bros., 200, 328, 12000, 4000, 1500
Wm. Al. Schuxnaydre, 151, 250, 10000, 5000, 1500
Francois Schuxnaydre, 250, 1000, 15000, 3000, 2000
Joe Cambre, 100, 43, 5000, 2000, 1250
Timon Bourgeois, 65, 30, 3000, -, 1300
Livain Bourgeois, 200, 400, 15000, 7000, 2536
Jean Louis Delate, 700, 400, 45000, 9000, 4290

Edouard Bourgeois, 500, 600, 40000, 25000, 6480
Valerie Lavigne, 20, 13, 1500, -, 100
Damien Bourgeois, 72, 60, 4000, -, 150
Wm. Eng. Bourgeois, 45, 35, 2000, -, 100
Celistin Bourgeois, 42, 38, 2000, -, -
Joseph Schuxnaydre, 31, -, 1200, -, 150
Wm. M. Roussel, 2, 10, 500, -, -
M. Roussel, 3, -, -, -, 150
Norbert Roussel, -, 2, -, -, -
Michel Martin, 150, 1250, 4000, -, 100
Jacques Gregoire, 2, -, -, -, 100
Valery Roussel, 20, 8, 500, -, 200
Eng. Michel, 1, -, -, -, 100
Alexis Ferry, 665, 100, 30000, 9000, 3640
Wm. Geo. Mather(ne), 1400, 900, 90000, 30000, 7480
Eng. Matherne, 18, 56, 2500, -, 250
Louis Le Bourgeois, 1200, 800, 100000, 35000, 10000
Wm. P. Nelham, 800, 1300, 100000, 40000, 8000
F. Caillouette, 40, 37, 3000, -, 120
Wm. Donaldson, 20, 13, 1200, -, 100
Louis Guidry, 10, 34, 4000, -, 150
Louis Maderre, 20, 42, 3500, -, 150
Guidry Bros., 20, 24, 1500, -, -
Eng. Oube (Qube), 20, 13, 1200, -, -
Jean Thereat, 5, 17, 700, -, -
Ed Druelhet, 15, 18, 3000, 3000, -
Wm. Pierre Milhuette, 8, 8, 2000, 2000, -
Henry Beaudet, 33, -, 2000, -, -
Wm. Leon Gaudet, 18, 15, 3000, -, -
Dr. E. Palmer, 25, 66, 4000, 8000, -
Valson Blovin, 10, 12, 1000, -, -
Wm. P; Clavene, 20, -, 1000, 1000, -
Lucien Gex, 14, 8, 1000, -, -
Dr. Duporter, 20, 22, 3000, 3000, -
Ant Webse (Webre), 21, -, 1000, -, -
Ed Blovin, 25, 19, 2000, -, 108
Edy Druilheitte, 25, 19, 2000, -, 200
S__ Lafserre (Lassene), 22, -, 1000, -, -
J. B. Laffite, 15, 14, 2000, 4000, 100
M. Oubre, 20, 24, 2000, -, 100
Armand Le Bourgeois, 140, 223, 10000, 5000, 7580
Louis Desmaret, 34, 9, 2000, -, 400
Joseph Landry, 25, 80, 4200, -, 240
J. Thibeaudeaux, 20, 24, 2000, -, 240
W. J. Duchary, 10, 12, 1000, -, 300
Moise LeBoeuf, 12, 21, 1000, -, 140
Marcelin Cailleuette, 12, 30, 900, 252
Cyprien Rome, 15, 10, 500, -, -
J. B. Bourgeois, 15, 18, 1000, -, 200
S. Blanchard, 15, 7, 1000, -, 300
Wm. Lucien Roussel, 20, 24, 3000, 2000, -
Etienne Badot, 8, 3, 500, -, -
Theo Roussel, 20, 24, 3000, -, 260
Emile Jacob, 30, 28, 10000, 10000, 3000
W. J. Hebert, 22, -, 500, -, -
Mihel LeBoeuf, 11, -, 300, -, -
Wm. O. Thibeaudeaux, 20, 46, 4000, -, -
Wm. Samuel Fagot, 1000, 1500, 100000, 55000, 12000
Wm. L. Nicholls, 260, 140, 17000, 8000, 2400
M. Bouerg, 92, 28, 6000, 6000, 1000
Wilkins, 1000, 2000, 110000, 20000, 13000
Severin Duhoul, 225, 125, 15000, 6000, 2425
David Donaldson, 20, 68, 3000, -, 200
Wm. P. Guidry, 40, 26, 2500, -, -
Udger Matheme, 25, 41, 2500, -, 330
A. E. Crane, 225, 350, 28000, 12000, 3000
Jules Drullet & Sons, 650, 600, 80000, 20000, 7500
Wm. Armand Bourgeois, 225, 230, 20000, 7000, 2650

Jourdan & Webre, 800, 500, 30000, 7000, 5800
Verasseur Webre, 900, 700, 4000, 8000, 2470
Joachim Rome, 20, 60, 3000, -, 400
Octave Colomb, 400, 800, 20000, 8000, 7000
Wm. Y. Babin, 15, 18, 2000, -, -
Alfred Gauden, 15, 18, 2000, -, 180
Dr. Bengay, 203, 67, 15000, 8000, 4000
Francois Bourgeois, 112, 40, 6000, 4000, 2000
Varasseur Louvierse, 12, 22, 1500, -, -
Bringier Whitehall, 1000, 2000, -, -, 1500
Bienvenu Melancon, 50, 5, 4000, -, -
Manuel Breaud (Breand), 16, 6, 1500, -, 180
Simon Rouillie, 25, 19, 2000, -, 200
Louisa Conway, 400, 528, 30000, 7000, 3380
Narcisse Landry, 420, 225, 20000, 20000, 3100
Wm. A. D. Tureaud, 800, 600, 57000, 20000, 8422
Alexandre Gautreaux, 33, 21, 1000, -, 260
Wd. Ann Parry, 250, 286, 15000, 6000, 2370
Wd. H. Boudreau, 14, 118, 6000, -, 300
Jean Jacques LeBlanc, 100, 96, 3000, -, 1000
Nav. Jh. Gauthreaux Co., 470, 322, 24000, 8000, 3796
Menelas Webre Co., 300, 316, 20000, 6000, 3000
Onizame Le Blanc, 300, 140, 10000, 6000, 2930
Watson & Laprice, 1000, 1500, 50000, 40000, 5000
A. P. Bertout (Bertant) Bros., 800, 800, 40000, 8000, 3250
Eliz Hebert & Co., 575, 2425, 75000, 15000, 5400
Wd. Winchester, 1000, 2700, 90000, 28000, 9122
Adams Gaudet, 800, 1600, 85000, 15000, 6500
J. K. Gaudet & Bros., 200, 500, 35000, 10000, 3400
Edouard Breaud, 250, 150, 30000, 5000, 2150
Marcelin Tircisit, 330, 372, 32000, 6000, 3495
Leon Arceneaux, 140, 100, 23000, 6000, 1460
Francois Ganier, 480, 700, 40000, 8000, 3600
Wm. L. Ponjieux, 30, 14, 1500, -, 100
Auguste Trahan, 20, 60, 3000, -, 200
Dr. Gauthreaux, 45, 60, 5000, 4000, 750
Wd. LeBoeuf, 20, 68, 4000, -, 300
Edouard LeBoeuf, 30, 58, 3600, -, 400
Jacques, Trepagnier, 50, 258, 8000, 6000, 600
Ursin LeBoeuf, 300, 400, 30000, 4000, 1600
Bienvenu Tassaint (Toussaint), 30, 19, 1500, -, 500
Villavaso & Co., 180, 270, 27000, 12000, 2000
J. B. Tercheaud, 100, 50, 8000, 4000, 1320
Ory Bros., 300, 200, 30000, 20000, 2700
Anfremuse & S. Valancien, 36, 19, 4500, -, 400
Draugin Gaudet, 80, 86, 6000, 6000, 2000
Dr. Balzerque, 160, 148, 10000, 8000, 20001
Michel Poirier, 206, 200, 15000, 6000, 1500
Laprie Bros., 1500, 1500, 60000, 40000, 11730

Wm. M. Cantrelle, 600, -, 25000, 8000, 6449
J. H. Cantrelle 600, 470, 40000, 12000, 6774
A. B. Roman, 700, 3800, 120000, 20000, 8000
J. B. Cantrelle, 100, 250, 16000, 2000, 1300
Wm. Michel Mathene, 30, 128, 6000, 10000, 350
Fortier Bros., 340, 1360, 33000, 17000, 4400
S. & E. Roman, 600, 2400, 8000, 25000, 8000
Vn. Chappin (Choppin), 6000, 1400, 70000, 39000, 8365
Caroline R. DeLogny, 1100, 1000, 95000, 23000, 9000
Henry J. T. Roman, 650, 909, 35000, 30000, 16000
Alexis Ferry, 400, 400, 36000, 29000, 4840
Fortier Bros., 320, 907, 30000, 22000, 4396
Valcour Aurne (Avone), 1360, 1940, 110000, 55000, 13555
John Burnarde, 2000, 4000, 110000, 50000, 28895
Dupare & Locoul, 960, 1134, 80000, 30000, 11375
R. H. Reggin, 1000, 1100, 75000, 25000, 4120
Valery Armant, 55, 55, 5000, 3000, 348
Wm. J. B. Frederick, 44, 44, 3000, -, 150
Henry Frederick, 88, 88, 6000, -, 420
Th. Wagnespack, 44, 44, 3000, -, 100
Wm. Leufroy Simon, 270, 348, 18000, 6000, 2042
John Lacaze, 30, 40, 1500, 1000, 350
Este J. S. Armant, 800, 1700, 85000, 15000, 8000
J. Wagnespack, 200, 229, 10000, 7000, 1500
N__ M_l Simon, 55, 33, 3000, -, 370
Jos. Zeringue, 30, 103, 5000, -, 280
Wm. D. Lucquette, 50, 60, 4000, -, 430
Maramilien Bicknel, 300, 173, 18000, 10000, 2006
Drauzin Frederick, 45, 43, 3000, 1000, 700
J. Rome, 45, 43, 3000, 1000, 260
Aug. Troxelair, 60, 28, 3000, 100, 580
Fancheax (Faucheux) & Co., 60, 6, 3000, -, 200
Wm F. Hymel, 55, 44, 4500, -, 700
Aubert Frederick & Co., 45, 54, 4500, -, 840
Loup Bros., 40, 47, 3750, -, 300
Louis Talgout, 12, 52, 1000, -, 385
Marcelien Bourgeois, 100, 54, 8000, 2000, 1225
W__ Kleibert, 10, 62, 3000, -, 174
Desiree LeBlanc, 12, 8, 1000, -, 300
A. Rimes, -, 12, 8, 1000, -, 400
Joseph Oubre, 12, 10, 1000, -, 60
Benj. Leumeaix (Seumaix), 15, 15, 1520, -, 100
Benj. Baknel, 14, 14, 1200, -, 300
Aug. Falgout (Talgout), 120, 300, 6800, 2000, 1300
A. Dineker, 40, 20, 4400, -, 200
Ed Webre & Co., 60, 36, 4000, 1500, 790
J. Stein, 12, 16, 1200, -, -
P. Roman, 10, 34, 2000, 1500, -, -
Sa__d Heartla__ 50, 258, 8000, 142000, -

The Parish of St. John the Baptist, Louisiana
1860 Agricultural Census

The Agricultural Census for Louisiana for 1860 was microfilmed by the University of North Carolina Library under a grant from the National Science Foundation and filmed from original records held at Duke University Library, Durham North Carolina.

There are some forty-eight columns of information on each individual. Only the head of the household is addressed. I have chosen to use only six columns of the information because I feel that this information best illustrates the wealth of the individuals. These are shown below:

1. Name of Owner
2. Acres of Improved Land
3. Acres of Unimproved Land
4. Cash Value of the Farm
5. Value of Farm Implements and Machinery
13. Value of Livestock

Thus, the numbers following the names represent columns 2, 3, 4, 5, 13.

The following symbol is used to maintain spacing where information in a column is left blank (-). This symbol is used where letters, names or numbers are not legible (_). Also [] is used when only a name is listed—could be a first or last name. If I could guess I used the brackets and inserted the last name. However, both are indexed.

This parish had a lot of widows. Widow was abbreviated Wd.

J. LeBourgeois, 700, 1200, 90000, 14500, 12000
Wd. J. B. Boudry, 10, 60, 2000, -, 50
Bas. Cambre, 10, 55, 3000, -, 60
Jacques Duhe, 10, -, 500, -, 400
Thos. Bourgeois, 150, 70, 8000, 2000, 1500
A. Manade, 8, 70, 2000, -, 50
Eng. Chenet, 40, 60, 3000, -, 1000
Omer Ory, 45, 40, 6000, -, 800
J. W. Godberry, 750, 608, 80000, 3500, 10000
A. Magnaiste, 15, 5, 1000, -, 100
Leo Manade, 15, 13, 1000, -, 300
N. Manade, 15, 13, 1000, -, 300
Z. Miller, 16, 6, 1000, -, 200
J. H. Loughborough, 700, -, 40000, 20000, 8000
L. A. Gregre, 40, 235, 7000, -, 600
Wm. L. Adams, 578, 560, 80000, 10000, 7000
Ed Poche, 10, -, 500, -, 300
M. Perilhoul, 350, 450, 40000, 3000, 4000
Wd. E. Picard, 15, 20, 3000, -, 100
J. B. Picard, 15, 20, 1500, -, 200
Pierre Picard, 15, 20, 1500, -, 50
Wd., B. Chareff (Charnff), 15, 200, 1500, -, 150
Th. Chanff (Chauff), 280, 15, 18000, 2500, 1500
Ph. Conrad, 10, -, 500, -, 500
A. Alexandre, 11, 9, 1000, -, 200

C. Vicknair, 30, 10, 2000, -, 200
A. Goznille (Goyville), 10, -, 500, -, -
Marie Haltz, 10, -, 500, -, -
V. Assilin, 20, 20, 1500, -, 200
L. Sexnoyder, 10, -, 500, -, 200
Wd. V. Miller, 5, -, 300, -, 100
Wd., Z. Montz, 75, 30, 4000, -, 1500
M. Parent, 70, 30, 4000, -, 1500
T (J). Chenal, 75, 30, 4000, -, 300
L. Ory (Orz), 19, 8, 4000, -, 500
S. N. Burbank, 490, 500, 30000, 15000, 8000
Jean Ketine, 25, 15, 3000, -, 400
Z. Clement, 22, 7, 1000, -, 2000
U. Vicknair, 8, 7, 5000, -, 500
E. Friche, 130, 76, 25000, 6500, 3000
G. Fraisy, 50, 100, 8000, -, 1000
Wd. L. Perrlliver, 50, 100, 8000, -, 1000
M. Cambre, 143, 100, 8000, 1500, 2000
O. Keller, 30, 30, 2000, -, 300
E. Williams, 11, -, 800, -, 250
Wilham J. Godberry, 486, 800, 60000, 15000, 4000
Wd. C. Demarcey, 13, -, 1000, -, 300
Wd. G. Cambre, 20, 40, 2500, -, 400
L. Fryre, 450, 600, 60000, 12000, 7000
F. Millet, 180, 200, 15000, 2000, 2500
A. Friche, 125, 100, 10000, 3500, 3000
Michel Cambre, 50, 40, 2000, -, 500
A. Cambre, 80, 45, 3000, -, 250
M. A. Cambre, 12, -, 500, -, 200
Wd. A. Boudousquie, 1100, 1800, 75000, 25000, 7000
Wd. A. Nadire, 240, 80, 15000, 3000, 2000
Wd. Hart, 10, -, 3000, -, 1500
P. Alexandre, 50, 30, 5000, -, 2000
C. Leche, 60, 25, 4000, -, 500
V. Madere, 45, 18, 3000, -, 200
J. Pollet, 12, -, 500, -, 200
Wd. L. Madere, 45, 18, 3000, -, 250
Wd. L. Vicknair, 110, -, 8000, 3000, 1000
Wd. A. Dupuy, 13, -, 700, -, 100
Wd. N. Madere, 80, -, 2000, -, 500
J. B. Humphreys, 325, 875, 30000, 10000, 5000
E. Vicknair, 55, 25, 3000, -, 200
A. Keller, 110, 50, 6000, -, 500
James Ketine, 11, -, 500, -, 100
J. Jacob & Co., 250, 150, 12000, -, 1000
C. Rillien (Killien), 80, 80, 6000, -, 1200
M. Duhe, 50, 20, 2000, -, 200
C. Vicknair, 70, 25, 2500, -, 400
Wd. A. Madere, 14, -, 1000, -, 100
Wd. E. Duhe, 95, -, 2000, -, 1000
Ursin Leche, 60, 20, 2000, -, 500
Chs. Cassagne, 30, -, 1000, -, 100
C. Leche, 60, -, 2000, -, 300
P. Leche, 30, -, 1000, -, 300
A. Boudousguie, 15, -, 500, -, 200
A. Lavseigne, 65, 55, 2000, -, 500
C. Charbonnet, 300, 100, 10000, -, 200
George Synglad (Suglad), 50, -, 1000, -, 200
A. Deslonate (Deslonde), 900, 1500, 100000, 10000, 1000
H. Clement, 70, 20, 4000, -, 500
A. Leret (Levet), 340, 34, 25000, 6000, 2000
E. Vicknair, 160, 160, 6000, 500, 600
S. LaBranche, 2000, 3000, 28000, 20000, 15000
Wd. C. Rousscl, 550, 800, 40000, 4000, 3500
Wd. C. Ferrand, 70, 150, 10000, -, 700
M. L. Parris, 800, 400, 50000, 20000, 5500
Wd. T. Vicknair, 170, 300, 12000, 1500, 1000

E. Montz, 230, 250, 15000, 8000, 2500
S. Hollingsworth, 750, 1800, 5000, 18000, 8000
N. Longue, 500, 800, 60000, 12000, 4000
Wd. G.Perillian, 150, 210, 8000, 3500, 2000
G. Clement, 70, -, 2000, -, 300
M. Holtz (Haltz) & Co., 200, -, 8000, -, 1000
N. Herew (Heren), 20, -, 2000, -, 500
L. Monteight, 200, 250, 15000, 750, 2000
A. Burrel, 400, 1900, 35000, 2500, 1500
T. Folse, 60, 40, 1500, -, 500
P. Fanchen, 10, -, 500, -, 200
Wd. T. B. Monconduit, 50, 30, 2000, -, 200
Wd. G. Hymel, 50, 30, 2000, -, 100
Fse. Frigre, 50, 30, 2000, -, 100
H. Selnoyder, 50, 300, 2000, -, 100
S. Roussel, 600, 400, 60000, 4000, 8000
Emile Merecy, 90, -, 7000, -, 1000
E. Autin, 40, -, 2000, -, 200
Ant. Borne, 30, -, 1500, -, 200
J. B. Selmoyder, 5, -, 1500, -, 200
Wd. B. Selnoyder, 20, -, 1000, -, 200
Joseph Rome, 65, -, 2000, -, 200
Wd. C. Fassin (Tassin), 28, -, 1500, -, 200
Wd. P. Aubert, 25, -, 1000, -, 200
Wd. S. Roussel, 28, -, 1500, -, 200
Z. Aubert, 60, -, 4000, -, 300
E. Darensbourg, 80, -, 4000, -, 300
F. Abadie, 40, -, 1500, -, 300
Wd. M. Robert, 40, -, 1500, -, 100
U. Webre, -, 20, 1200, -, 500
Wd. C. B. Merecy, 160, -, 4000, -, 500
Firmain Loup, 90, -, 3000, -, 1000
Ed Webre, 100, 40, 4000, 500, 1000
Wd. L. Laurent, 25, -, 2000, -, 100

F. Burrel, 200, 150, 20000, 7000, 2500
Wd. M. Haydel, 1200, 1000, 60000, 5000, 7500
P. Haydel, 20, -, 1000, -, 500
A. Burrel, 10, -, 800, -, 50
L. Burnelog Bros., 850, 5500, 150000, 7000, 10000
W. B. Whitehead, 1000, 1900, 50000, 25000, 17000
S__ Ant. Haydel, 50, 100, 2000, -, 1000
P. A. Burrel, 300, 600, 25000, 3000, 4000
G. A. Windahall, 960, 1100, 75000, 10000, 6000
B. M. Haydel, 500, 1000, 35000, 25000, 3000
P. Roussel, 250, 280, 20000, 4000, 2000
S. Gassin, 10, -, 500, -, 40
P. C. Keller, 40, 20, 3000, -, 500
O. Selnoydes (Selnoyder), 100, 80, 6000, 500, 800
N. Selnoyder, 100, 80, 6000, 500, 800
Gearais & Burrel, 250, 250, 12000, 4000, 500
P. A. St. Martin, 400, 550, 50000, 9000, 6000
D. Buthelot, 15, 35, 1000, -, 100
F. Buthelot, 15, 35, 1000, -, 100
U. Laurent, 42, 500, 4000, -, 300
Wd. J. Roussel, 28, 20, 2000, -, 200
Wd. L. Roussel, 100, 100, 8000, 200, 300
N. Martin, 20, 60, 4000, -, 100
Justin Laurent, 15, 12, 1500, -, 200
Juan Laurent, 18, 18, 6000, -, 500
F. Laurent, 15, 12, 1500, -, 300
Eng. Linddaiche, 33, 47, 2000, -, 500
V. Donaldson, 30, 50, 2000, -, 400
P. B. Marmillion (Maxmillion), 385, 150, 25000, 5000, 2000
V. B. Marmillion, 1400, 1000, 80000, 15000, 15000

E. B. Marmillion, 700, 800, 60000, 10000, 5000

Wd. Z. Bane (Band,Baud), 200, 200, 15000, 2000, 2000

H. Rodrigue, 22, 15, 1000, -, 400

Wd. U. Rodrigue, 22, 15, 1000, -, 100

J. L. Aubert, 400, 800, 30000, -, 1000

Wd. E. Rodrigue, 40, 40, 3000, 100, 1000

Wd. A. Webre, 40, 20, 1500, -, 500

J. B. Sarph & Co., 750, 125, 50000, 7000, 5000

Wd. F. Darensbourg, 200, -, 12000, 1000, 1500

L. C. Darensbourg, 40, -, 2000, -, 1000

P. Phelan, 15, -, 1500, -, 500

N. Haydel, 8, -, 1000, -, 100

A. St. Martin, 50, -, 2500, -, 1000

Thos. Hay, 500, 250, 20000, 5000, 4000

Oct. Hymel 250, -, 20000, 3000, 3000

J. F. Burcard, 320, 80, 30000, 8000, 2800

G. Chabaud, 45, 35, 2000, -, 400

Franc. Webre, 370, 500, 50000, 5000, 4000

Wd. U. Haydel, 185, 240, 8000, 2500, 1500

Wd. A. Haydel, 185, 140, 8000, 2500, 1500

Damien Haydel, 25, 550, 5000, 1500, 1500

Jacob Rice, 10, 60, 500, -, 200

Martin Hill, 10, 60, 500, -, 200

A. Schluger, 10, 60, 500, -, 200

M. Crowdry, 10, 60, 500, -, 200

M. Schluger, 20, 120, 1000, -, 300

Maddeus Schluger (Schluzer), 10, 60, 1000, -, 400

P. Ferrand, 10, 60, 500, -, 100

Chs. Wunchel, 10, 60, 500, -, 100

G. Miller, 10, 60, 800, -, 100

F. Dizert, 10, 60, 500, -, 200

F. Foucher (Fancher), 60, 120, 1000, -, 600

A. LeBlanc, 80, -, 6000, -, 300

The Parish of St. Landry, Louisiana
1860 Agricultural Census

The Agricultural Census for Louisiana for 1860 was microfilmed by the University of North Carolina Library under a grant from the National Science Foundation and filmed from original records held at Duke University Library, Durham North Carolina.

There are some forty-eight columns of information on each individual. Only the head of the household is addressed. I have chosen to use only six columns of the information because I feel that this information best illustrates the wealth of the individuals. These are shown below:

1. Name of Owner
2. Acres of Improved Land
3. Acres of Unimproved Land
4. Cash Value of the Farm
5. Value of Farm Implements and Machinery
13. Value of Livestock

Thus, the numbers following the names represent columns 2, 3, 4, 5, 13.

The following symbol is used to maintain spacing where information in a column is left blank (-). This symbol is used where letters, names or numbers are not legible (_).

Gabriel Lyons, 200, 800, 800, 1200, 1100
Abner Mclarnand, 700, 600, 8000, 190, 1400
Valentin C. Clark, 700, 600, 3000, 190, 1500
Jacob Lyons, 200, 200, 5000, -, 1000
Agbat Lyons, 60, 340, 2500, 50, 300
Daniel Lyons, 40, 100, 2500, 16000, 2390
Elisha Lyons, 30, 270, 1800, 30, 240
Azelie Johnson, 75, 525, 7000, 60, 1100
C. W. Vormin, 50, 250, 3000, 300, 1400
Joseph Harman, 200, 320, 3000, 50, 2000
S. T. Bruner, 50, 270, 3500, 50, 800
Louis A. Laticlair, 100, 200, 2500, 60, 1200
Onezime Comeau, 50, 150, 1500, 75, 600
Noel Olivier, 65, 220, 1600, 30, 250
William Elkins, 60, -, 350, 600, 600
Joseph E. Daigle, 60, 200, 2000, 80, 490
Lufsaid (Lussard) Fontenot, 60, 200, 1500, 80, 1030
Etienne Daigle fils, 50, 150, 1200, 40, 860
Bosmer Hayes, 1200, 1300, 17000, 100, 4360
Abram Harman, 40, 960, 6500, 100, 910
James Hayes, 80, 720, 6000, 140, 640
Joseph Lavergne(Savergne), 80, 400, 1200, 75, 910
Constant Chachere, 250, 300, 3000, 50, 900

Joseph Andrepont, 35, 280, 1200, 50, 640
Safroid Hebert, 60, 20, 600, 30, 1000
Cyprien Cesaire, 100, 200, 1600, 60, 440
Edmond Simion, 60, 140, 620, 25, 1150
Mary B. Fontenot, 40, 280, 800, 20, 690
Olivre Beller, 200, 280, 1500, 50, 870
Joseph Sandrene, 100, 1200, 5000, 100, 1100
Cherese Bingle, 70, 650, 1900, 50, 320
Raphael Manuel, 70, 137, 1775, 200, 430
T. P. Bacon, 45, 115, 4000, 100, 290
Joseph Bacon, 35, 365, 2000, 150, 750
Ursin Miller, 40, 160, 800, 40, 510
Joseph Truger (Fruger), 50, 500, 800, 10, 560
Auguste Truger (Fruger), 50, 50, 200, 15, 295
Gerard Miller, 30, 420, 650, 8, 175
Henry T. Saileau (Soileau), 32, 170, 700, 10, 630
Marcel Richard, 50, 30, 1000, 125, 500
Pierre Tagueno, 30, 90, 300, 30, 200
Hypolite [Tagueno], 150, 850, 7000, 100, 1500
Pierre D. Richard, 60, 100, 1500, 50, 200
Honore Meeke (Meche), -, 160, 1200, -, 700
Joseph S. Miller, 100, 60, 1200, 60, 550
Deogene Richard, 45, 120, 1500, 50, 600
Veadede Soigné, 30, 130, 1200, -, 550
Treville Legers, 60, 100, 1500, 50, 700
Laure (Lause) Guidry, 60, -, 500, 30, 750
Marimilien Cormier, 80, 96, 1200, 40, 500
Jerome Tani, 25,-, 250, 15, 150
Troisine Savoire, 40, 69, 400, 60, 600
Erasic Breau, 50, 70, 1200, 40, 220
Antoine Fontenot, 25, 95, 1200, 30, 480
Theodule Daigle, 150, 200, 5000, 100, 1360
Celina Tur (Tux), 50, 90, 1000, -, 280
Magdelein Patier, 100, 100, 1500, 50, 700
Hypolite A. Guidry, 150, 150, 3000, 60, 11500
Z_phrin Daigle, 30, -, 200, 25, 340
Michel Comcau, 40, 15, 300, 25, 300
Littleton Lyons, 60, 100, 1000, 50, 400
Pierre L. Guidry, 100, 240, 800, 40, 550
Pierre Wood, 40, 120, 1000, 40, 240
Edmond Comeau, 30, 130, 800, 72, 600
Ursin T. Prejean, 100, 400, 2500, 100, 1200
Carmelite Meche (Meeke), 75, 425, 3500, 100, 100
Cyprien Fontenot, 40, 60, 800, 50, 325
David Lyons, 25, 125, 1600, 30, 180
Joseph Doucet, 50, -, 200, 35, 425
Willery E. Richard, 70, 90, 1500, 50, 600
Abram Harman, 140, 210, 3000, 60, 1350
William Harman, 50, 300, 2500, 60, 500
Enoch Hayes, 110, 790, 8000, 100, 1760
Solomon Andrews, 200, -, 3000, 20, 720

William Lyons, 150, 800, 4000, 150, 1560
T. B. Clark, 160, 360, 8000, 100, 2600
Deadham Stanton, 80, 15, 600, 50, 600
Onizime T. Guidry, 150, 650, 3000, 75, 3500
Adelaide Bernard, 200, 200, 3000, 50, 700
Stephen Andros, 75, 325, 4000, 50, 600
Elmire Guidry, 200, 280, 4000, 500, 1000
John Johnson, 25, 192, 3000, 10, 600
Pierre Lavergne, 25, 50, 200, 10, 100
Orelien Areneau (Arceneau), 200, 527, 6000, 100, 1200
Joseph Mire, 60, 180, 1000, 50, 300
Theodule Mire, 10, 150, 20, 12, 170
Celiste Guilbert, 50, 380, 2000, 20, 1000
Hypolite C. Guidry, 800, 160, 10000, 200, 2145
Torehein Luebedeau, 30, 80, 150, 30, 800
Denise Luebedeau, 50, 220, 1500, 30, 1000
James Myers, 60, 140, 1500, 250, 4000
Francois Lapraz, 75, 85, 2000, 40, 700
Joseph Leblance, 100, 300, 900, 100, 1200
William Cottrell, 25, 175, 1000, 100, 1000
John H. Haugpaner, 25, 55, 500, 50, 1100
Maile Leblanc, 200, 200, 2000, 30, 278
Drozin Breau, 200, 200, 1000, 75, 400
Therance Guilbert, 40, 10, 500, 125, 670
Donlouis Breau, 160, 340, 4000, 100, 1400

Maxile S. Plaisance, 50, 50, 400, 40, 850
Celestin Cormier, 150, 200, 2000, 60, 850
Onizime Caruther, 40, 60, 600, 100, 200
Philipe Richard, 45, 205, 1800, 100, 828
Henry Miller, 100, 70, 4000, 60, 200
Anna Yong, 300, 100, 13000, 500, 3020
L. F. Lastrape, 250, 350, 15000, 400, 2030
Danoville Dejean, 350, 50, 18000, 420, 4000
Andre Prudhomme, 150, 250, 14000, 400, 1660
E. M. Wilkoff, 800, 800, 40000, 500, 4750
Eugenie Savoie, 200, 400, 1075, 75, 1000
Thomas _. Leurs, 280, 430, 25000, 1000, 2370
M. W Harvell, 450, 500, 25000, 5000, 4340
Urbin C. Lavergne, 150, 250, 9500, 400, 2320
Adolphe Richard, 90, 100, 2600, 50, 450
William Bacon, 80, 80, 2500, 75, 700
Vailland Chachere, 200, 200, 10000, 1200, 2740
Denise Bourque, 90, 60, 1600, 100, 800
F. B. Polinque, 300, 400, 16000, 300, 2170
Elizabeth Huges, 165, 73, 5700, 50, 1300
Mary R. Frogurt, 100, 300, 120000, 60, 1100
Elenna A. Halmilton, 250, 280, 20000, 3000, 3500
Jean Miller, 150, -, 4000, 100, 1200
Joseph Richard, 100, -, 2500, 80, 1200

Mary E. Boudreau, -, -, -, 75, 500
Ed. M. Mimard, 77, 173, 10000, 200, 1500
L. C. McPherson, 350, 100, 13000, 800, 3260
J. T. Moran, 200, 400, 20000, 1000, 4000
M. A. Lackey, 150, 3850, 30000, 1000, 800
T. E. McBride, 75, 300, 15000, 1000, 1000
F. Hathorn, 250, 1350, 40000, 1000, 2000
James E. Lindsy, 380, 1286, 8000, 3000, 2280
W. H. Nalson, 130, 490, 20000, 1000, 1000
M. S. D. Wilson, 130, 500, 2000, 2000, 975
M. M. Gordon, 500, 1500, 75000, 1000, 1860
J. D. Dubouse, 130, 300, 18000, 700, 560
S. J. Rogers, 200, 316, 20000, 600, 2000
S. J. C. Gordon, 400, 720, 64000, 550, 2030
D. C. McMillan, 190, 30, 20000, 230, 2300
John E. Trith (Frith), 80, 720, 25000, 1800, 1500
Felicien Gourdon, 30, 90, 3000, 100, 700
William M. King, 35, 178, 4000, 100, 700
H. M. Glaze, 25, 45, 1700, 75, 350
R. W. Heath, 130, 300, 16000 300, 1600
C. C. Ashford, 80,-, 1500, 200, 230
T. W. Cason, 60, 400, 10000, 100, 1000
J. L. Dardy, 40, -, 600, 10, 300
S. C. Lawless, 50, 430, 20000, 130, 1000
Leroig Havard, 200, 300, 20000, 1250, 2000

Nancy Woods, 180, 220, 15000, 2000, 2000
Erneste Marrow, 75, 247, 9000, 1200, 1000
E. B. Carber, 200, 700, 9200, 200, 1000
Josiah Scott, 130, 790, 17000, 200, 2300
Joseph Pender, 100, 1000, 30000, 2000, 170
W. D. Godwin, 140, 90, 7000, 1500, 1000
Gilbert David, 200, 400, 2000, 200, 2740
Jesse _. Andrus, 70, 190, 3000, 20, 1030
Uriah Green, 60, 60, 900, 50, 455
William G. Knox, 40, 260, 2000, 50, 700
Joseph Latheolais, 80, 160, 2200, 75, 1115
Josetle Chretien, 60, 140, 1200, 50, 200
Prospere Martin, 30, 170, 1800, 15, 270
Luis S. Thibodeau, 60, 60, 900, 30, 510
Placide Thibodeau, 30, 140, 1800, 40, 710
Onezime Olivier, 50, 150, 2000, 60, 450
C. B. Smith, 350, 720, 65000, 1000, 1822
Leandre Landry, 150, 250, 2500, 30, 680
Steven M. Yong, 150, 500, 8000, 200, 1665
Alexandre Miller, 30, 70, 650, 8, 212
Mary Stout, 30, 140, 1900, 50, 395
Sylvain Sonnier, 40, 113, 1100, 40, 600
Joseph B. Yong, 100, 200, 4000, 100, 940
Casimire Guillory, 200, 528, 7096, 200, 1190

Evariste Guillory, 200, 1160, 11520, 1200, 1620

Francois Guillory, 50, 215, 1400, 25, 710

Jean Galot, 50, 630, 9000, 60, 410

Louis Sovigne, 25, 175, 1500, 10, 180

Donate Guillory, 160, 660, 8000, 75, 1540

Joseph Yong, 100, 180, 1400, 60, 500

Thomas Macgee, 75, 445, 2200, 150, 430

Jean B. Courville, 40, 110, 900, 40, 330

Joseph Tusillier, 80, 420, 2800, 50, 710

Pantaleon Manuel, 40, 160, 1200, 40, 520

Alcide P. S. Fontenot, 30, 110, 900, 40, 235

Alcide P. S. Fontenot, 30, 110, 900, 40, 235

Mary Bertrand, 18, 52, 400, 15, 180

Jean P. Lafleur, 400, 1600, 6000, 1500, 1640

Lastie Rosa, 56, 194, 900, 25, 600

Octave C. Fontenot, 30, 130, 600, 20, 310

Josephine Guillory, 30, 210, 800, 20, 230

Valery Guillory, 50, 350, 1300, 50, 495

Sam Reed (Francois Peron—written in on same line space), 80, 320, 1000, 50, 680

Jsealkiel, Mexer, 150, 530, 1600, 200, 1700

Eliza McCleland, 225, 895, 14000, 200, 1250

George Hudson, 40, 160, 550, 30, 590

B. C. Robert, 30, 25, 300, 50, 400

Robert Singleton, 90, 110, 5000, 150, 2064

James Allen, 80, 220, 2000, 150, 1204

Mary L. Bateman, 100, 240, 1500, 65, 570

P. H. Overton, 120, 400, 2500, 500, 820

Joichien Landrerell, 100, 300, 3500, 1200, 1740

Eloise Petre, 20, 180, 1200, 50, 385

Denis P. Fontenot, 100, 120, 1200, 50, 495

Pierre F. Morein, 40, 250, 1100, 200, 420

Jean B. Leandrend, 100, 250, 2000, 50, 1090

Onizime Boudreau, 100, 160, 2500, 70, 767

Louis Hebert, 140, 229, 5490, 100, 1145

Charles A. Perodin, 100, 68, 3000, 100, 1745

William Dejean, 200, 2000, 28000, 2400, 2670

Eliza McCleland, 225, 895, 14000, 200, 1250

R. H. Lumpkin(Lampkin), 80, 217, 4500, 100, 740

Christopher Steel, 120, 170, 7500, 200, 1200

J. L. Cariere, 300, 273, 7000, 1200, 2080

Symphorien Boudreau, 200, 100, 5000, 100, 2440

Louis Simien, 70, 60, 1600, 15, 710

Ozeme Cariere, 30, 170, 2300, 15, 600

Jacques Charlot Jr., 50, 120, 1400, 40, 940

Thorian Soigne, 40, 60, 800, 15, 740

Francois Simien, 100, 300, 5000, 600, 1000

Gdelle Simien, 40, 60, 1100, 10, 60

Orten A. Bourgeois, 80, 70, 1750, 160, 612

Caliste Guillory, 60, 100, 1800, 10, 140

Casimere Ro_geau, 70, 250, 3500, 25, 350
Jean B. Gobert, 35, 100, 1600, 50, 690
Jean J. Gobert, 60, 140, 2300, 60, 550
Cyprien Savoie, 25, 50, 1200, 10, 435
Francois Toubert, 90, 135, 2500, 75, 400
Onezime Meche, 80, 100, 2000, 100, 940
Aurelien Jeansonne, 100, 140, 4000, 150, 1630
Ursin Lavergne, 50, 130, 2500, 150, 813
Gerard Prejean, 70, 130, 3500, 40, 920
Michel Bihm, 80, 380, 6100, 100, 1030
Juenvieve Fontenot, 250, 476, 9000, 75, 1400
Evariste Toubert, 170, 530, 9000, 200, 1140
Francois A. Pitre, 130, 50, 3000, 400, 3770
Napoleon J. Franchevois, 300, 500, 10000, 200, 1100
Cyprien L. Fontenot, 350, 350, 14000, 400, 1690
Thomas C. Gui___, 800, 200, 30000, 2000, 3290
Hyacinthe Toubert, 600, 2200, 35000, 600, 2720
Philipe Stagg, 120, 360, 5000, 250, 1955
Marcelin Lafleur, 500, 400, 15000, 150, 3000
Zenon Lafleur, 200, 200, 6000, 350, 1100
Antoine Vidrine, 300, 200, 6000, 350, 3500
Augustin Guillory, 130, 50, 3000, 40, 1500
Adrienne Lafleur, 200, 560, 9000, 250, 700
Lastie Doucet, 80, 80, 1800, 50, 200
George Kimball, 20, 17, 450, 50, 200
E. W. Moore, 500, 500, 19000, 5000, 3000
Juste Bertinot, 140, 100, 3500, 300, 1200
Auguste Donate, 500, 944, 24000, 500, 2800
Jlisha Andrus, 150, 430, 14000, 500, 2480
Salomon B. Harman, 200, 500, 15000, 500, 2150
John D. Hudspeth, 120, 380, 10000, 40, 200
Green Hudspeth, 200, 800, 18000, 100, 15000
Jesse Andrus, 250, 958, 22200, 1000, 2500
Charlotte Andrus, 160, 640, 16000, 500, 2000
George Wikoff, 250, 250, 25000, 500, 2920
Isaac Litel 600, 1400, 45000, 7000, 4500
Mary Hargrove, 150, 450, 20000, 2000, 2200
E. Togleman (Fogleman), 50, 12, 2500, 100, 750
Games (James), M. Neyland, 120, 40, 5000, 40, 1500
H. M. Evrette, 75, 31, 2200, 100, 950
Louris (Lacris) Soileau, 22, 3, 750, 100, 240
Games (James) Reed, 40, 120, 5000, 100, 5000
Robert M. Evorey, 100, 2000, 10000, 50, 600
Lastic Kruger (Fruger), 75, 125, 7000, 100, 860
Macelin Lafleur Jr., 135, 275, 11000, 300, 720
E. C. Milburn, 250, 500, 21000, 500, 2770
Thomas M. Evorey, 90, 70, 7000, 400, 1005

Lastie Lafleur, 200, 1300, 18000, 400, 1370
Marcelite Fontenot, 130, 270, 9000, 250, 500
Ducile Fontenot, 130, 270, 9000, 70, 700
St. An Fontenot, 80, 520, 9000, 60, 500
John Magunry, 120, 200, -, 200, 600
J. C. Younger, 1400, -, -, 35000, 13250
George R. King, 450, 550, 25000, 500, 3500
Edoird Gaudin, 1000, 800, 50000, 6000, 5180
John Martin, 1000, -, -, -, 6540
J. V. Zueller, 400, 1400, 26000, 1000, 2650
John West, 32, 200, -, 40, 250
William B. Shieles (Striclas), 520, 800, 31000, 10000, 4100
George W. Cheney, 100, 300, 13000, 200, 1101
R. Sanderfer, 85, 75, 6000, 100, 970
Adolph Stagg, 45, 115, 3580, 25, 330
Philipe Stagg, 45, 115, 3600, 100, 450
Gabriel Soileau, 15, 45, 600, 40, 300
Lastie Soileau, 20, 25, 400, 20, 850
Joachim Soileau, 20, 25, 400, 20, 850
B. S. Gay, 200, 400, 20000, 200, 2880
C. B. Spence, 100, 435, 13375, 500, 1000
Mary M.Burleigh, 50, 30, 300, 500, 500
John S. Edoird, 60, 10, 4600, 300, 1000
Pierre G. Wartelle, 600, 900, 48000, 6000, 4500
Lewis Webb, 800, 3200, 90000, 5000, 7500
L. Gardiner, 100, 60, 2500, 300, 600
Kel__ Guidry, 60, -, -, 40, 765

Denise Arnauld, 100, 60, 3000, 50, 1000
Joseph C. Miller, 60, 100, 2300, 30, 450
Donlouis Savoire, 70, 90, 3000, 100, 330
Francoise Rither, 400, 400, 15000, 500, 2000
Jame Burleigh, 300, 200, 20000, 500, 3500
Augustin Burleigh, 80, -, -, 75, 400
Raphael Smith, 300, 300, 16000, 500, 2100
John A. Walberndry, 200, 250, 11000, 100, 1000
B. A. Smith, 200, 100, 9000, 300, 1320
Adelard Boute, 200, 200, 8000, 300, 400
J. G. Pratt, 200, 1100, 35000, 1500, 3345
John _. Barry, 125, 105, 6900, 100, 1210
George W. Gardiner, 600, 436, 45000, 4200, 3500
Benjamin R. Rogers, 300, 1334, 52000, 5000, 3320
John D. Close, 150, 650, 20000, 250, 700
Michel Castille, 150, 650, 20000, 180, 1850
E_phrosine Nizet, 115, 246, 10000, 300, 1000
Joseph Cariere, 200, 400, 18000, 600, 1800
Volment Stetly, 80, 373, 10000, 80, 600
Francois Stetly, 40, 120, 4000, 50, 400
Deodote Stetly, 130, 98, 5500, 200, 700
Caliste Stetly, 40, 40, 1600, 30, 150
Belegaire Arnaud, 30, 10, 700, 50, 400
Edvige Moyer, 1500, 3400, 95000, 500, 5780

Azelie Bernard, 125, 75, 5000, 110, 2020

Onzime Caruther, 70, 60, 5000, 140, 1200

William F. Hardy, 800, 1100, 48000, 1500, 7260

Denisse Stetly, 150, 200, 2700, 40, 948

Hypolite D. Meeche, 16, 24, 450, 15, 230

William J. Hardy, 140, 360, 6000, 100, 1200

Jean Bte. Marks, 30, 70,2 50, 15, 338

Louis Marks, 150, 50, 2000, 50, 1000

Joseph Frazart (Frozart, Frogart), 250, 330, 9000, 500, 2530

Isaac Keenesson, 60, 40, 700, 50, 500

Erevite Meche, 100, 270, 5500, 500, 705

Alphonse Debarffan, 30, 70, 800, 35, 340

Francois Marks, 300, 230, 10000, 225, 2330

Terance Stetly, 150, 150, 4000, 60, 488

Louis Mayer (Moyer), 80, 100, 2900, 60, 430

Joseph Marks, 120, 20, 2000, 40, 360

Jean Bte. Marks, 35, 45, 1200, 40, 475

Francois H. Lauvie (Laurie), 25, 175, 2150, 15, 205

Simon Marks, 350, 450, 12000, 500, 1300

Joseph P. Colomb, 400, 400, 17000, 500, 1490

Jean Bte. Castille, 150, 50, 8000, 500, 1680

Mary Babineau, 50, 150, 2200, 20, 480

Onezime Richard, 40, 120, 2000, 20, 670

Joseph Savoie, 30, 130, 1800, 15, 350

Marguerite Guidry, 100, 100, 3000, 70, 890

Ann Martin, 300, 500, 12000, 800, 2150

Pierre Comeau, 80, 420, 5600,, 100, 109

Charles Petre, 160, 2500, 20000, 60, 1870

Olivier D. Guidry, 40, 90, 1500, 30, 400

Mary E. Landry, 60, 20, 1000, 40, 400

Jean B. Hebert, 5634, 1500, 100, 578

Justine Rivet, 120, -, 1800, 60, 260

Adelard Lanolos, 100, 200, 4000, 80, 420

Hypolite Mallet, 400, 280, 10000, 500, 2930

Francois Persons, 40, 100, 1000, 30, 340

Joseph St. Cyr, 80, 27, 3000, 40, 690

Celina Olinne, 20, 10, 350, 10, 340

Cyprien Lolande, 400, -, 10000, 500, 2205

Valery Moyer, 40, 40, 1200, 30, 370

Francois Castille, -, 4, -, 40, 378

Duprelon Mayer, 20, 28, 1600, 50, 600

Honore Guibret (Guitrot), 14, 144, 700, 10, 250

Louis Solande, 150, 10, 4000, 100, 1130

Andre N. Lalande (Solande), 140, 10, 1200, 100, 730

Celestine Sanclos, 100, -, 1000, 50, 250

Arthemise Lourrire, 40, 40, 1200, 100, 330

Francois Robin, 1000, 3000, 30000, 2000, 1740

Duvergele Rovmaire, 80, -, 1000, 200, 300

Joseph Beraud (Bernard), 1000, 1476, 45000, 4000, 12786

Napoleon Robin, 900, 1207, 30000, 3330, 4570
Andre Olivier, 40, -, 750, 30, 120
Andrew Stoute, 50, -, 250, 20, 150
Virgile Gauchideau, 150, -, 1000, 30, 25
Celestin Peytavin, 700, 2500, 59000, 6000, 8930
Felix Lemel, 60, 100, 2100, 40, 200
Antoine D. Mereillou, 300, 340, 3100, 100, 3070
Alexandre Stetly, 70, 60, 2000, 25, 325
Alexandre Meullon, 127, 75, 5500, 30, 1300
Nellagie Meullon, 130, 30, 5000, 35, 465
J. Bachman Lee, 400, 600, 25000, 1300, 4000
Michel Woods, 50, 150, 3500, 40, 260
Sidney Steen, 100, 440, 17000, 100, 1000
Francois Votrot, 300, 96, 1100, 380, 1690
Francois C. Devillier, 500, 630, 35000, 400, 3380
Joseph D. Ragan, -, -, -, 30, 700
Francois C. Devillier Jr., -, -, -, 30, 1100
Joseph Carriere, -, -, -, 30, 3350
Adelaide C. Devillier, 120, -, 3000, 30, 330
Flilair Tete, 400, 1300, 8800, 500, 2918
Joseph L. Fontenot, 300, 1600, 22000, 500, 1830
Mary _. M. Ortega, 130, 470, 3500, 60, 200
Adam Tete, 500, 1500, 13000, 500, 2150
Christoval Tete, 40, 60, 800, 40, 200
Elucia D. Fontenot, 1000, 1000, 16000, 500, 3000
Cyprien L. Nanette, 50, 130, 1800, 60, 380
Hyacente Fontenot, 300, 200, 6500, 500, 1000
Onezime P. Petre, 300, 1100, 7000, 100, 2160
Alexandre Lazare, 300, 500, 8400, 500, 1500
Florantin Vidrien, 50, 50, 2109, 50, 650
Valcourt Guillory, 40, 60, 1000, 40, 500
Rozemond Soileau, 15, 10, 250, 10, 80
Elie Ardoin (Cedoin), 60, 240, 3000, 60, 1000
Jean Bte. Guillory, 500, 400, 8500, 200, 1600
Dondiegue S. Fontenot, 300, 1000, 13000, 500, 3000
Jean P. Fontenot, 60, 440, 4500, 50, 500
L. G. Guillory, 125, 375, 18000, 700, 2120
Jean Bte. Fontenot, 100, 400, 5000, 50, 650
L. P. Beller, 15, 67, 500, 15, 60
Orther Savant, 65, 50, 1000, 30, 80
Leander Deshotel, 45, 165, 1200, 100, 250
Hyacinte Guillory, 300, 150, 3000, 200, 230
Eugenie Lafleur, 150, 50, 1200, 50, 180
Dondregue S. Fontenot, 600, 360, 10000, 500, 2050
Charles Soileau, 100, 120, 1800, 40, 700
Arthemisse Guillory, 80, 120, 1900, 50, 450
Jean Louis S. Fontenot, 200, 400, 2000, 60, 750
Pierre Lafleur, 80, 240, 3700, 50, 300
Onizime L. Fontenot, 200, 320, 6000, 150, 1400
Israel Guillory, 60, 100, 2000, 100, 550

Denis Lafleur, 200, 400, 6800, 100, 500

Donlouis Voileau (Soileau), 200, 400, 6000, 60, 1400

Auguste Soileau, 60, 180, 2400, 60, 1000

Rigobert Lemelle, 30, 330, 3300, 30, 360

Lean Lemelle, 37, 20, 1300, 30, 200

Games (James) Yong, 45, 35, 1200, 50, 600

Jean Bte. Roi, 200, 100, 6500, 400, 2401

Celeste Roe, 170, 90, 4500, 30, 900

Pierre Petre, 200, 200, 7000, 400, 1910

Cypr. Dupre, 1400, 500, 25000, 500, 3000

Lastie Dupre, 1000, 500, 25000, 1000, 3900

Achille Dupre, 1000, 700, 2500, 1000, 4500

Games (James) M. Thompson, 350, 250, 7500, 200, 3050

Francois Dupre pere, 250, 250, 7000, 150, 2150

Onezime L. Petre, 100, 100, 2500, 20, 1000

Napoleon L. Petre, 100, 50, 2000, 30, 840

Magedeleine Robin, 100, 100, 2300, 40, 2600

Dejean Sebastien, 35, 165, 2500, 60, 200

Francois Poiret, 700, 1200, 25000, 800, 5700

Yorick Valside, 100, 400, 2000, 700, 1200

Francois Doucet, 150, 230, 4800, 60, 1200

Louis Bordelon, 60, 140, 2500, 50, 680

Pierre Sylvestre, 100, 300, 4000, 30, 1000

Elie Luculers (Laculers), 33, 3800, 30400, 20, 3260

J. Zincourt Fontenot, 160, 340, 5000, 200, 1200

Zephirvin Fruger, 40, 20, 750, 30, 400

Alexandre D. Deville, 200, 200, 4000, 200, 1800

Elois Vidrine, 200, 800, 11000, 600, 2670

Augustin S. Fontenot, 500, 676, 16000, 1000, 3900

Dondegue, S. Fontenot, 100, 100, 3000, 130, 730

Andre J. Deshotel, 80, 300, 3500, 75, 800

Jean Bte. Soileau, 75, 135, 3000, 10, 790

Onezime, Guillory, 33, 470, 5000, 150, 500

Andrew Vidrine, 100, 200, 11000, 50, 1400

Pierre Vidrine, 160, 160, 4500, 150, 1430

John Reed, 150, 400, 5500, 30, 1090

Francois Brignague, 175, 1675, 12000, 250, 1690

Hypolite Hebert, 40, 160, 2500, 30, 500

Etienne Vidrine, 60, 340, 4600, 30, 600

Louis Tete, 50 150, 2500, 40, 200

Charles Labos, 70, 130, 2500, 40, 500

Cydalise A. Soileau, 150, 20, 2700, 100, 1380

Lastie P. Guillory, 60, 440, 2300, 50, 260

Maryanne M. Guillory, 140,2 60, 5000, 100, 2500

Louis S. Fontenot, 80, 120, 2500, 60, 1200

Following Page very faint.

Alexandre Deville, 50, 100, 1200, 15, 580

Aleshaz McConnel, 120, 230, 4000, 100, 1540

H. Chretien, 600, 600, 40000, 6000, 3310
J. Savoie, -, -, -, 30, 438
Jesasin Boudreau, 70, -, 1700, 35, 205
Theodore Devol___, 140, 37, 5000, 1800, 1380
Adelin Savoie, 53, 7, 1000, 50, 387
Joseph A. Guidry, 200, 200, 8000, 500, 2500
Thelisman Guidry, -, -, -, 100, 2010
Benjamin Guidry, 100, 200, 6000, 250, 1080
Joseph D. Guidry, 1000, 300, 20000, 4000, 6900
Alfred Guidry, 50, 150, 2500, 65, 895
Margueritte A. Carruth, 80, 80, 2300, 60, 700
Clersrille Prejean, 70, 90, 2300, 60, 630
Charles Miller, 200, 200, 7000, 500, 2490
Alexis C. Guidry, 160, 180, 4500, 150, 1600
William T. Guidry, 55, 115, 2000, 40, 1000
Lean Thibodeau, 125, 325, 6500, 500, 2070
Nathaniel Smith, 30, 170, 2200, 300, 320
Joseph Seville, 115, 485, 9000, 500, 1340
Stanislas Guidry, -, -, -, 15, 1400
Zepherin Thibodeau, 25, 174, 2000, 12, 500
Celestin Thibodeau, 25, 150, 1850, 15, 68
Jean B. Thibodeau, 40, 120, 2000, 20, 480
Robert H. H. Smith, 20, 140, 2000, 60, 774
Edoird E. Gardiner, 140, 145, 4000, 250, 1230
Solomon Johnson, 200, 300, 8000, 400, 2005
William Johnson, 3, -, -, 125, 2300
Josiah Johnson, 40, -, 220, 40, 910
Raphael Johnson, 100, 700, 7000, 100, 1350
Mary Miller, 50, 110, 2000, 100, 400
B__ Simms, 150, 350, 10000, 400, 1776
Doute Leger, 60, 60, 2000, 60, 605
Games (James) Burleigh, 150, 50, 4000, 35, 900
John J. Gardiner, 200, 100, 19000, 700, 2230
Sophie Andrus, 80, 240, 4500, 20, 500
William Burleigh, 180, 220, 9000, 350, 1470
Andre N. Robin, 500, 2740, 40000, 1000, 4500
Pierre Bergeron, 22, -, 750, 15, 30
Felix Lejean, 500, 1500, 25000, 500, 3000
Onize A. Guidry, 250, 450, 10000, 300, 2000
Jean B. P. Fontenot, 40, 240, 2000, 50, 360
Pierre J___ Fontenot, 40, 210, 1600, 100, 500
Olin Vidrine, 80, 420, 3000, 100, 1500
Jean B. Ardoin, 60, 90, 1000, 50, 872
Pierre Manuel, 28, 42, 450, 15, 348
Frosin Desparet, 30, 270, 1800, 40, 400
Lastie _. Manuel, 50, 66, 500, 100, 1160
Ursin Manuel, 80, 100, 2000, 30, 2700
Hypolite P. Fontenot, 80, 360, 2800, 80, 690
Cyprien Jle. Jque. Fontenot, 46, 160, 1300, 50, 100
Louis Jle. Jque. Fontenot, 30, 50, 500, 25, 400
Francois P. Petre, 150, 822, 8000, 1000, 3040

Francois P. Bregnuque, 100, 40, 1500, 100, 1000

Desidre Dupre, 100, 217, 2000, 30, 950

Charles F. Vige, 50, 118, 1040, 25, 470

Augustus Tensonne, 80, 270, 3800, 50, 1730

Henry P. Fontenot, 75, 288, 1200, 75, 1080

Philipe P. Fontenot, 60, 420, 1500, 20, 900

Delphine Guillory, 70, 290, 2000, 30, 460

Celeste P. B. Fontenot, 75, 325, 2500, 80, 720

Marceline J. Fontenot, 55, 245, 1900, 20, 585

Louis Chapman, 50, 210, 1500, 40, 620

Onezime P. Fontenot, 80, 340, 2800, 60, 1300

Azelia Fontenot, 200, 305, 3500, 30, 340

Mary Louise Teansonne, 200, 1500, 2200, 50, 995

William B. Reed, 80, 120, 2250, 60, 600

Gabriel Fontenot, 38, -, 300, 15, 340

Evariste B. Fontenot, 150, 450, 4350, 60, 805

Joseph B. Fontenot, 250, 910, 7300, 100, 1695

Charles Belfour, 40, 120, 1500, 35, 400

Dalicourt Toubert (Joubert), 60, 170, 1650, 15, 560

Fremant Degne, 100, 800, 2800, 40, 584

Joichen L. Petre, 80, 100, 2560, 40, 584

Laurent Dupre, 300, 700, 10000, 800, 6280

Louis Bertrand, 60, 140, 2000, 80, 1500

Dalicourt Ledoux, 65, 185, 2700, 15, 1000

J. R. Jacson, 160, 1500, 15000, 1200, 2000

Eliza Ficher, 150, 80, 4875, 1000, 1500

David T. Lambert, 20, 140, 2000, 100, 400

Sarah A. Lum, 125, 170, 13200, 1500, 1500

Gilbert Burleigh, 40, 40, 4000, 100, 1500

J. M. Pillet (Piket), 100, 142, 8000, 150, 1100

J. Hayes, 150, 420, 17000, 1500, 2500

J. S. Fogleman, 50, 28, 4000, 100, 600

William Woods, 50, 180, 8000, 200, 800

William Norton, 250, 2250, 50000, 10000, 4000

Catherine Andrus, 130, 509, 12000, 1500, 2250

H_ W. Robinett, 85, 480, 15000, 2100, 1800

G. C. Moss, 50, 100, 4000, 25, 1000

E. Bundick, 45, 75, 3000, 150, 1500

Elisha Mcbride, 50, 215, 5200, 50, 600

Elizabeth Calaham, 30, 50, 1600, 10, 600

G. W. Rutlege, 60, 300, 9000, 250, 800

S. D. Ashe, 40, 600, 15000, 700, 2400

Games (James) Bihm, 100, 100, 7000, 100, 650

P. C. Richard, 50, 100, 6000, 1500, 1000

Zenon Reed, 30, 230, 5000, 50, 1300

Daniel Allen, 35, 285, 12000, 50, 1300

John Travassas, 30, 250, 10000, 400, 1000

A. R. Hawkins, 100, 1900, 40000, 800, 1500
John Rider, 50, 110, 3200, 50, 1500
D. W. Martin, 300, 600, 10000, 300, 2000
Mary Jenkins, 425, 1300, 45000, 4000, 3000
Joseph Melancon, 150, 200, 10000, 1500, 2000
D. Samorandiere, 150, 240, 4000, 50, 500
Joseph Landry, 300, 660, 20000, 300, 2000
Allen Thomas, 400, 1600, 0000, 2500, 3500
Mathilda Bihm, 100, 275, 10000, 100, 1000
J. B. McDannel, 75, 300, 15000, 2000, 1000
W. Duckworth, 25, 175, 2000, 100, 250
J. A. Cooke, 400, 1000, 45000, 4000, 4000
Thomas C. Anderson, 700, 2800, 50000, 2000, 3000
E. H. Martin, 350, 300, 30000, 3000, 3000

S. D. Allis, 30, 700, 7800, 100, 1000
John Fahey, 430, 500, 30000, 2000, 3000
Casimere Leblanc, 71, 229, 3000, 100, 300
Norbert Rodrigue, 80, 130, 1500, 30, 100
J. B. Dejean, 100, 114, 5000, 75, 1083
Adolphe Negate, 40, 45, 800, 100, 500
F. F. Chevis, 200, 800, 30000, 1000, 1200
John Lyon, 200, 1000, 20000, 200, 2140
Thomas M. Anderson, 75, 725, 20000, 150, 575
Warthal Burton, 400, 17000, 80000, 1500, 6000
Elbert Gantt, 350, 1400, 40000, 1000, 5000
A. O Guidry, 600, 200, 20000, 450, 5190
John A. Taylor, 4000, 6314, 218472, 11000, 17000

The Parish of St. Martin, Louisiana
1860 Agricultural Census

The Agricultural Census for Louisiana for 1860 was microfilmed by the University of North Carolina Library under a grant from the National Science Foundation and filmed from original records held at Duke University Library, Durham North Carolina.

There are some forty-eight columns of information on each individual. Only the head of the household is addressed. I have chosen to use only six columns of the information because I feel that this information best illustrates the wealth of the individuals. These are shown below:

1. Name of Owner
2. Acres of Improved Land
3. Acres of Unimproved Land
4. Cash Value of the Farm
5. Value of Farm Implements and Machinery
13. Value of Livestock

Thus, the numbers following the names represent columns 2, 3, 4, 5, 13.

The following symbol is used to maintain spacing where information in a column is left blank (-). This symbol is used where letters, names or numbers are not legible (_).

This parish was particularly difficult to read. The ink or pencil the census taker used microfilmed poorly. It took an inordinate amount of time to transcribe this parish and I'm sure there are errors, but unless I looked at the originals, this is the best I could do under the circumstances.

Emille Romero, 40, 70, 700, 30, 300
J. B. Romero, 50, 140, 5000, 40, 300
Dolze Fouchet, 40, 60, 1500, 100, -
Antoine Veator, 20, 20, 400, 30, -
Ozema Romero, 15, 30, 100, 10, 20
Theogene Romero, 75, 100, 1500, 15, 100
Amelia St. Culin, 40, 100, 2000, 10, 100
Dupre Romero, 100, 100, 3000, 50, 265
Gerard Romero, 30, 80, 600, 40, 200
Charles Romero, 30, 20, 600, 15, -
Villevo Veator, 32, 25, 350, 10, -
Nalcourt (Valcourt) Romero, 15, 50, 300, 10, 108

Belizar Fouchet, 30, 50, 2500, 6, 60
Achille Fouchet, 18, 20, 350, 60, 500
Andre N. Taylor, 10, 65, 500, 60, 300
S. J. Babineau, 200, 2 50, 25000, 400, 5000
Ozeme Boudry, 20, 75, 30000, 200, 800
J. A. Lasscalli, 150, 160, 2000, 100, 790
Zenon Boak, 60, 100, 1800, 100, 140
Rabelais Cormier, 300, 460, 65000, 7000, 270
Cesar Lubbe, 225, 1000, 30000, 500, 2150

Emille Melancon, 80, 40, 1000, 60, 30
J. Cail Hary, 60, 25, 800, 15, 380
Bathazard Migues, 50, 20, 1500, 50, 130
Arni Pa__dos, 15, 25, 600, -, 170
Nelazar Bodin, 20, 50, 1800, 110, 1650
Thi__tin Soland, 20, 30, 800, 15, 100
Sylvester Romero, 200, 400, 30000, 200, 440
Edouard Leb__o, 20, 140, 800, 860, 100
Henry Dasey, 20, 35, 1500, 50, 380
Vals__e Migues, 7, 155, 1000, 30, 300
John P. Norris, 15, 90, 100, 25, 160
Adelaide Seguira, 15, 300, 500, 70, 20
Louis Delcambre, 15, 200, 600, 500, 1550
Theodore Delcambre, 80, 700, 2000, 650, 300
Theodule Delcambre, 20, 80, 1200, 30, 290
Joseph Landry, 20, 160, 1200, 60, 300
___ G. Veator, 40, 100, 1500, 50, 90
Desire LeBlanc, 10, 140, 800, 45, 300
Valsin Vincent, 10, 140, 800, 100, 300
Francois LeBlanc, 100, 680, 1000, 100, 300
Widow L. LeBlanc, 25, 175, 6000, 175, 200
Louis Lauvier, 10, 100, 800, 50, 200
Rosamond Broussard, 80, 700, 8000, 20, 1000
Charles Delcambre, 30, 250, 2000, 20, 1800
Ronald Landry, 13, 1000, 1000, 30, 800
Pierre Landry, 30, 170, 6000, 50, 50
Julien Boykin, -, 30, 300, -, 200
Widow N. Comeau, 25, 100, 1800, 30, 200
Cesar DeBlanc (LeBlanc), 170, 1130, 22000, 250, 3500
Frairville Norris, 25, 1100, 1200, 50, 50
Widow D. Norris, 50, 200, 5000, 50, 300
Antoine Migues, 35, 800, 2000, 25, 200
Ursin Loughead, 200, 1500, 140000, 1800, 6000
Darcourt Landry, 300, 700, 100000, 4000, 8000
Widow J. D.Delacroix, 280, 800, 60000, 3000, 5000
_eleger _. Siden (Giden, Tiden), 65, 57, 3000, 30, 100
Callest Martin, 120, 40, 3000, 50, 800
A. Chatediux, 25, 135, 200, 30, 800
Charles Terhon, 300, 500, 13000, 1500, 800
Edouard Slaix Jr., 30, 100, 800, 100, 300
Norman Migues, 35, 125, 1000, 100, 200
Mervies Arni, 40, 123, 1000, 50, 400
T. J. Jones, 120, 1780, 14000, -, 600
Widow Neville Declouet, 600, 900, 60000, 16000, 5000
Leonard J. Smith, 50, 800, 10000, 300, 2000
Ulger Vilat Jr., 40, 60, 800, 100, 30
Adolphe Segoura, 30, 360, 1000, 50, -
Urbin Carlin, 100, 300, 15000, 300, 500
Lodain Allen, 40, 100, 400, 120, 100
F. Depuy, 80, 4500, 35000, 500, 15000
Eloi Derviean, 140, 500, 9000, 300, 1000
Theogen Veator, 90, 350, 5000, 100, 500

Widow David Hayes, 100, 800, 20000, 15000, 2000
Dufer Derviean, 25, 200, 300, 100, 500
J. B. Berrard (Bernard), 200, 500, 15000, 300, 900
Theophil David, 35, 125, 3000, 100, 600
Alfred Duperied, 700, 3000, 80000, 4800, 10000
John B. Tarlton, 100, 200, 70000, 2000, 1500
Theodore Carlin, 30, 300, 15000, 1500, 2000
Guilliam Ural, 45, 65, 2000, 100, 300
J. H. Thomas, 500, 1300, 10000, 300, 800
Francois Segoura, 60, 3000, 20000, 1500, 600
J. O. Girvir, 60, 300, 000, 300, 600
A. Olivier, 150, 550, 60000, 4000, 1000
W. W. & E__ King, 280, 6800, 150000, 3000, 4300
John B. Anger, 180, 300, 15000, 2000, 1300
Segres Bernnard, 100, 650, 20000, 2500, 800
James Marsh, 30, 900, 3000, 200, 300
A. Breaux, 100, 250, 500, 100, 1200
Lucien Deciur, 120, 320, 8000, 300, 3000
R. H. Marsh, 300, 300, 8000, 2000, 3200
Olivier Broussard, 225, 900, 20000, 3000, 6000
Wd. Pierre Broussard, 80, 300, 500, 200, 1100
Zephirin Broussard, 150, 250, 25000, 3000, 4600
Alfred Gonder__, 170, 730, 10000, 1500, 2000
E. H. Wallert, 75, 4000, 8000, 300, 1000

Valsin A. Journet, 240, 4000, 40000, 5000, 7500
Bernard Romero, 80, 100, 3000, 100, 1000
E. P. Moss___, 50, 65 200, 100, 700
Malicha Hayes, 200, 600, 3000, 500, 5000
Joseph A. Young, 750, 2000, 40000, 2000, 5000
Fusin Comeau, 30, 120, 1000, 100, 300
St. Denis D. DeBlance(LeBlanc), 1000, 2000, 100000, 5000, 4000
Emille Derouan, 40, 100, 100, 50, 300
Eloi J. Derovan, 100, 600, 20000, 300, 1000
Augustin Derovan, 20, 38, 500, 10, 30
Jacques Derovan, 70, 700, 5000, 300, 1000
John E. Riggs, 40, 50, 2000, 100, 400
Raphael Romero, 225, 500, 10000, 1000, 1150
Cleopha Romero, 40, 100, 1000, 100, 300
Onzeinc Lcheux (Seleux), 80, 300, 2000, 100, 200
Armand, Broussard, 40, 60, 1000, 100, 200
Wd. Salvadore Miguez, 50, 100, 800, 100, 300
Edward Hebert, 35, 180, 3000, 100, 1000
Nicholas Muller, 40, 200, 800, 50, 400
Viel (Thiel) Darby, 125, 675, 20000, 4000, 2150
Joseph O. Segoura, 60, 200, 500, 100, 800
J. G. Harry, 60, 100, 5000, 100, 300
Edmond Laperousse, 80, 100, 4000, 1500, 2000
Stockbey Flensard, 100, 600, 30000, 100000, 6000

Francois Segoura, 60, 200, 3000, 100, 500
Placide Segoura, 30, 100, 1300, 160, 400
Orrilean Segoura, 25, -, -, 40, 400
Alex D. DeBlanc (LeBlanc), 20, 200, 5000, 1000, 600
Andrus Veator, 100, 300, 5000, 15, 800
Henry Myer (Moyer), 40, 60, 400, 50, 400
Desire D. Derovan (Derouan), 40, 60, 1500, 50, 100
Miller Maugerur, 30, 120, 2000, 100, 300
Valery Robichaux, 20, 300, 3200, 25, 300
Drauzin LeBlanc, 40, 100, 1000, 100, 300
Rosamond Berrard, 300, 700, 70000, 1200, 5000
Bathliazard Bernard (Berrard), 300, 500, 90000, 1200, 5002
Benjamin Ridder, 120, 200, 101000, 1000, 1010
Francois Hopkins, 300, 500, 70000, 10000, 6000
Urich Laciur, 100, 100, 1000, 50, 1000
Luzincourt Gonsoulin, 100, 200, 10000, 100, 1000
H. B. Holcomb, 80, 300, 20000, 1000, 800
Lucien Uval, 30, 100, 800, 40, 100
Dominiux Romero, 40, 100, 800, 40, 200
Belazare Romero, 60, 200, 1500, 100, 300
Gabriel Romero, 30, 100, 300, 40, 200
William Rash (Nash), 300, 700, 20000, 10000, 6000
Francois Darby, 70, 200, 30000, 51000, 3000
Hubert Theriot, 80, 300, 4000, 100, 1260
August Ledoux, 40, 248, 3000, 300, 1225
A. J. Lafrontaine, 100, 650, 5000, 1000, 770
M. A. Dugulers, 150, 300, 3000, 300, 300
Laurence Lee, 40, 100, 3000, 100, 300
John Moore, 60, 325, 25000, 500, 1020
Joseph C. Segoura, 40, 300, 3000, 100, 300
Molean Romero, 12, 140, 800, 50, 400
Clerville Lassargne, 40, 100, 500, 10, 400
William Frahan (Trahan), 40, 100, 800, 10, 300
Derenarcourt Babin, 40, 100, 2000, 100, 300
Pierre Roi, 15, 60, 800, 30, 100
Joseph Hanes, 15, 70, 1000, 100, 300
William Olliver, 25, 70, 1000, 50, 300
Widow Jackson, 30, 30, 800, 50, 150
Arthur Benaud, 30, 200, 2000, 30, 300
J. D. Broussard, 35, 130, 1500, 100, 400
Euzele Neuville, 150, 3000, 10000, 500, 4000
J. V. Dautrive, 10, 200, 8000, 260, 1000
Barnard S. Berard, 75, 75, 2500, 100, 800
Louis E. Dugas, 60, 130, 3000, 100, 900
Desire Dugas, 30, 400, 2500, 100, 300
Fourret & Brothers, 380, 1200, 20000, 3000, 2000
Adolphe Berrard, 25, 375, 3000, 100, 400
Gilbean Hebert, 38, 73, 3000, 100, 300

Fraiville Hebert, 50, 80, 3500, 100, 300
Dumatrait Louvier, 30, 70, 500, 20, 100
Eloi Dugas, 60, 80, 5000, 100, 300
Alexander Judice, 100, 300, 10000, 20, 700
Alexander Declouet, 1400, 10300, 300000, 5000, 20000
David Magill, 700, 2500, 200000, 12000, 19000
Hippolyte Barras, 30, 100, 1500, 100, 300
Widow H. Barras, 30, 80, 1000, 500, 200
Emille Barras, 25, 55, 300, 100, 300
Julien Barras, 20, 180, 800, 10, 100
J. B. Berrard, 100, 150, 10000, 300, 1000
Chs. Durand Jr., 350, 25000, 43000, 800, 6000
Chs. Durand Sr., 1000, 6000, 150000, 500, 10000
Olivier Duclozel, 300, 1500, 40000, 1000, 4000
Orinac Olivier, 60, 100, 600, 100, 900
Amelin Gane, 40, 60, 300, -, 400
Charles Gothier, 300, 800, -, 300, 2500
Clerft Gothier, 16, 138, 400, 20, 190
Balthazard Belvin, 18, 60, 1000, -, 800
John F. Wych, 500, 1500, 50000, 10000, 10000
Terville Landry, 90, 200, 80, 100, 800
Hervillron Segoura, 40, 240, 60, 200, 600
Ferdinand Rongro (Ronquro), 80, 10, 2000, 100, 300
Edouard E. Broussard, 125, 1075, 5000, 100, -
Thomas Johnson, 20, 280, 3000, 100, 200
C. E. LeBlanc, 60, 10, -, -, -
Balthazard Romero, 130, 800, 10000, 200, -
Widow Louis Romero, 40, 160, -, -, 200
Faustin Turchet (Furchet), 30, 70, 400, 100, 100
Drauzin Garry, 40, 100, 1300, 100, 300
Raphael Segoura, 350, 4000, 60000, 3000, 10000
Martel Gonsoulin, 60, 300, 5000, 150, 1500
Desire Broussard, 180, 200, 10000, 300, 2000
Daristin Prince, 200, 180, 7000, 200, 1000
Donat Broussard, 15, 90, 1000, 30, 300
Dosite Breaux, 100, 100, 1500, 30, 400
Moise Ronin, 20, 90, 2000, 30, 300
Andre Oubre, 30, 80, 1500, 30, 300
Pierre S. Sanches, 250, 600, 75000, 1000, 3800
Rosielan Broussard, 50, 140, 4000, 50, 300
Leonard Ransonet, 60, 480, 6000, 50, 1000
Nicholas Prevost, 150, 400, 2500, 200, 2000
Donal Breaux, 116, 200, 1300, 50, 300
Widow M. Hayes, 500, 800, 40000, 2000, 30
Philogene Trahan, 20, 150, 10000, 100, 178
Evariste Broussard, 70, 100, 1000, 100, 200
Pierre A. Vilmont, 140, 800, 600, 1000, 4500
Widow D. Broussard, 20, 140, 2000, 100, 160
Belizar Broussard, 150, 200, 33000, 1000, 300
B. D. Dantine, 100, 300, In Partnership, 300, -

A. B. Dautrine & Co., 400, 2800, 200000, 1500, 700
J. B. Loivvier, 20, 90, 400, 20, 100
Charles Maestayer, 180, 400, 10000, 200, 3500
Alcide Deciur, 60, 400, 15000, 100, 2500
Max Deciur, 60, 40, 15000, 100, 2500
Francois Maestayer, 400, 2000, 75000, 200, 4000
Joseph Loreau (Soreau), 270, 1100, 17000, 200, 300
Camille Hebert, 100, 500, 30000, 200, 1500
Orrilian Dugas, 60, 80, 4000, 100, 200
Ed. J. Broussard, 30, 80, 200, -, 35
Desaunet LeBlanc, 40, 60, 300, 100, 100
Ovide Dugas, 20, 140, 3000, 200, 400
Soulez (Souleg) Broussard, 20, 150, 2000, 100, 300
Emille Deciur, 100, 700, 15000, 200, 2000
Dr. A. Shaw, 10, 5, 800, 10, 100
DeBlanc & Bonin, 400, 2500, 50000, 1000, 10000
Eulenor Dugas, 50, 100, 1500, 100, 300
Dupreron Bonin, 40, 15, 1000, 100, 100
Widow B. Bonin, 80, 80, 10000, 200, 500
Edouard Ratiler, 100, 140, 2000, 100, 300
Alexander Protier (Pratier), 100, 200, 10000, 100, 400
Valery Guilbeau, 70, 300, 1000, 200, 500
Chs. M. Guilbeau, 30, 40, 1000, 100, 200
Sidney Mouton, 120, 400, 2000, 400, 2000
Broussard & Co., 100, 500, 364, 200, 1000
J. E. McFarlin, 350, 200, 30000, 700, 4000
Clemen Dugas & Co., 100, 300, 15000, 200, 7000
Emellie Carmenter, 700, 160, 1500, 150, 200
Vallerien Martin, 200, 800, 9000, 250, 7000
Charles Comeau, 38, 700, 2000, 200, 500
Widow J. Broussard, 130, 60, 5000, 200, 800
Westby Singleton, 150, 200, 1200, 75, 700
Lasir Bernaud, 35, 80, 1800, 30, 300
Dr. P. H. Guilbeau, 60, 60, 500, 50, 800
Cesar Walton, 230, 400, 2000, 30, 300
Charles Rees, 90, 100, 6000, 200, 2000
Henry Rees, 190, 300, 10000, 200, 2000
Chs. Delhomme, 300, 260, 30000, 500, 5000
Widow J. Castille, 160, 140, 5000, 200, 500
Philip Wittz, 400, 700, 30000, 200, 1500
An___llien Bryant, 70, 60, 4000, 200, 600
Pierre Gouchenn, 60, 50, 300, 100, 150
Hervillien Millapien, 50, 100, 1000, 10, 150
Widow Jo. Castille, 40, 225, 3000, 200, 300
Adolph Puroven, 40, 120, 3000, 100, 300
Elleryn M. Gilbeau, 60, 180, 311, 200, 1000
St. Cyr Wittz, 30, 15, 303, 50, 100
Armand Cormier, 40, 80, 3000, 50, 150

Etienne Rai__nces, 80, 160, 800, 30, 300

Nicholas Hebert, 30, 100, 2500, 300, 800

Aleye Guilbeau, 35, 75, 800, 50, 100

Nelson Babin, 20, 117, 300, 30, 200

Hippolyte Thibodeaux, 20, 400, 2000, 600, 300

A. Barras, 20, 100, 500, 30, 50

Ozema Patin, 40, 140, 3000, 30, 400

Ps. Melancon, 60, 30, 1500, 50, 200

B. Melancon, 50, 60, 1000, 50, 100

William Somon, 30, 40, 100, 30, 100

Andre F. Foust__s, 30, 40, 300, 30, 100

Andre Lassaigne, 60, 230, 1700, 200, 800

Widow Gerard, 28, 200, 350, 150, 300

Thomas Babin, 30, 50, 2500, 30, 400

Joseph Satelair, 245, 50, 4000, 120, 35

Joseph Fenereih, 50, 100, 3000, 200, 300

J. B. Bernes, 100, 60, 1000, 50, 100

Placide A. Thibodeaux, 140, 500, 2000, 50, 800

Isaac Thibodeaux, -, 104, 1800, -, 100

Narcisse Thibodeaux, 130, 100, 10000, 100, 800

Charles Babin, 60, 160, 600, 50, 400

Widow Ursin Broussard, 30, 100, 3000, 100, 100

Julb__, Broussard, 60, 60, 3000, 100, 700

Antoine Broussard, 40, 80, 3000, 100, 400

Neville Landry, 60, 60, 2800, 100, 400

Alexander Broussard, 60, 30, 2500, 100, 25000

Isaac Thibodeaux, 30, 18, 3000, 50, 200

Desire Babin, 20, 37, 800, 30, 200

Pierre Broussard, 50, 80, 800, 30, 200

__des Thibodeaux, 13, 25, 300, 70, 200

William Bado, 30, 25, 40, 20, 100

Widow E. Berrard, 30, 30, 30, 30, 100

Ovide Thibodeaux, 70, 180, 5000, 40, 600

Widow David, 60, 180, 8000, 100, 500

Widow L. Guidry, 100, 180, 5000, 100, 300

A. Lassaigne, 40, 120, 400, 50, 300

Widow S. Guidry, 40, 120, 5000, 70, 400

T. Champagne, 30, 100, 3000, 700, 100

Solasty Roi, 60, 60, 500, 50, 700

John L. Leigis, 800, 4000, 70000, 300, 300

Drauzin Judice, 800, 300, 1000, 31000, 500

Theophil Richard, 60, 140, 6000, 50, 100

Filogene Gaudin, 60, 57, 3000, 30, 200

Calist Martin, 130, 40, 3000, 50, 800

P. A. Chaudau, 25, 135, 2000, 30, 400

E. P. Scott, 100, 900, 30000, 800, 6000

Dr. Martin Walker, 500, 1000, 35000, 2000, 5000

Aleze Cormier, 90, 150, 5000, 80, 600

J. B. Castille, 140, 300, 5000, 100, 500

Dr. B. Wilkins, 650, 1100, 30000, 1500, 7000

Moore & Brothers, 100, 900, 30000, 1500, 7000

Alexander Nuzat, 30, 200, 200, 30, 100

Widow L. Guidry, 80, 120, 1500, 30, 400

Pierre Trahan, 70, 20, 1400, 20, 100
Arther Staley, 50, 60, 7000, 320, 300
Donlouis Trahan, 40, 60, 300, 15, 100
John Peay, 40, 25, 300, 10, 100
Francois Rivet, 25, 40, 700, 20, 800
Paul Bondin, 20, 30, 300, 10, 50
Widow J. Mar___, 45, 150, 1500, 10, 100
Jaen Begnaud, 180, 100, 3000, 100, 5000
Widow _. Delhomme, 500, 150, 3500, 1000, 150000
Edgar Ducret, 200, 160, 10000, 1000, 900
Widow Soulbourg, 60, 60, 2000, 50, 900
Widow Jas. Ducret, 400, 1000, 35000, 50, 8000
Vallery Sedouix, 100, 200, 2000, 30, 800
Widow C. Vorheis, 500, 1500, 35000, 1000, 9000
Edouard Guidry, 25, 55, 1500, 30, 100
John F. Herd, 100, 150, 6000, 50, 1000
Sauran (Laurant) _. Malvant, 100, 350, 8000, 50, 200
Charles Landry, 500, 460, 13000, 100, 6000
Honore Landry, 20, 130, 800, 30, 100
Jaen Lopes, 80, 150, 1500, 50, 300
Hilair Lopes, 30, 100, 1000, 30, 200
Harvillien Norris, 50, 100, 2000, 30, 100
Widow S. Migues, 30, 80, 100, 20, 100
Norval Uval, 100, 700, 1000, 30, 300
Adrien Domingues, 20, 80, 1000, 15, 100
Desire Migues, 60, 80, 2000, 30, 200
Harvillien Veator, 30, 15, 800, 15, 100

Alphonse Guilbeau, 100, 30, 15000, 75, 700
Widow An__ Depre, 90, 80, 9000, 200, 700
John Hammilton, 15, 380, 1000, 15, 200
Ursin Patin, 18, 162, 2000, 30, 100
Samuel T. Thorn, 500, 3000, 275000, 500, 7000
Baptist Callis, 100, 380, 4000, 100, 700
Vallery Huval, 30, 90, 800, 30, 200
Clervile Huval, 50, 70, 1500, 25, 1300
Jael Lobert (Sobert), 50, 100, 800, 30, 200
Widow Ursin LeBlanc, 50, 250, 4000, 50, 500
Desire LeBlanc, 50, 100, 1500, 30, 200
Ursin LeBlanc, 50, 200, 500, 20, 400
Widow P. Guidry, 80, 320, 3000, 50, 800
Widow Chs. Lastrape, 1500, 9500, 100000, 3000, 19000
Charles Lastrape, 100, 500, 10000, 200, 1800
Alex La__oie, 80, 800, 26700, 100, 900
Augt. Nuzat, 80, 100, 1000, 50, 300
F. Gaudrauz, 65, 20, 1200, 30, 50
Vilmont Melancon, 40, 60, 500, 3, 100
Valry Thibodeaux, 18, 122, 300, 20, 200
Leon Dupuy, 90, 600, 2500, 30, 200
Zenon A. Thibodeaux, 30, 130, 1500, 20, 500
Cyprien Davainer, 30, 100, 1000, 25, 200
Doorsin Castille, 50, 130, 10000, 30, 30
Nicholas Caillet, 25, 80, 1500, 30, 100
Alfred Cormier, 40, 60, 600, 30, 100
Thomas Guidry, 30, 90, 200, 60, 300

Vallery Guidry, 16, 100, 200, 10, 100
Maxiller Daigle, 40, 100, 1000, 30, 100
Traiville Guidry, 735, 830, 60000, 100, 800
Emille Latalais, 30, 80, 800, 30, 200

Vallier Arceneaux, 22, 120, 800, 20, 200
Widow M. Blanchard, 80, 600, 2000, 30, 200
Donlouis Guidry, 27, 180, 1500, 20, 500
La__there Guidry, 20, 100, 100, 20, 200

The Parish of St. Mary, Louisiana
1860 Agricultural Census

The Agricultural Census for Louisiana for 1860 was microfilmed by the University of North Carolina Library under a grant from the National Science Foundation and filmed from original records held at Duke University Library, Durham North Carolina.

There are some forty-eight columns of information on each individual. Only the head of the household is addressed. I have chosen to use only six columns of the information because I feel that this information best illustrates the wealth of the individuals. These are shown below:

1. Name of Owner
2. Acres of Improved Land
3. Acres of Unimproved Land
4. Cash Value of the Farm
5. Value of Farm Implements and Machinery
13. Value of Livestock

Thus, the numbers following the names represent columns 2, 3, 4, 5, 13.

The following symbol is used to maintain spacing where information in a column is left blank (-). This symbol is used where letters, names or numbers are not legible (_).

E. Richards, 40, 120, 2500, 50, 100
V. Fontenot, 22, -, 500, 50, 200
E. Penn, 400, 300, 25000, 6000, 5000
Jim Frere, 60, 115, 5000, 100, 300
H. Hebert, -, -, -, -, 50
H. Tyler, -, -, -, -, 150
T. Dumieril, 400, 300, 18000, 2000, 1000
Dolze Bodin, 40, 50, 2000, 200, -
Dumieril Brothers, -, -, -, -, -
Joseph Dumieril, 12, -, 300, 25, -
C. Bonin, 180, 200, 5000, 250, 490
Alexr. Langlenais, 380, 300, 9500, 600, 1000
Rosemon Langlenais, 40, -, 700, -, -
Emile Provost, 80, -, 1000, 150, 200
Dazincourt Lange, 300, -, 7500, 1200, -
Paul Cornin agent, 1500, 130500, 300000, 23000, 30000

Alexis Butand, 150, 170, 5000, 500, 300
E. Pitre, 80, 50, 2500, 100, 300
A. G. Vincent, 50, -, 800, 100, 500
Norbert Provost, 130, -, 4000, 500, -
Gregoire Bodin, 643, 1900, 44000, 4000, -
Geo. Riley agent, 175, 1030, 23000, 300, 400
T. L. Huff, 1200, 480, 125000, 15000, 4000
D. Caffery, 240, 1300, 15000, 1000, 1500
Francois Prince, 100, 1049, 3000, 500, 1200
Rosemn Broussard, 200, 250, 6000, 1000, -
M. A. Garrett, 215, 635, 13000, 1000, 1600
John Moise, 100, 1500, 20000, 500, -;

N. & T. Sigur, 550, 2450, 60000, 4000, 8000
E. J. & W. P. Kemper, 250, 745, 20000, 1000, -
Julie Hawkins, 100, 140, 3000, -, -
Pierre Cert, 100, 20, 2500, -, -
Ben Borel, 189, 300, 11000, 1000, -
Jas. Walker, 200, 300, 6000, 1000, 1200
A. Soulas & Co., 100, 200, 6000, 1000, 600
Chs. Armelin & Bro., 300, 200, 15000, 2000, 1500
C. Nerson, 22, -, 800, -, 200
Mary Porter, 1800, 4600, 400000, 50000, 12000
Francois Etienne, 100, 60, 4000, 200, 600
J. Todd, 200, 600, 20000, 1000, 1500
R. A. Todd, 60, 190, 7000, -, -
J. P. Tarlton, 200, 500, 20000, 1000, 2000
Jos. Moyer, 60, 100, 2000, 100, 250
H. C. Wilson, 100, 40, 12000, 200, 400
H. Anderson, 150, 150, 20000, 3000, 2000
J _ Tarkington, 115, 100, 15000, 500, 1500
H. Gibbon, 350, 1400, 50000, 5000, 4100
Mrs. Parkerson, 300, 600, 40000, 4000, 2000
Parkerson & Randlett, 400, -, -, -, -
Randlett, 40, -, -, -, -
Jean Millet, 100, 266, 20000, 1500, 1500
Mrs. E. Sterling, 300, 210, 50000, 5000, 5000
Mrs. Scott, -, -, -, -, -
Clet Provost, 240, -, 4000, 300, 2000
J. M. Cook, 105, -, 10000, 400, 800
Thos. Enius, -, 1000, -, -, -
M. W. Bateman, 120, 520, 15000, 5000, 2000

Mrs. N. P. Beasliear, 450, 1000, 75000, 8000, 8000
Olympus Young, 550, 1000, 75000, 10000, 8000
Mrs. E. Stansbury, 100, 460, 3500, 3000, 1000
Jared Y. Sanders, 300, 560, 75000, 4000, 2500
John Moore & Co., 796, 854, 100000, 10000, 450
O. & N. Cornay, 800, 200, 100000, 10000, 6000
Euplerasy Carlin, 1000, 2000, 250000, 10000, 7000
John Darnall, 700, 800, 125000, 10000, 6000
W. Garrett, 225, 759, 75000 5000, 2000
Stockeby Vinson, 212, 1440, 80000, 5000, 2500
N. Berwick, 660, 2300, 200000, 10000, 6000
E. Provost & J. Carlin, 200, 80, 13000, 3000, 1000
A. S. Miller, 350, 350, 60000, 5000, 4000
Philip Bouette, 120, -, 4000, 500, 300
Michel Paul, 35, -, 3000, 250, 250
Romain Verdun, 150, 650, 45000, 3000, 2000
Nancy Senette, 40, 40, 5000, 500, 250
Mrs. Geo. Senette, 120, 200, 20000, 1000, 2000
Wyatt, Moye & Co., 700, 596, 100000, 10000, 5000
Auguste Landry, 100, 40, 12000, 1000, 400
Marie Brez, 120, 40, 15000, 1000, 400
Victor Pennison, 84, -, 5000, -, -
Edmund Bourg, 54, -, 4000, 150, 200
Felicien Aucoin, 28, -, 2000, 100, 250

Sanders & Daniel, 200, 642, 35000, 10000, 2200
Mrs. E. Cochrane, 300, 360, 50000, 12000, 3500
Pierre Bourg, 60, -, 3000, 250, 250
M. Aucoin, 54, -, 250, 250, 200
W. M. Smith, 336, 460, 75000, 12000, 6000
W. Rochel, 325, 675, 75000, 8000, 5000
Mrs. F. Knight, 225, -, 15000, -, 600
Louis Daigle, 80, 40, 10000, 1000, 1000
Wm. Jacobs, 100, 25, 10000, 2000, 1500
J. S. Grout, 100, 60, 12000, 2000, 1000
S. H. Skaggs, 700, 1200, 150000, 15000, 8000
Richard Lynch, 500, 1300, 75000, 10000, 60000
Antoine Como, 350, 400, 75000, 12000, 6000
J. M. Cherpantier, 450, 350, 75000, 12000, 5000
F. Siguz, 160, -, 8000, 500, 300
Mrs. E. Borel, 80, -, 1600, 100, 250
P. Hebert, 239, 100, 8000, 400, 500
Moise Louviere, 14, -, 500, 50, 300
H. Lacroix, 80, -, 1800, -, 500
P. Hebert, 160, -, 3500, -, 1000
J. B. Soigne, 80, -, 1500, -, 250
H. Landry, 49, -, 800, -, 150
B. Landry, 200, 100, 8000, 300, 800
J. L. Hebert, 40, -, 800, 50, 200
M. Stevens, 80, -, 2000, 100, 300
Dazincourt Borel, 80, -, 2000, -, 400
Sylvestre Hebert, 30, -, 600, 50, 1000
Moise Bonin, 100, -, 2000, -, 250
H. Ransonne, 150, -, 3500, 150, 600
Pierre Bouette, 60, -, 1200, 100, 250
Drozin Bouette, 45, -, 800, 100, 350
Ursin Manet, 100, -, 2010, 100, 350
J. B. Bouette, 20, -, 500, 50, 100
P. H. Olivier, 60, -, 1200, 20, 400

Zenon Olivier, 142, -, 3000, 250, 1000
Louis Bouette, 140, 100, 450, 100, 800
Dubreuil Sole, 40, -, 800, 100, 300
Antoine Romero, 535, -, 14000, 500, 3500
Michel Romero, 500, 630, 20000, 400, 9000
Ve. A. Grange, 40, -, 500, 50, 100
D. Romero, 40, -, 500, 50, 350
Venance Landry, 40, -, 300, 50, 600
Derezin Romero, 180, -, 3600, 100, 5000
Raphael Branford, 56, -, 1200, 50, 1000
Chs. Kock, 40, -, 800, 20, 200
J. B. Colet Jr., 180, 200, 11000, 100, 800
Zenon Philip, 120, -, 3500, 150, 1000
J. B. Colet Jr., 180, -, 3500, 100, 2500
Leon Frilot, 160, 100, 10000, 250, 2000
Drozin Dubois, 60, -, 1500, 50, 200
Nusnor Lange, 160, -, 5000, 8000, 450
Mrs. P. Provost, 200, -, 8000, 300, 600
Ozeme Borel, 60, -, 2000, 100, 800
Placide Hebert, 60, -, 2000, 100, 400
Eugene Leblanc, 140, 100, 9000, 250, 800
Ande Bryant, 50, -, 5000, 50, -
Emesent Dupuis, 80, -, 3000, 100, 200
Hubert Bidel, 40, -, 1500, 50, 200
Mrs. Leufroy Aucoin, 20, -, 700, 50, 250
Francois Gantreaux, 20, -, 700, 50, 200
Thos. Hoskins, 200, 70, 20000, 3000, 2000
Pierre Broman, 10, -, 500, -, -
H. Tropham, 40, -, 2000, 150, 400

Ed Theriot, 75, -, 7000, -, -
J. B. Broussard, 18, -, 900, -, -
H. Bradley, 240, 160, 20000, 6000, 6000
J. B. Bateman, 500, 1300, 100000, 10000, 8000
W. F. Weeks, 1200, 4100, 140000, 18000, 12000
G. L. Fuselier, 1490, 5000, 250000, 20000, 20000
Mrs. E. McWaters, 300, 400, 30000, 6000, 3500
J. B. Murphy, 500, 2500, 100000, 12000, 8000
J. & James Murphy, 200, 100, 10000, 450, 1200
J. L. Hudgins, 225, 200, 18000, 3000, 3000
Duncan & McWilliams, 10, 30, 2000, 200000, 25000, 15000
V. H. Rentrope, 430, 700, 120000, 15000, 10000
R. W. McCarty, 200, 163, 20080, 3000, 2000
W. T. Palfrey, 1000, 2217, 100000, 15000, 8000
Mrs. A. Patout, 500, 1600, 50000, 12000, 8000
J. M. Vaughan, 80, 95, 10000, 500, 800
Mrs. E. Thompson, 900, 2000, 100000, 10000, 9000
J. B. Dungan, 100, 100, 6000, 250, 1000
Chas. Olivier, 1415, 3000, 80000, 20000, 10000
Lucien Verret, 30, 57, 7000, 2000, 2010
David Ker, 900, 1430, 40000, 15000, 12000
Louis Frilot, 60, -, 4000, 150, 800
Chas. Frilot, 55, -, 3500, 150, 500
Joseph Olivier, 500, 2820, 100000, 10000, 8000
Pellerin & Olivier, 400, 1440, 70000, 12000, 6000
Mrs. F. E. Grevernberg, 10, -, -, -, 500
Mrs. Harriet Meade, 400, 580, 45000, 10000, 6000
Edmund Rose, 200, 546, 20000, 5000, 3000
F. O. Darby, 550, 1000, 70000, 10000, 9000
Jos. Gary & Co., 200, 100, 12000, 3000, 2000
Mrs. Meade, 340, 640, 50000, 8000, 5000
A. Teastour (Feastour), 23, -, 6000, 50, 600
Thos. J. Foster, 500, 600, 190000, 10000, 4000
Dr. J. Rhodes, 800, 1400, 75000, 10000, 6000
G. A. Briant, 160, 300, 25000, 5000, 1200
Thomas Wilcoxon, 170, 530, 25000, 5000, 2500
L. A. & D. Roussel, 130, 140, 12000, 3000, 2000
Duguy & Baskerville, 300, 300, 30000, 8000, 6000
E. Beers, 150, 750, 20000, 3000, 2000
Henry Knight, 400, 900, 30000, 80000, 5000
Joseph Knight, 480, 110, 20000, 2000, 1200
A. L. Fuselier, 1000, 2000, 125000, 15000, 20000
A. A. Fuselier, 250, 300, 50000, 10000, 1800
Henderson Crawford, 300, 460, 30000, 10000, 1800
Oscar Olivier, 330, -, 10000, 500, 500
Mrs. Chas. Grevernberg, 1507, 9000, 200000, 30000, 25000
S. O. Nelson, 1500, 2144, 130000, 20000, 10000
H. B. Bayard, 190, 500, 15000, 3000, 3000

T. Fay, 970, 1000, 75000, 10000, 6000

L. Simon Sr., 700, 2300, 90000, 25000, 5000

Mrs. Watson McKerall, 600, 2000, 75000, 15000, 800

P. C. Bettrel, 1500, 1766, 200000, 40000, 25000

Adelard Carlin, 560, 1550, 150000, 15000, 18000

Mossy & Fuselier, 700, 800, 120000, 25000, 15000

J. B. Menard, 140, 360, 30000, 5000, 6000

Leo Tarlton, 800, 1280, 80000, 30000, 15000

R. H. Byrns, 650, 2600, 130000, 4000, 25000

J. A. Frere, 910, 1980, 100000, 40000, 30000

B. F. Hudson, 600, 2770, 200000, 40000, 35000

B. Martel, 100, 130, 15000, 1000, 2000

David Berwick, 180, 900, 50000, 10000, 15000

Thos. Bisland, 700, 1200, 150000, 25000, 25000

C. T. Carlin, 450, 2310, 12500, 10000, 20000

John Burris, 150, 1050, 60000, 6000, 12000

Alexis Butand, 70, -, 2000, -, 1600

Wm. J. Nash, 380, 320, 50000, 4000, 7000

J. S. Lacy, 256, 1480, 40000, 5000, 12000

Est. of Chas. Pecot, 420, 2730, 100000, 8000, 20000

Louis Grevernberg, 105, 3145, 30000, 2000, 15000

Est. of Adrien Frere, 500, 1700, 75000, 15000, 25000

John M. Vaughan, 75, 51, 5000, 100, 1000

A. C. Weeks, 425, 70, 50000, 2000, 15000

Horatio Stansburg, 110, 514, 10000, 1000, 3000

B. B. Bayard, 160, 104, 2000, -, 2000

Alfred Bayard, 80, 52, 2500, -, 2500

Eugene B. Olivier, 110, 240, 10000, -, 1500

Alex Hebert, 150, 748, 15000, 1500, 3000

Camille Berard, 40, 224, 10000, -, 1500

C. A. Grevernberg, 745, 1275, 60000, 10000, 15000

A. H. Brown, 70, 290, 10000, 500, 500

Mrs. N. P. Provost, 60, 300, 10000, -, 500

Edouard Sigur, 500, 1010, 80000, 5000, 15000

Henry Peebles, 800, 8300, 150000, 10000, 20000

Marsh & Avery, 450, 1664, 100000, 10000, 20000

Michel Romero, 100, 400, 10000, 500, 1500

Antoine Romero, 100, 400, 10000, 500, 1000

Zenon Olivier, 50, 110, 2000, -, 1500

Zenon Olivier Jr., 40, 68, 1000, -, 1000

Philip Patout & Co., 200, 607, 20000, 2000, 5000

Octave Delahonpage, 440, 3185, 76000, 5000, 20000

Frederick Sigur, 100, 100, 5000, -, 1000

Rosemond Broussard, 64, 336, 8500, 500, 1000

J. P. Gary, 135, 165, 2000, 500, 5000

Dr. John Tarlton, 725, 455, 150000, 15000, 20000

Henry E. Lawrence, 250, 1200, 75000, 5000, 15000

C. M. Vinson, 148, 492, 40000, 2000, 5000
Jas. N. Wafford, 300, 1826, 75000, 5000, 20000
Thos. J. Cocke & mother, 125, 325, 20000, 2000, 6000
S. J. Davies, 150, 235, 20000, 2000, 6000
Thos. Hoskins, 85, 185, 20000, 2000, 5000
Dr. Hardessy, 35, 87, 10000, -, 1000
Est. of D. Robbins, 330, 672, 70000, 10000, 15000
Wm. & A. L. Hayes, 293, 1625, 75000, 10000, 20000
Thos. J. Rice, 520, 1530, 80000, 10000, 25000
Mrs. C. Ferguson, 70, 130, 10000, -, 2000
Dr. J. T. Hawkins, 500, 700, 80000, 5000, 18000
J. H. Bidell, 135, 632, 3000, 2000, 8000
Mrs. A. M. Stanley, 190, 210, 25000, 3000, 3000
Mrs. Geo. Senette, & WC, 135, 345, 20000, 1000, 2000
Wm. T. Palfrey Sr., 630, 1687, 125000, 10000, 2000
Ursin Perret, 15, 7, 20000, -, 2000
James Lacy, 175, 677, 50000, 2000, 5000
Est. of W. S. Harding, 600, 2400, 125000, 10000, 20000
John M. Foote, 200, 490, 32000, 2500, 6000
W. D. Bethel, 325, 1275, 75000, 6500, 10000
Mrs. C. Weeks, 460, 790, 75000, 5000, 15000
Dr. L. T. Smith, -, 4300, 60000, -, 6000
Est. of M. Richardson, 405, 1095, 70000, 3000, 10000
Mrs. J. Ford, 32, 228, 10000, 500, 1500
John B. Robertson, 256, 1714, 50000, 5000, 10000
F. D. Richardson, 675, 2081, 80000, 5000, 20000
Thos. M. Tucker, 150, 650, 50000, 2000, 3500
John D. Hayes, 370, 850, 60000, 5000, 10000
L. A. & D. Roussel, 135, 135, 20000, 1000, 2500
Sigue & Callery, 185, 1815, 60000, 3000, 1000
Est. of J. Gary, 50, 150, 5000, -, 500

The Parish of St. Tammany, Louisiana
1860 Agricultural Census

The Agricultural Census for Louisiana for 1860 was microfilmed by the University of North Carolina Library under a grant from the National Science Foundation and filmed from original records held at Duke University Library, Durham North Carolina.

There are some forty-eight columns of information on each individual. Only the head of the household is addressed. I have chosen to use only six columns of the information because I feel that this information best illustrates the wealth of the individuals. These are shown below:

1. Name of Owner
2. Acres of Improved Land
3. Acres of Unimproved Land
4. Cash Value of the Farm
5. Value of Farm Implements and Machinery
13. Value of Livestock

Thus, the numbers following the names represent columns 2, 3, 4, 5, 13.

The following symbol is used to maintain spacing where information in a column is left blank (-). This symbol is used where letters, names or numbers are not legible (_).

L. Thomas, 100, 860, 1000, 25, 4000
H. Thomas, 20, 28, 300, 5, 200
D. Parker, 20, 620, 375, 15, 1048
A. L. Carpenter, 25, 135, 1000, 150, 300
P. Hiton, 7, 633, 800, 10, 150
L. Hiton, 25, 340, 300, 18, 275
J. D. Davis, 30, 290, 300, 4, 200
J. Smith, 15, 45, 200, 4, 280
Z. Brown, 18, 46, 300, 7, 200
John Brown, 14, 36, 200, 5, 100
Thos. Jinkins, 14, 316, 600, 5, 450
R. Jinkins, 40, 360, 300, 5, 840
A. Jinkins, 18, 1240, 1280, 8, 1500
J. Jinkins, 6, 34, 300, 5, 150
E. Jinkins, 19, 31, 240, 8, 300
John Pearce, 6, 34, 100, 5, 400
Thos. Moore, 31, 45, 275, 11, 259
M. Taley, 15, 625, 640, 6, 275
J. H. Taley, 18, 622, 400, 5, 384
James Taley, 35, 604, 640, 10, 300
P. McIntire (McTire), 14, 626, 640, 10, 400
D. H. P. Reviers, 20, 280, 300, 45, 526
G. B. Miller, 15, 315, 400, 5, 320
Isac Talley, 20, 235, 200, 13, 520
C. Eliott, 50, 427, 23582, 7, 250
R. Williams, 40, 280, 800, 15, 1045
C. Magee, 30, 390, 320, 19, 150
A. Magee, 19, 310, 320, 3, 100
R. Reviers, 12, 308, 320, 7, 400
C. Taylor, 16, 625, 600, 3, 460
J. Sharp, 20, 620, 640, 5, 725
E. A. Kimble, 17, 635, 700, 12, 700
Wm. Sharp Sr., 35, 605, 540, 12, 500
Wm. Sharp Jr., 12, 325, 200, 10, 120
The. Sharp, 15, 250, 340, 12, 120
T. O. Tuzzel, 7, 33, 400, 9, 100
S. Tuzzell, 15, 25, 300, 5, 540
J. Keton, 16, 159, 100, 9, 185
W. Spring, 28, 622, 1000, 25, 760

Fr. Fibsarlla, 14, 26, 700, 6, 600
Macklin Soie, 30, 40, 350, 7, 200
J. Begre__, 10, 70, 550, 9, 750
W. V. Tuzzell, 14, 26, 150, 5, 190
J. A. Breland, 25, 15, 200, 5, 640
John Lock, 20, 100, 600, 20, 300
V. Poplans, 10, 150, 675, 15, 1515
J. G. Carpenter, 22, 18, 300, 5, 600
L. Cooper, 22, 18, 600, 8, 600
W. Lee, 15, 25, 500, 9, 220
D. Edwards, 300, 2470, 3000, 250, 2210
H. Cooper, 125, 160, 2000, 25, 970
L. Baban, 20, 140, 570, 45, 1795
A. Baban, 16, 145, 645, 55, 1050
A. L. Blackbun, 15, 295, 300, 7, 300
W. Tuttle, 9, 31, 300, 6, 75
D. Bernett (Bennett), 25, 15, 300, 7, 400
C. York, 25, 15, 150, 7, 500
D. Read, 10, 20, 150, 9, 300
John Bailey, 25, 15, 320, 10, 200
James Barby, 15, 25, 400, 9, 100
A. Kepp, 20, 80, 600, 26, 675
_. E. Singlet_d, 16, 24, 75, 12, 225
B. Galatus, 100, 1000, 11000, 25, 400
G. B. Adams, 30, 610, 1400, 25, 400
Frederic Keap, 6, 34, 200, 6, 140
P. S. Pearce, 40, 150, 400, 7, 740
J. Lord, 31, 121, 225, 3, 350
Jacob Case, 30, 90, 300, 10, 110
J. A. Burn, 30, 450, 200, 15, 500
Ph. Brubel, 15, 105, 150, 10, 214
J. Mourh, 10, 30, 50, 6, 200
Unis Davis, 19, 41, 250, 6, 300
T. Olipant, 12, 48, 250, 5, 550
J. Lester, 20, 20, 500, 30, 336
A. Hennes (Henner), 800, 2200, 10000, 500, 4600
V. Baban (Batom), 25, 240, 600, 9, 1200
G. Baham, 9, 260, 600, 12, 600
M. Brown, 25, 235, 550, 7, 900
J. J. Wilson, 20, 620, 450, 6, 300
Mary Evans, 25, 295, 310, 9, 480
J. M. Ernest, 20, 80, 100, 11, 312
M. D. Evans, 14, 306, 700, 15, 820
P. Walsh, 15, 636, 950, 40, 1650
A. Crawford, 20, 200, 400, 80, 200
E. Talley, 20, 75, 2000, 5, 310
D. Porter, 20, 300, 2000, 50, 500
John Williams, 13, 25, 200, 7, 240
J. Oberry, 15, 65, 400, 25, 690
S. Pettis, 50, 315, 220, 3, 100
G. Crawford, 12, 308, 350, 5, 1700
_. P. Cooper, 14, 306, 400, 6, 380
L. Dixon, 15, 85, 500, 12, 790
L. Crawford, 50, 30, 300, 5, 200
F. Porter, 15, 145, 200, 7, 75
D. Singletary, 12, 28, 75, 50, 290
M. Joyner, 40, 860, 900, 10, 300
F. Sadler, 20, 14, 360, 12, 900
J. J. McKeon, 17, 35, 100, 15, 169
A. W. Weems, 180, 1000, 6000, 128, 1000
James Kennedy, 14, 80, 100, 5, 250
T. H. Crawford, 50, 1000, 1500, 45, 1000
J. Flecher, 6, 114, 400, 5, 75
M. B. Sensey, 8, 154, 500, 100, 1340
H. Crowder, 10, 60, 1000, 10, 150
L. C. Michel, 61, 70, 300, 12, 150
J. Thigpen, 12, 200, 400, 15, 300
P. Nolan, 61, 74, 300, 8, 200
E. Mosole (Masole), 61, 314, 300, 5, 360
S. McCall, 8, 312, 700, 10, 50
M. Call, 16, 22, 700, 12, 300
C. Kean, 21, 19, 640, 13, 200
S. Corril, 15, 30, 200, 9, 175
A. Mathis, 75, 15, 300, 10, 110
E. Thigpen, 13, 320, 400, 9, 275
E. Mayfield, 30, 10, 500, 65, 1000
H. D. Bankston, 45, 600, 2000, 25, 200
R. W. Baker, 26, 50, 300, 12, 175
F. Gourand, 13, 57, 300, 5, 700
B. Malon, 4, 36, 175, 7, 600
G. Alpunte, 8, 32, 250, 6, 200
C. Strain, 10, 30, 75, 4, 300
Z. Strain, 40, 180, 500, 5, 1200

Z. Sharp, 12, 178, 500, 150, 2000
P. Coutz, 300, 3000, 2500, 40, 2000
J. M. Cutreves, 18, 2000, 4000, 8, 3403
A. Fisher, 4, 36, 200, 4, 190
A. Alexander, 4, 19, 300, 5, 200
W. Victman, 12, 68, 350, 15, 250
L. Voss, 14, 67, 500, 50, 900
C. Straitman, 7, 33, 500, 50, 360
C. L. Shultz, 4, 31, 150, 6, 360
H. Voss, 15, 27, 200, 10, 270
Charles Straitman, 12, 45, 700, 10, 480
P. Dupount, 16, 48, 600, 10, 350
Step Lofer, 20, 183, 200, 5, 959
R. Oliphant, 15, 145, 500, 6, 600
J. Hadan, 30, 130, 400, 9, 600
R. Baham, 15, 135, 100, 25, 800
J__ Baham, 40, 600, 500, 25, 1000
John Baham, 13, 77, 400, 6, 150
N. Bankston, 15, 145, 600, 4, 400
J. Kingkad, 35, 800, 1400, 25, 600
J. B. Read, 25, 15, 400, 73, 350
So. Joiner, 25, 15, 450, 9, 300
Levy Joiner, 25, 35, 450, 15, 400
Tho. Joyner, 25, 200, 400, 17, 300
T. B. Harper, 50, 1400, 2000, 51, 500
S. Piere, 20, 68, 400, 8, 300
H. D. Moore, 14, 381, 3000, 25, 400
M. Mcvay, 14, 350, 454, 9, 300
H. B. Robertson, 35, 60, 4000, 9, 600
H. J. Lonier, 60, 340, 225, 50, 410
J. B. Durel, 18, 112, 400, 7, 250
A. _. Edwards, 70, 930, 1500, 12, 1000
R. T. Edwards, 70, 350, 1000, 25, 1400
Carlin York, 12, 38, 700, 9, 900
N. Baham, 25, 135, 500, 9, 2600

L. Bell, 100, 300, 1500, 80, 1300
Nancy Hughs, 60, 300, 600, 90, 1000
C. Hughs, 60, 100, 2000, 80, 2000
Wm. _. Oliphant, 25, 400, 700, 28, 2000
J. P. Baham, 15, 145, 480, 19, 600
Jo. Hagan, 30, 130, 500, 19, 600
B. Alford, 8, 32, 400, 12, 160
G. Grogoire, 15, 200, 500, 15, 240
B. Baham, 20, 140, 440, 9, 300
F. Fouer, 10, 150, 300, 11, 300
R. Baham, 20, 400, 500, 13, 500
W. Whor (Whon), 15, 85, 250, 16, 220
James Batke, 15, 85, 250, 16, 400
R. W. Lycen, 25, 350, 700, 25, 750
D. Benett, 16, 188, 500, 12, 278
M. W. Folks, 25, 615, 4000, 30, 350
S. Peck, 30, 130, 400, 7, 400
Wm. J. Hurst, 20, 140, 500, 15, 100
E. Ballard (Ballad), 15, 840, 600, 7, 481
L. Lee, 15, 25, 400, 12, 300
J. Wm. Carpenter, 30, 130, 1000, 20, 400
S. Verbron, 13, 50, 500, 20, 500
D. H. Bankston, 13, 36, 600, 12, 500
L. C. Bankston, 100, 1200, 2000, 50, 600
Wm. Spring Sr., 75, 1750, 5000, 100, 400
John Cutrer, 12, 150, 375, 6, 100
Henry Buge (Vuge), 11, 110, 200, 20, 300
M. Cutrer, 19, 21, 1000, 6, 300
S. S. Conner, 70, 235, 1500, 40, 800
C.S.Nixon, 45, 255, 1000, 40, 660
C. Sanders, 30, 90, 500, 6, 400
W. Cooper, 25, 15, 400, 7, 400

The Parish of Tensas, Louisiana
1860 Agricultural Census

The Agricultural Census for Louisiana for 1860 was microfilmed by the University of North Carolina Library under a grant from the National Science Foundation and filmed from original records held at Duke University Library, Durham North Carolina.

There are some forty-eight columns of information on each individual. Only the head of the household is addressed. I have chosen to use only six columns of the information because I feel that this information best illustrates the wealth of the individuals. These are shown below:

1. Name of Owner
2. Acres of Improved Land
3. Acres of Unimproved Land
4. Cash Value of the Farm
5. Value of Farm Implements and Machinery
13. Value of Livestock

Thus, the numbers following the names represent columns 2, 3, 4, 5, 13.

The following symbol is used to maintain spacing where information in a column is left blank (-). This symbol is used where letters, names or numbers are not legible (_).

Thos. J. Buck, 501, 1639, 115000, 5000, 6000
Thos. McAllister, 408, 100, 27780, 500, 300
A. E. Bass, 1300, 1000, 230000, 10000, 10000
L. B. Norris, 700, 400, 75000, 5000, 7000
C. W. Elliott, 600, 332, 93200, 1000, 5950
Est. of G. W. Goldman, 550, 2119, 133450, 4000, 3500
Thos. B. Kempe, 1300, 1900, 95000, 75000, 12000
J. & H. McCullough, 300, 1245, 46350, 1000, 2000
P. A. Miller, 520, 520, 52000, 3500, 3000
J. B. Robb, 200, 120, 1600, 500, 2300
D. & E__ McCall, 700, 760, 116800, 4785, 4560
Elam Bowman, 1500, 2840, 328000, 10000, 9838
_. E. W. Wiast, 250, 633, 57395, 700, 2755
Est. B. F. Young, 1200, 900, 115000, 4500, 7741
Wm. W. Watson, 750, 600, 130000, 1000, 4172
_. L. Gibson, 600, 1040, 123000, 3500, 4850
Est. J. L. Adams, 325, 915, 95000, 800, 3518
John A. Helm, 1200, 1200, 145000, 6000, 7839
Zenas Preston, 800, 674, 140700, 4100 9935
Joseph Cordell, 550, 575, 55800, 1500, 4675

Kibbe & Sheilds, 800, 1400, 800, 2500, 5400
Est. Amos Kibbe, 225, 575, 40000, 850, 1750
Est. of E. J. Tullis, 700, 200, 70000, 5000, 5950
Ambrose Foster, 600, 700, 65700, 1250, 3700
Fred S. Hall, 280, 40, 32000, 1000, 2300
Sam P. Duncan, 1100, 75, 117500, 45000, 6500
Mrs. G. C. Covington, 627, 40, 50025, 1500, 4400
A. Yzaya (&) D. Nalle, 500, 500, 50000, 750, -
Geo. M. Marshall, 100, 700, 119000, 55000, 7940
W. H. Mackey, 100, 200, 18000, 1000, 1000
Southey Hays, 300, 400, 42000, 750, 3185
Wm. G. Hughes, 750, 1000, 131250, 1000, 5866
Gerard Brandon, 700, 1200, 114000, 1500, 5940
A. Jack Gibson, 140, 340, 25000, 500, 1750
Jno. S. Woodward, 130, 230, 27000, 1250, 1600
Martin Guthrie, 150, 503, 39180, 1000, 1500
P. H. Duffenwirth, 320, 362, 40920, 1200, 3500
Charles J. Carney, 150, 583, 31650, 750, 1638
J. C. & P. King, 900, 1300, 60000, 1775, 5205
George Ralston, 600, 680, 64000, 3500, 4420
Louis Winston, 400, 621, 40840, 1500, 2175
Est. A. Hunt, 1000, 1400, 12000, 5500, 4510
C. I. & M. J. Bowman, 400, 313, 35650, 1000, 2010

Charles I. Bowman, 600, 200, 53000, 4000, 7970
Amanda _. Hall, 320, -, 32000, 1250, 3000
J. & H. M. Tullough, 500, 230, 73000, 2500, 4060
A__ A. Miller, 1000, 2720, 111600, 1500, 6270
James M. Watson, 600, 413, 50650, 1500, 300
Wm. D. Anderson, 350, 400, 35900, 4500, 3500
Est. John Ogle, 320, 800, 33600, 1250, 3550
H. B. Hudson, 85, 355, 11000, 300, 1000
K. A. Buell, 470, 520, 39200, 2500, 3115
Geo. M. Brown, 150, 310, 27000, -, -
J. & W. Drake, 300, 860, 34800, 500, 3000
Lucinda Hall, 925, 2212, 101370, 4500, 6820
Sutton & Kempe, 650, 1820, 83200, 3500, 4650
John Tullis, 1000, 949, 97450, 3500, 4650
D. E. P. Pollard, 300, 529, 497401, 500, 1830
Wm. A. S. Krimen (Kinnard), 180, 450, 31500, 500, 1950
James A. Wood, 400, 300, 35000, 250, 2000
Dr. J. C. Brandon, 250, (put down to est. of Goldman), 500, 2432
Beck & Register, 805, 425, 79300, 2500, 7960
T. W. & S. A. Beck, 750, 1000, 105000, 45000, 7275
L. V. Reeves, 250, 550, 40000, 1000, 3000
Est Ja__ F. Scott, 400, 920, 70000, 2000, 4130
Jno. J. Tyam (Tzam), 1100, 1753, 137650, 10000, 8595

Jno. F. Goodrich, 250, 1730, 79200, 1200, 2615

C. R. Richardson, 125, 375, 5000, 250, 600

T. A. James, 65, 425, 10000, 300, 80

Alfred Hudson, 300, 700, 40000, 2500, 3020

J. J. Veazie, None, 627, 6270, -, -

Samanthe Harper, 150, 810, 38400, 500, 1750

M. Riley Bowman, 340, 340, 27200, 1500, 3120

Charles W. Carter, 75, 75, 7500, 150, 650

Wm. F. Flynn, 360, 411, 38550, 500, 2500

M. E. & F. Bowman, 350, 404, 37800, 1250, 2700

James Bowman, 450, 660, 62000, 1000, 4120

J. & G. Trueman, 250, 550, 32000, 500, 3205

Damaen Smoat, 150, 1150, 39000, 350, 1860

Henry Wilson, 40, 185, 6750, 160, 550

Balland (Ballard) & Adams, 900, 5500, 198400, 1000, 15000

D. Bush, 300, 650, 55000, 1200, 6000

Sam. W. Dorsey, 726, 1750, 122800, 12000, 4325

Ellen Upton (S. W. Dorsey tenant), 120, 1080, 37600, 500, 955

Claude M. Johnson, 900, 1400, 102000, 7500, 5000

Ealbert Mason, 570, 1150, 60000, 2000, 6000

Jas. S. Douglas, 450, 1150, 65000, 2000, 7500

Est. R. & E. Hewitt, 120, 320, 19200, 250, 450

Edwd. Lloyd, 1000, 465, 102550, 2000, 5000

Geo. W. Turner, 1800, 1200, 180000, 6500, 10000

Aylette Buckner, 900, 700, 210000, 15000, 7770

George Douglass, 650, 1050, 136000, 5000, 8400

John Ogden, 700, 600, 91000, 5000, 5000

A. T. Bowie (Franklin), 950, 2050, 90000, 6000, 12500

J. V. Sevier, 160, 32, 9950, 400, 2500

John K. Routh, 1558, 1328, 230,880, 8444, 12210

Est. J. G. Gordon, 1000, 500, 112500, 1500, 6500

S. M. Routh, 1500, 5000, 425000, 7500, 20000

Y. Cammack, 300, 160, 23000, 500, 2000

Jno. Murdock, 900, 764, 91600, 4500, 6000

Jno. Murdock, 700, 900, 91600, 2000, 3000

Johnson Montgomery, 700, 1160, 93000, 4500, 4500

Wm. H. Buck, 600, 817, 56680, 1000, 5000

Ahab Frisby, 200, -, 10000, 300, 1500

Norman Frisby, 900, {See Below}, {See Below}, 12500, 11300

N. Frisby. 450, {See Below}, {See Below}, 300, 2150

N. Frisby, 400 {18250}, {300000}, 300, 2350

B. G. Davenport & Co., 500, 1100, 48000, 1000, 3870

Jas. Martin & Co., 300, 880, 35400, 750, 1500

Thos. La. R. Ellis, 350, 526, 53800, 3000, 3440

Wm. A. Beck, 120, 535, 13100, 120, 1200

Wm. Bell, 275, 605, 30800, 1000, 2500

V. H. Flowers, 400, 664, 26300, 750, 2480

F. M. Newell, 550, 730, 94000, 1000, 7820
F. M. Newell, 170, 1437, 40175, 4000, 1780
R. F. & G. W. Montgomery, 650, 870, 80000, 4000, 4755
Wm. L. Harper, 520, 810, 32500, 1750, 2600
J. & S. Routh, 360, 640, 24000, 5000, 2800
Jas. M. Gillespie, 500, 625, 78600, 2000, 4765
T. R. Ingraham, 120, 410, 7950, 200, 1290
Est. S. M. Routh, 480, 1020, 45000, 4500, 5600
Hon. E. D. Newell, 675, 1581, 126560, 4550, 6350
Aylette Buckner, 450, 3967, 4170, 3500, 4000
Stewart & Pintard, 60, 780, 25200, 250, 1300
Z. B. J. Griffing, 275, 471, 22680, 300, 3500
B. R. Miller, 130, 670, 24000, 250, 2500
J. J. & V. W. Griffing, 420, 939, 40770, 500, 4140
Ellen Pakins (Perkins), 150, 690, 25200, 600, 1500
Susan Day, 20, 20, 500, 25, 380
Jabish Griffing, 300, 2200, 27500, 700, 3170
Wm. A. Cox, 250, 755, 30150, 1000, 2265
Est. E. Bramm (Talbot), 300, 740, 20800, 500, 3880
Lewis F. Norris, 1400, 1200, 32000, 1250, 4420
Jno. F. Harper, 475, 899, 40000, 7000, 3500
Hon. A. Snyder, 745, 2100, 100000, 10000, 7000
J. F. Brown, 325, 220, 30000, 15000, 4000

P. Chadwick, 50, 200, 5000, 150, 750
Mrs. Ann Lee, 600, 700, 45000, 3065, 4000
A. C. Watson, 550, 1650, 66000, 2500, 2000
Jno. Bondurant, 750, 100, 65000, 5000, 5400
A. & H. Bondurant, 1000, 300, 25000, 6000, 6000
E. B. Thompson, 70, 140, 20000, 150, 1000
Dr. Jno. Brumley, 300, 500, 40000, 500, 4000
Haller Nutt, 1950, 1000, 80000, 6000, 5000
Haller Nutt, 1200, 600, 100000, 6500, 6000
Dr. J. _. Hollingsworth, 750, 900, 113750, 8000, 7500
Barlow Mason, 325, 1015, 42000, 1000, 5600
Est. _. S. Routh, 900, 700, 120000, 250, 5600
Est. C. J. Routh, 1090, 1352, 145520, 2500, 6100
John Routh, 1700, 8318, 400320, 10000, 10000
John Routh, 630, 2976, 125000, 2500, 6000
Eliza A. Cochrane, 800, 710, 159600, 2500, 4420
Anna F. Elliott, 1000, 1863, 313780, 5000, 9158
A. & F. Montgomery, 100, 1600, 17000, 250, 1200
P. B. Dougherty, 700, 820, 38000, 300, 3570
Stuart & Harrison, 325, 1295, 32375, 500, 2865
R. W. McBride, 180, 620, 20000, 200, 1150
D. F. & W. Buckner, 400, 1221, 81050, 5000, 2625
John Hunsicker, 600, 849, 72450, 5500, 4580

Wm. G. Kline, 250, 447, 27880, 3000, 1750
John C. Kline, 400, 600, 40000, 5000, 4200
D. J. Dohan, 450, 1090, 61600, 6000, 2750
Est. Scott Watson, 500, 1720, 88800, 5000, 3650
Est. Scott Watson, 1400, 858, 100320, 7500, 9060
Dr. Jas. Dunbar, 400, 800, 48000, 3500, 1820
A. J. McGill, 750, 250, 75000, 4500, 3610
Est. Jas. Andrews, 1200, 1721, 175260, 7500, 7305
Eli Tullis, 600, 512, 83400, 4000, 3200
A. C. Watson, 800, 1107, 83025, 4500, 4615
J. M. McGill, 750, 375, 84375, 4500, 6000
Est. D. S. Stacey, 500, 1700, 105000, 2500, 6500
J. M. Watson, 800, 740, 125000, 4500, 4000
Wm. J. Briscoe, 2100, 3426, 160000, 11500, 11500
D. P. Jackson, 1050, 791, 110460, 4000, 6500
S. C. Daniells, 1000, 1200, 125000, 4000, 6500
S. C. Daniells, 525, 475, 75000, 4500, 2810
Isaac F. Harrison, 1020, 1300, 115000, 10000, 5500
David Harrison, 1200, 1570, 76000, 10000, 4710
Hugh Montgomery, 500, 470, 55000, 1250, 3500
Hugh Montgomery, 620, 505, 56250, 750, 2500
T. B. Poindexter, 1550, 7850, 132000, 10000, 8350
H. F. Shafer, 350, 460, 40500, 2000, 3900
Geo. R. Snodgrass, 566, 1444, 100000, 3500, 400
A. J. Watson, 750, 875, 121875, 4500, 5565
A. J. Watson, 800, 825, 121875, 3000, 3200
Jos. P. Harris, 400, 420, 41000, 2000, 4180
Hon. P. Chews, 350, 490, 42000, 2000, 4250
Sarah F. Reynolds, 250, 110, 18000, 1250, 2000
Jno. H. Armat, 400, 800, 48000, 33500, 3625
Robt. King, 720, 1280, 80000, 4500, 4200
S. C Daniells, 260, 1740, 80000, 3500, 1750
James Fore, 350, 1770, 74200, 1250, 4100
Wm. Bantz (Buntz), 135, 854, 34615, 500, 2250
Jas. Watling, 150, 621, 23130, 600, 2500
J. & S. Nichols & Co., 325, 715, 52000, 1000, 2100
Jno. J. Bowman, 650, 2150, 112000, 3500, 6715
C. G. Dahlgren, 1500, 4600, 183000, 3500, 11595
C. G. Dahlgren, 150, 850, 30000, 1000, 1200
L. B. Morris, 400, 1400, 54000, 500, 3250
Est. E. Brannin, 400, 400, 42000, 1200, 4000
J. D. & R. B. Lynch, 600, 500, 33000, 4000, 4500
J. D. & R. B. Lynch, 400, 200, 33000, 750, 3000
David Riffle, 285, 635, 36800, 1000, 3795
Hardy Brimberg, 60, 100, 3200, 100, 750
Est. E. Brannin, 530, 2670, 128000, 4500, 5575

Wm. W. Walker, 560, 844, 56000, 1500, 5910
Est. Thomas Galtney, 900, 626, 61000, 3500, 6350
Bank of Rodney, -, 960, 2400, -, -
Heirs of V. Brock, -, 526, 1500, -, -
H. D. Brigham, -, 400, 1200, -, -
Mark Breedon, -, 160, 480, -, -
Bellog Noblar & Co., -, 481, 1443, -, -,
J. B. Clarke, -, 79, 237, -, -
Benj. Campbell Jr., -, 280, 840, -, -
B. Campbell, -, 80, 240, -, -
R. C. Cammack, -, 1716, 5148, -, -
J. D. Denegre, -, 10721, 30000, -, -
Est. of A. Fisk, -, 948, 3000, -, -
Mary B. Apeffing, -, 1074, 3000, -, -
Sarah A. Green, -, 80, 240, -, -
John Grafton, -, 773, 22250, -, -
J. Hicks & Bros., -, 40, 120, -, -
Jordan & Blackshire, -, 160, 480, -, -
Sam. H. Lambdin, -, 2900, 6500, -, -
Jas. F. M. Coulet, -, 276, 750, -, -
S. A. Marsdon, -, 80, 240, -, -
J. F. Norment, -, 320, 3200, -, -
Nicholas Ray, -, 974, 5000, -, -
W. E. Rapp, -, 400, 2000, -, -
S. W. Stockwell, -, 2244, 10000, -, -
R. C. Stockton, -, 1250, 3500, -, -
L. S. Ward, -, 320, 3200, -, -
Wood & Karter, -, 1283, 3600, -, -

The Parish of Terrebonne, Louisiana
1860 Agricultural Census

The Agricultural Census for Louisiana for 1860 was microfilmed by the University of North Carolina Library under a grant from the National Science Foundation and filmed from original records held at Duke University Library, Durham North Carolina.

There are some forty-eight columns of information on each individual. Only the head of the household is addressed. I have chosen to use only six columns of the information because I feel that this information best illustrates the wealth of the individuals. These are shown below:

1. Name of Owner
2. Acres of Improved Land
3. Acres of Unimproved Land
4. Cash Value of the Farm
5. Value of Farm Implements and Machinery
13. Value of Livestock

Thus, the numbers following the names represent columns 2, 3, 4, 5, 13.

The following symbol is used to maintain spacing where information in a column is left blank (-). This symbol is used where letters, names or numbers are not legible (_).

Pages were microfilmed out of sequence. Pages were transcribed as microfilmed.

Math. Daigle, 70, 20, 7000, 100, 250
Napoleon Guidry, 20, 80, 4000, 100, 300
Alexis Lejeune, 20, 80, 4000, 100, 200
D. LeBlanc, 15, 21, 2000, 50, 75
Mrs. M. McCantry, 16, 20, 2000, -, -
Joseph Hebert, 12, 48, 2000, 50, 100
Mrs. M. Hebert, 10, 17, 1800, -, 150
Jos. Boudreaux, 50, 50, 2500, 50, 105
B. F. Tamser, 25, 35, 3000, -, 475
S__ilien Darce, 16, 28, 800, -, 200
Theofile Prejean, 12, 33, 2000, -, 300
Mrs. C. Keller, 80, 240, 13600, 1500, 1080
Victor Guillot, 18, 64, 5000, -, 150
O. Richard, 10, 30, 2000, -, 150
Wm. Shaffer, 150, 970, 73000, 8000, 3500
A. Legendre, 21, 59, 2000, 50, 400
G. LeBlanc, 18, 32, 2000, 25, 175
_. B. Navarro, 138, 502, 48000, 7150, 2900
J. J. Shaffer, 150, 950, 69000, 12000, 3500
Math Daigle, 20, 60, 3200, -, 250
J. Guillot, 20, 40, 2400, -, 200
Auguste LeBlanc, 30, 130, 6000, 50, 430
O. T. Aycock, 150, 350, 18000, 35000, 3000
_. V. LeBlanc, 25, 125, 6000, 50, 100

B. Martin, 8, 62, 800, 25, 200
E. Arceneaux (Ardeneaux), 18, 162, 4700, 50, 100
Josh LeBlanc, 15, 172, 500, -, 300
R. Boudreaux, 12, 13, 1000, 25, 200
Valcin Jacob, 15, 45, 1500, -, 20
Sylvanie Olivier, 12, 38, 1000, -, 200
J. B. Robicihaux, 15, 45, 1200, -, 400
J. B. Naquain, 25, 125, 5000, 25, 150
Pierre Bucknell, 15, 45, 1200, -, 200
A. Bo__ie, 12, 58, 1500, 50, 100
A. LeBlanc, 20, 60, 3000, 50, 500
James Buford, 200, 1471, 66830, 560, 2500
Victorin Keller, 28, 102, 3000, 100, 1000
Alexis Bergeron, 10, 30, 1000, 25, 400
Louis Boring, 80, 520, 23000, 50, 700
Armogene Aycock, 30, 1070, 13000, 2500, 1300
Mrs. C. Walton, 12, 588, 14000, 100, 2100
A. LaJonie, 20, 60, 4000, -, 400
Chles. Boudreaux, 8, 167, 5000, -, 500
Etienne Hebert, 5, 75, 2000, -, 75
J. Calahan, 10, 150, 2000, -, 200
A. Boudreaux, 7, 163, 2000, -, 125
Chles. Stansburry, 25, 155, 4000, 50, 880
Zeno Beadle, 9, 30, 200, -, 325
Renee Bourgeois, 9, 76, 2000, 25, 400
Edward Savoie, 20, 22, 1800, 25, 150
F. Boudreaux, 15, 13, 1800, 30, 160
F. LeBouef, 25, -, 800, -, 125
Jos. LeBlanc, 20, 100, 4800, 150, 350
Pierre Daigle, 30, 56, 2500, 50, 250
Jos. Semane, 7, 21, 1100, 50, 300
Jean LeBlanc, 24, 21, 1600, -, 225
D. M. LeBlanc, 24, 32, 2140, 25, 100
M. Hebert, 16, 19, 1000, 25, 500
Jos. Babin, 9, 12, 800, -, 250
Mrs. E. Babin, 15, 30, 1750, 20, 100
Jos. Buquet, 8, 19, 800, -, 150
Theodore Buquet, 10, 15, 750, 15, 75
J. B. Bergeron, 36, 89, 5000, 50, 500
A. Lirette, 350, 1650, 60000, 8000, 4990
Taylor Beatty, 300, 1900, 50000, 10000, 7000
Mrs. S. A. Nicholas, 420, 1030, 40000, 11000, 5500
W. D. V. Downing, 350, 150, 46000, 20000, 5315
J. C. Potts, 500, 1320, 91000, 9000, 7000
Mrs. M. J. Ellis, 400, 400, 45000, 16000, 5820
Leufroy Barras, 800, 3200, 160000, 20000, 11000
Mrs. H. C. Thibodeaux, 800, 2200, 150000, 20000, 12095
A. Robichaux, 600, 1900, 100000, 13000, 3800
Mrs. C. Tarmer, 1100, 2300, 100000, 30000, 13000
Mrs. V. P. Winder, 830, 1320, 100000, 30000, 9700
E. R. Burnham, 25, -, 2500, -, 300
Lucien LaJoner, 7, 17, 800, -, 166
T. Malboroux, 7, 17, 800, -, 225
F. L. Mead, 18, 12, 3000, 200, 1200
C. Armitage, 35, 25, 10000, 500, 1200
Surville Labit, 10, 10, 800, 25, 250
Mrs. C. Crochet (Crocket), 8, 12, 600, -, 100
Victorin Babin, 10, 10, 600, 50, 200
F. Babinger, 12, 18, 1000, 50, 100
Onren Babin, 12, 108, 1200, -, 250
W. J. Minor, 1200, 4800, 300000, 40000, 12670
N. C. Wade, 300, 400, 50000, 1500, 1500
J. B. Bond, 450, 850, 52000, 9400, 9360

G. F. Connelly, 650, 1000, 66000, 15600, 12600
G. R. Davies, 300, 2100, 70000, 10000, 4370
James Blahut, 120, 840, 43000, 200, 1000
Lange Fremin, 7, 33, 700, 10, 100
C. M. Boudreaux, 7, 50, 1000, 25, 150
Andre Brien, 16, 64, 800, 25, 300
P. F. Michel, 200, 1500, 68000, 8000, 2500
Augustin Theriot, 15, 85, 800, -, 200
Marcel Falgout, 12, 108, 1200, -, 300
Francois Theriot, 50, 430, 9600, 325, 1000
Nezelien Clement, 25, 175, 3000, 25, 200
Jos. Fouss (Toups), 20, 140, 3000, 25, 150
F. E. Theriot, 6, 154, 2500, -, 200
E. Theriot, 65, 635, 15000, 600, 1200
P. L. Parre (Pane), 38, 362, 7500, 400, 500
S. Blanchard, 12, 30, 600, -, 50
Mrs. L. Toups (Touss, Fouss), 16, 14, 1200, 50, 100
H. Chatanger, 20, 140, 4000, 50, 300
Zenon Chauvin, 28, 170, 3000, 50, 300
Nlter Chauvin, 20, 30, 2000, 60, 500
Therogene Theriot, 20, 180, 5000, 50, 300
E. Champagne, 30, 900, 2000, 100, 300
Michel Billiot, 20, 230, 1250, 100, 1400
H. Chauvin, 18, 280, 2500, 50, 500
Jos. Verret, 7, 270, 300, -, 100
Sol. Verret, 6, 90, 200, -, 100
Eloi Theriot, 300, 4018, 80000, 3500, 4940
F. W. Gatewood, 150, 1330, 29000, 3500, 2000
Hypolite Pitre, 20, 40, 2000, -, 700

P. B. Guidry, 4, 21, 350, -, -
P. _. Viguerie, 80, 350, 12900, 2500, 1400
Henry Dugas, 30, 70, 3000, 50, 300
Eugene Fields, 19, 31, 2000, 50, 205
Newville Fields, 19, 31, 2000, 50, 200
Dareus Guidry, 30, 70, 2000, 500, 200
Eugube Dugas, 17, 183, 1500, 100, 250
J. B. Dugas, 20, 140, 2000, -, 50
P. M. Landry, 40, 30, 2000, -, 150
V. Sevin, 12, 128, 2000, -, 20
H. Robichaux, 25, 35, 1500, 500, 200
C. Carlos, 57, 289, 4190, -, 130
I. N. Robichaux, 50, 110, 3500, 800, 630
Francois Lecomte, 28, 72, 5000, 50, 310
Aug. Robichaux, 18, 42, 1000, -, 200
L. Crochet (Crocket), 20, 80, 2000, -, 200
Michel Belanger, 30, 12, 1600, -, 400
Isadore Dupre, 32, 100, 4300, 600, 333
J. Cunningham, 30, 100, 2600, 100, 295
Urbin Pieveo (Pierce), 25, 45, 2000, -, 200
Edmond Guidry, 30, 140, 4500, 600, 350
C. Belanger, 20, 80, 25000, -, 260
N. Belanger, 20, 80, 1500, -, 150
Gabriel Cheason, 15, 65, 800, 50, 150
Mrs. J. Dupre, 14, 76, 1000, -, 50
J. C. Dupre, 22, 68, 1000, -, 260
J. L. Hebert, 10, 170, 2600, 50, 125
John Rhodes, 11, 214, 560, -, 150
J. M. Sanders, 100, 400, 10000, 1500, 1000
A. G. Cage, 375, 1300, 76000, 30000, 7200

Adolphe Chauvin, 25, 135, 3500, 50, 500
Francois Hebert, 7, 33, 800, -, 100
L. Chauvin Jr., 10, 70, 2000, 50, 225
Adolphe Pelegrin, 35, 125, 3000, 20, 300
Jos. Duplanis, 17, 103, 2000, -, 200
Lucien Bourgeois, 5, 35, 700, -, 100
Hypolite Chauvin, 20, 60, 2000, 25, 200
E. Malborough, 35, 200, 3600, 25, 340
Lucien Savoie, 9, 27, 2000, -, 600
Damien Martin, 12, 30, 1800, -, 120
Octave Pelegriin, 8, 34, 2000, -, -
Louis Picore, 6, 15, 400, -, 75
Mrs. L. Picore, 5, 15, 400, -, 40
Pierre Lasagne, 18, 66, 2000, -, 100
J. D. Duplantis, 9, 91, 500, -, 200
Geo. L. Lester, 200, 1100, 26000, 1500, 400
Justin Dassit, 20, 100, 1800, -, 200
Eugene Guidry, 3, 117, 2500, -, 275
L. Arcrement, 10, 30, 100, -, 100
A. Duplantis, 7, 63, 1600, -, 136
Jos. Chatagner, 6, 14, 1000, -, 112
M. E. Charpentier, 115, 85, 2000, -, 50
E. Chatagner, 10, 90, 1000, -, 500
E. Stoufflet, 16, 84, 2000, 300, 150
J. B. Duplantis, 10, 100, 2000, -, 140
M. Duplantis, 14, 86, 2500, -, 140
V. Berger, 300, 1990, 75000, 22135, 4780
B. F. Smith, 200, 400, 40000, 10000, 3108
Henry Roddy, 40, 40, 400, -, 435
Henry Collins, 350, 1650, 50000, 12000, 5125
Hyacinthe Bourg, 18, 142, 3000, -, 75
A. Dominque, 15, 15, 1000, -, -
S. Duplantis, 10, 20, 1800, -, -
Jos. Duplantis, 12, 80, 2000, -, 320
F. Pelegrin, 16, 84, 2500, -, 185
J. B. Clarke, 20, 100, 1500, -, 80
Mareial Hebert, 5, 135, 2000, -, 350
Francois Babin, 5, 35, 1000, -, 75
N.(V), Malboroux, 20, 135, 2500, -, 72
S. P. LeBlanc, 20, 140, 5000, 50, 100
Thomas Roddy, 8, 72, 1500, -, 160
H. M. Thibodeaux, 200, 582, 35000, 5000, 2000
H. Viala, 40, 100, 6000, 50, 650
S. Pelegrin, 10, 70, 2000, 25, 100
Edmond LeBlanc, 16, 144, 4000, -, 150
Louis Chauvin, 200, 582, 30000, 50, 162
Eloi Chauvin, 10, 70, 1200, -, 200
Onezime Babin, 50, 450, 14000, 100, 1430
Victor Sylvie, 8, 47, 500, -, 110
Leon Ozio, 5, 75, 1000, -, 300
M. Dominque, 10, 20, 1500, -, 40
Clerville Malboroux, 5, 215, 2000, 25, 200
Jos. Forest, 9, 151, 1500, -, 168
Mrs. P. Forest, 45, 279, 10000, 50, 720
T. Duplantis, 18, 230, 3000, 30, 350
Thos. Buford, 90, 550, 10000, 100, 945
Jos. Lecompte, 14, 146, 1000, 25, 325
Louis Viviet, 14, 136, 1300, -, 250
H. Boudreaux, 20, 100, 450, 50, 60
Peter Welsh, 60, 1140, 10000, 100, 1600
Nicolas Belanger, 6, 54, 800, -, 100
Joseph Toups, 6, 54, 1000, -, 100
. P_ A. Shaffer, 600, 2400, 156000, 29000, 12665
A. McCollum, 475, 1425, 75000, 40000, 3100
A. A. Williams, 450, 1780, 100000, 20000, 9540
M. H. Dairrus, 450, 1250, 75000, 10000, 8000
Justin Pontiff, 60, 120, 6000, 50, 250
Jos. LeBlanc, 50, 130, 5000, 50, 500

Mrs. A Butler, 400, 2600, 120000, 16000, 7000
Thomas Ellis, 640, 1940, 104000, 12000, 13000
Charles Minty, 350, 1050, 42000, 10000, 6500
S. S. Miller, 180, 1420, 48000, 3000, 3540
D. S. Cage, 1400, 2800, 190000, 20000, 15300
J. B. Robinson, 700, 5700, 120000, 33000, 13580
R. E. Butler, 550, 3500, 80000, 21000, 6000
Ursin Prevost, 140, 660, 8000, 3000, 1500
C. A. Blanchard, 200, 1200, 28000, 10000, 1000
Jos. Prevost, 65, 335, 3000, 50, 1600
F. H. Quitman, 800, 6700, 225000, 4000, 10276
D. M. Pelton, 950, 3050, 120000, 10000, 12000
R. G. Ellis, 160, 1640, 35000, 12000, 7400
Jaque Labit, 8, -, 300, -, 75
Timothy Glenn, 26, -, 1650, -, 100
Hypolite Pitre, 12, -, 480, -, 100
Jouchaim Guerro, 475, 1425, 85300, 11000, 6150
F. E. Robertson, 450, 1100, 90000, 8000, 4950
M. Walker, 11, -, 400, -, 100
P. Blanchard, 25, 15, 2500, -, 200
Eug. Belanger, 22, 24, 2500, -, 300
Pinvine (Perosine) Guidry, 15, 75, 2000, -, 500
E. Hotard Ch., 100, 330, 12000, 1500, 2000
Mrs. Phebe Peirce, 300, 1350, 78750, 15000, 4650
Wm. Bisland, 200, 1800, 113500, 15600, 10665
Jos. Semple, 400, 600, 35000, 8000, 5200

R. R. Barrow, 2500, 18756, 1062000, 60000, 35000
John Bisland, 550, 1950, 87500, 20000, 9325
Thos. Ellegna, 50, 83, 6000, 200, 525
Math. Dupre, 20, 20, 1600, 25, 150
Michel Bourg, 19, 183, 1600, 50, 125
Frank Naquain, 20, 13, 1500, 20, 125
Alex. Dardan, 30, 30, 2000, -, 400
Hypolite Naquain, 30, 20, 1800, -, 150
Hypolite Lancon, 10, 50, 1000, 10, 200
Jules Boudeloche, 10, 30, 800, 10, 200
Mrs. P. Lancon, 10, 50, 800, 10, -
Ben Dumesnil, 16, 24, 800, 50, 40
A. Bourillain, 16, 64, 800, 50, 150
Jean Carro, 6, 13, 200, 20, 220
A. Lancon, 6, 34, 700, -, 300
Jos. Guidry Jr., 12, 100, 3500, 25, 250
Mrs. S. Beal, 50, 250, 6000, 50, 125
Mrs. P. M. Bouvillain, 16, 52, 800, 12, 280
Martin Hebert, 70, 300, 10000, 100, 1100
H. Bouvillain, 20, 60, 1800, 12, 200
Ulyse Boudreaux, 6, 34, 800, 20, 150
Wm. Shafler, 40, 160, 6000, 50, 740
Maximain Hebert, 60, 320, 10000, 25, 725
_. B. Hebert, 20, 180, 1800, 25, 400
Tiburee Barras, 18, 82, 2000, 15, 150
Alphonse Hains, 12, 88, 2000, 25, 250
Auguste Doivoro, 6, 42, 800, 10, 250
Louis Braux, 6, 40, 900, 10, 200
Dominique Braux, 10, 80, 1700, 10, 169
S. Fratrant, 12, 68, 1000, 25, 300
Drozin Breaux, 8, 40, 800, 15, 200
Jean Hebert, 6, 24, 1000, 15, 200
Pierre Braux, 12, 38, 1200, 12, 470

Valerie Boudeloche, 18, 122, 3200, 10, 200
Simon Clement, 12, 56, 1600, 20, 150
Eugene Lebouef, 18, 322, 1400, 20, 520
B. Hains, 16, 74, 800, 20, 220
Ursin Bourg, 10, 25, 1200, 15, 250
Honore Breaux, 12, 38, 900, 10, 200
Mrs. A. Trahant, 12, 38, 800, 10, 150
A. Blanchard, 20, 60, 2500, 12, 300
F. Lebouef, 25, 55, 1400, 20, 375
S. Lagrange, 6, 24, 400, -, 145
L. Lagrange, 15, 35, 900, 30, 200
Charles Trahant, 20, 60, 1000, 30, 500
Eustache Como, 18, 62, 1400, 10, 400
Auguste Gerais (Gerair), 20, 60, 2500, 20, 150
N. Bodin, 200, 365, 18000, 6400, 2700
P. E. Briant, 200, 800, 20000, 5000, 2000
E. Porche, 275, 285, 30000, 16700, 5000
J. C. Jackson, 340, 400, 32000, 11100, 4600
H. Wright Sr., 85, 35, 10000, 5300, 2100
August Girvir, 40, 120, 6000, 10, 45
H. Arseneaux, 20, 60, 6000, -, 1000
W. Hatch, 450, 450, 45000, 17500, 4500
T. S. Easton, 160, 240, 20000, 6500, 17600
E. D. Burgerieres, 160, 260, 12000, 3000, 2500
Ulyse Champagne, 180, 270, 20000, 11500, 3500
Mrs. Jos. Guidry Sr., 30, 130, 5000, 50, 300
A. Verret, 600, 1200, 72000, 12000, 8000
P. L. Rogers, 300, 500, 25000, 5000, 3200
Royal Marsh, 150, 300, 20000, 500, 3200
Evariste Berthand, 60, 240, 10000, 100, 250
J. C. Wilkins, 530, 250, 65000, 26000, 11530
Mrs. J. Carlin, 200, 800, 30000, 1000, 3078
L, M. C. Knight, 80, 598, 10000, 2000, 1600
Jon Rochel, 200, 500, 35000, 2000, 3980
E. Deputy, 300, 1000, 45000, 12400, 5460
J. V. Boutelou, 200, 1062, 25000, 15000, 5000
S. Gibson, 1200, 4800, 300000, 20000, 10000
R. L. Gibson, 226, 2776, 120000, 1000, 2000
A. H. Hopkins, 450, 3200, 55000, 12000, 8000
Michael Knight, 370, 2650, 70000, 20000, 10000
Dorville Babin, 15, 4, 950, 50, 150
Napoleon Babin, 7, 4, 800, 10, 110
Celestin Bergeron, 11, 11, 400, 10, 150
Lucien Pitre, 15, 15, 800, 25, 100
B. Darce, 5, 5, 500, 20, 100
Achile Babin, 6, 21, 600, 20, 150

The Parish of Union, Louisiana
1860 Agricultural Census

The Agricultural Census for Louisiana for 1860 was microfilmed by the University of North Carolina Library under a grant from the National Science Foundation and filmed from original records held at Duke University Library, Durham North Carolina.

There are some forty-eight columns of information on each individual. Only the head of the household is addressed. I have chosen to use only six columns of the information because I feel that this information best illustrates the wealth of the individuals. These are shown below:

1. Name of Owner
2. Acres of Improved Land
3. Acres of Unimproved Land
4. Cash Value of the Farm
5. Value of Farm Implements and Machinery
13. Value of Livestock

Thus, the numbers following the names represent columns 2, 3, 4, 5, 13.

The following symbol is used to maintain spacing where information in a column is left blank (-). This symbol is used where letters, names or numbers are not legible (_).

Jno. A. Hammock, 100, 400, 1000, 800, 600
Wm. Henderson, 40, 41, 240, 20, 100
D. W. Henderson, 30, 250, 300, 15, 134
Evans Gaskill, 30, 50, 150, 20, 250
W. W. Brown, 60, 220, 480, 20, 365
Seabron Osley, 60, 300, 1200, 100, 960
John Hammons, 40, 60, 250, 10, 225
W. S. Lynn, 20, 140, 200, 10, 260
A. D. Gaskill, 120, 320, 1200, 385, 1430
R. T. Moore, 130, 670, 1300, 100, 1500
Wm. Bennett, 100, 340, 1000, 130, 518
Thos. J. Moore, 175, 765, 1750, 850, 698
Margaret Bennett, 40, 80, 400, 10, 50
N. C. Smith, 50, 150, 500, 25, 500
J. H. Shackelford, 50, 110, 500, 115, 484
A. Bevil, 40, 160, 400, 25, 200
Susana Smith, 20, 228, 200, 10, 20
R. M. Johnson, 40, 40, 120, 5, 54
B. F. Johnson, 80, 280, 1200, 40, 850
J. O. S. Webster, 40, 320, 400, 5, 580
J. P. Shackelford, 40, 160, 400, 10, 325
Columbus Hoff, 25, -, 200, 5, 80
T. P. Dendy, 25, 250, 240, 10, 350
Crily Washam, 30, 130, 300, 10, 50
Dennis Key, 30, 90, 300, 15, 160
R. C. Howell, 50, 150, 500, 10, 350
Jane A. Howell, 20, 80, 300, 5, 200
Thos. Gray, 75, 260, 750, 10, 380

_. A. Bifrand (Biprand), 75, 485, 250, 15, 330
Joshua Key, 40, 40, 120, 10, 300
Wm. Kelley, 30, 190, 300, 5, 170
Jacob Wyatt, 20, 120, 300, 20, 150
C. W. Elliott, 80, 320, 800, 600, 300
Wm. Heaid (Heard), 25, 125, 250, 10, 200
Mary Heaid (Heard), 75, 620, 750, 125, 300
A. J. Youngblood, 40, 220, 250, 10, 180
Jno. W. Franchier, 40, 180, 400, 10, 100
J. T. Youngblood, 20, -, 200, 10, 200
Henry Ryland, 160, 160, 1280, 450, 730
Danl. Carmichael, 30, -, 300, 10, 100
A. Carmichael, 60, 300, 600, 200, 400
B. B. Mitchell, 40, 40, 120, 5, 240
Wm. Ramsey, 60, 260, 800, 25, 660
Jas. Ramsey, 30, 150, 600, 10, 250
Thos. J. Oliver, 100, 300, 1600, 25, 465
Robt. Patrick, 80, 560, 2200, 10, 360
Francis Wise, 28, 252, 1000, 10, 210
D. D. McLawson, 20, 60, 400, 10, 100
Thos. J. Grafton, 35, 145, 700, 10, 150
Wm. Thompson, 20, 180, 500, 10, 375
Leroy Findley, 100, 400, 1500, 250, 860
Walker, Brad, 35, 320, 1000, 10, 150
A. Wade, 225, 300, 2500, 800, 1520
Jas. T. Wade, 10, 320, 500, -, 75
Reuben Grafton, 60, 200, 1050, 25, 650
Tilman Porter, 70, 570, 1920, 500, 430
Richd. Pullum, 90, 230, 1600, 600, 880
John Welam, 30, 50, 250, 10, 35
Dan C. Lowery, 100, 700, 2420, 20, 750
A. W. Harris, 150, 210, 2160, 75, 625
W. Hopkins, 350, 890, 6200, 200, 1300
Jas. Cranford, 100, 400, 2000, 50, 1060
W. M. Cranford, 30, 90, 500, 10, 215
Thos. Pierson, 250, 500, 2100, 250, 1730
W. C. Boatrite, 10, 150, 800, 10, 205
John Boatrite, 20, 60, 250, 10, 225
J. J. Tarply, 25, 15, 150, 10, 150
J. W. Cranford, 16, -, 160, 15, 350
Jno. A. Leach, 50, 110, 480, 20, 340
Solomer Feazle, 200, 800, 5000, 700, 1155
W. R. Johnson, 20, 180, 600, 10, 690
Jas. Austin, 15, 80, 150, 10, 30
Willis Austin, 40, 160, 600, 15, 200
Jesse Leach, 15, 150, 450, 5, 150
Louis Henderson, 10, 230, 120, 10, 360
J. C. B. White, 200, 587, 3000, 750, 1775
W. R. Welden, 100, 260, 1060, 100, 550
David Reddin, 60, 380, 1320, 15, 700
L. W. Norman, 4, 196, 400, 10, 125
E. P. Bolton, 70, 550, 800, 10, 400
Joseph Shaw, 200, 120, 1600, 375, 695
A. W. Hamilton, 120, 280, 2000, 50, 620
Geo. Tabor, 240, 480, 4000, 1000, 955
Geo. W. Moore, 400, 400, 3000, 200, 1650
J. F. Fuller, 300, 500, 4000, 500, 1378
L. B. Fuller, 40, 120, 1000, 40, 250
A. M. Goynes, 15, 52, 400, 10, 110
J. E. Goodwin, 130, 154, 1220, 25, 618

W. P. Smith, 75, 325, 1200, 50, 545
E. G. Fuller, 60, 660, 3785, 5, 428
Asa Coburd, 150, 290, 2700, 20, 358
Wm. Grafton, 50, 250, 1500, 10, 190
Jas. H. Johnson, 110, 200, 1000, 25, 528
Jos. B. Tubbs, 180, 300, 4440, 300, 920
Benj. Tubbs, 300, 400, 3300, 200, 1105
Jno. R. Clark, 350, 1250, 6000, 1360, 2365
Jno. A. Barham, 100, 300, 2000, 100, 520
Jas. Edmunds, 200, 1200, 4200, 600, 1035
R. E. Pleasants, 25, 32, 1200, 201, 540
W. E. Heard, 100, 520, 3100, 75, 1938
Benj. Taylor, 35, 195, 1000, 5, 145
G. W. Cox, 70, 610, 1700, 75, 527
Nancy Edmunds, 260, 200, 1700, 1015, 860
W. M. Johnson, 35, -, 350, 15, 300
Wm. Patton, 125, 425, 1800, 400, 870
H. W. Noarper (Harper), 50, 470, 1560, 100, 485
Henry Fain, 30, 330, 1200, 10, 100
G. W. Pierce, 30, 130, 1080, 10, 100
Thos. Robison, 40, 40, 120, 10, 170
Wm. Tubbs, 200, 320, 2600, 50, 500
Ellen McCleland, 160, 400, 2240, 460, 1175
A. B. Oxford, 25, 135, 1000, 25, 168
G. W. Gray, 20, 60, 400, 20, 125
Geo Lowery, 80, 720, 2400, 100, 800
Thos. Lowery, 220, 980, 3600, 250, 600
Larkin Lowery, 400, 720, 3300, 450, 1215
Jas. Lowery, 160, 840, 3000, 700, 1676
Harriett Tubbs, 300, 300, 2500, 500, 845
D. M. Wright, 160, 500, 1980, 500, 878
Cyntho Fuller, 10, -, 100, 10, 130
A. J. Fuller, 200, 400, 1800, 100, 1090
Jno. G. Wright, 300, 1000, 2500, 1000, 1480
Jno. A. Davis, 40, 120, 500, 200, 450
Jno. E. Morris, 40, 160, 1800, 100, 450
Jno. Wright Jr., 80, 300, 1500, 50, 240
Jno. Wright Sr., 40, 80, 500, 50, 450
Eliza Williams, 30, 60, 300, 25, 100
Chas. F. Heard, 35, 198, 1200, 100, 300
S. S. Heard, 120, 380, 1500, 500, 1070
Callaway Green, 80, 300, 1500, 20, 270
C. H. Henry, 200, 400, 3000, 600, 1170
B. B. Britton, 45, 275, 1600, 15, 350
Marion Fuller, 60, 460, 3300, 50, 538
Jessee Sirso (Sinso, Sims), 20, 295, 1280, 15, 235
W. N. Autry, 140, 340, 2500, 100, 780
S. J. Lovelady, 100, 160, 1560, 180, 905
S. B. Petefils, 65, -, 65, 25, 550
Jno. Autry, 80, 520, 900, 75, 700
Thos. J. Jones, 60, 340, 200, 90, 800
A. J. Misse (Muse), 20, 20, 120, 10, 40
Jno. M. Pinkard, 120, 480, 2000, 75, 610
Mary Muse, 20, -, 200, 10, 100
Jno. Mitchell, 160, 200, 1440, 500, 850
Jno. Hodge, 10, 130, 420, 5, 100
J. H. Morrow, 220, 900, 4480, 375, 685

J. B. Wallace, 45, 440, 1500, 15, 560
A. M. Neighbors, 30, 370, 1000, 20, 450
E. J. Emory, 18, 462, 2880, 20, 570
W. D. Cook, 55, 185, 800, 20, 360
A. Autry, 200, 600, 6400, 340, 1450
J. B. L. Mitchell, 80, 160, 1440, 80, 625
Isham Mobly, 45, 155, 500, 25, 310
William Moore, 120, 20, 1500, 200, 860
Jas. M. Tatum, 55, 145, 1000, 10, 588
Thos. H. Wright, 200, 320, 2600, 100, 1650
J. C. Barton, 20, 100, 360, 10, 200
L. W. Silman, 50, 150, 1000, 100, 400
A. B. Silman, 60, 130, 400, 40, 200
J. J. Norris, 100, 200, 1000, 50, 750
Jno. Green, 275, 325, 3000, 700, 1230
D. W. Green, 65, 135, 800, 25, 500
Wiley Cook, 200, 500, 4200, 130, 1130
Louis Leggin, 100, 400, 1500, 50, 620
Jos. G. Leggin, 90, 230, 1500, 50, 650
Francis Harkins, 40, -, 200, 20, 200
Russell V. Hoffman, 50, 110, 800, 20, 500
Chas. Lawrence, 40, 80, 1000, 10, 350
W. W. Walker, 30, 90, 600, 10, 250
Bayliss Bagwell, 30, 50, 320, 10, 258
A. J. Bagwell, 20, -, 200, 40, 150
John Green, 60, 300, 1200, 70, 485
Wm. Lawrence, 50, 140, 600, 20, 280
Chas. Beck, 60, 520, 1440, 25, 115
W. M. Gill, 80, 200, 840, 50, 710
J. Wilson, 20, 80, 200, 10, 150
S. H. Colvin, 100, 500, 1800, 50, 670

Joseph Stow (Stone), 25, 155, 580, 10, 150
S. L. Leggett, 45, 315, 1080, 125, 338
A. Beck, 50, 400, 1200, 50, 250
Zeno Roland, 45, 315, 1080, 25, 350
V. H. Harrison, 20, 140, 480, 20, 210
Benjamin Alford, 40, 120, 480, 25, 250
Alexande Moore, 20, 140, 480, 10, 100
H. D. Chapman, 20, 180, 800, 5, 75
Jno. B. Wright, 80, 380, 1840, 25, 178
H. Barmoore, 50, 210, 1040, 75, 410
Louis Barmoore, 40, 40, 120, 20, 320
Larkin Barmoore, 40, 160, 800, 10, 220
R. W. Hardin, 40, 40, 2000, 10, 125
A. M. Brothers, 100, 600, 2100, 100, 840
Jno. B. Mitchell, 35, 840, 1600, 550, 2170
Jn. NeWhite, 20, 100, 600, 10, 180
Wm. Elkins, 65, 95, 1200, 100, 535
F. A. Johnson, 60, 160, 960, 100, 500
Nancy Davis, 100, 220, 960, 150, 350
M. A. Gargin, 25, 125, 300, 10, 425
W. Pipes, 35, 85, 600, 75, 300
Wm. Jones, 100, 120, 1800, 600, 590
Eliza Hobacy, 50, 162, 1040, 100, 400
A. D. McDuffie, 60, 140, 1000, 20, 410
Jno. Ford, 50, 180, 1150, 50, 470
G. A. Stinson, 130, 170, 1500, 350, 465
D. McNaughton, 50, 270, 1600, 80, 340
Susan Gordon, 25, 55, 400, 10, 60
Wm. McCormick, 22, 138, 800, 75, 150
Louis Rush, 50, 390, 1320, 90, 600

Jas. E. Anderson (Henderson), 22, 293, 922, 5, 185
H. Broakter, 280, 200, 6480, 480, 1590
A. Buckalew, 30, 130, 800, 5, 160
E. J. Calk, 47, 534, 3000, 105, 445
A. J. Brannard, 40, 200, 1200, 25, 165
H. F. Stinson, 30, 160, 800, 25, 290
N. M. Parkman, 25, 175, 1000, 10, 170
Wiley White, 35, 205, 1200, 100, 270
S. T. Hester, 50, 120, 1100, 12, 300
Thos. Bagwell, 200, 300, 3000, 950, 885
Wm. B. Matton, 140, 220, 2520, 755, 615
F. M. Lawrence, 30, 210, 800, 10, 295
Mathew Kelley, 100, 250, 1600, 25, 450
A. Martin, 40, 200, 1200, 175, 500
Jas. McCown, 60, 260, 1600, 20, 330
John Carter, 100, 180, 1440, 80, 560
Jas. Hays, 120, 180, 2100, 20, 755
A. Honycutt, 50, 230, 840, 140, 555
Jno. Cox, 20, 80, 2 40, 10, 40
Thos. Bailey, 20, 100, 600, 20, 150
M. Calhoun, 40, 120, 800, 10, 150
J. T. Carter, 20, 60, 40, 10, 150
M. Patterson, 35, 125, 640, 10, 220
Jno. Fentral (Feutrel), 35, 185, 1000, 10, 185
P. P. Roach, 35, 65, 200, 10, 187
Jas. Perdew, 30, 120, 800, 300, 350
L. S. Lack, 10, 120, 390, 5, 150
Wm. Anderson, 10, 70, 250, 10, 188
Jas. Brooster, 50, 110, 600, 25, 220
Wm. Brooster, 30, 270, 1000, 25, 610
W. J. Smith, 30, 130, 480, 50, 350
David Brown, 30, 130, 800, 10, 168
W. L. Norris, 80, -, 400, 100, 600
J. Z. Stuckey, 60, 140, 1000, 25, 360

Opro A. Lanteaster, 41, 100, 840, 75, 500
Wm. White, 50, 150, 1000, 100, 510
W. M. White, 30, 120, 750, 10, 200
Rachal Feutrel, 90, 390, 1300, 25, 830
Thos. Hinton, 60, 210, 510, 125, 400
J. K. Hammons, 50, 170, 660, 100, 350
P. P. White, 20, 60, 250, 20, 125
R. Feutrel, 30, 130, 480, 25, 225
Louis Feutrel, 15, 65, 250, 10, 150
Wm. Pugh, 10, 110, 360, 15, 120
Isaac Hinton, 25, 125, 500, 100, 450
Robt. Hinton, 15, 145, 450, 10, 100
Marion Keto, 20, 100, 350, 20, 150
Wm. Jordan, 25, -, 250, -, 150
Elizth Horton, 40, 80, 360, 10, 250
Wm. Impson, 20, 20, 80, 10, 475
Abner Wells, 100, 180, 840, 50, 300
R. R. Roberts, 100, 700, 2500, 600, 1000
Marion Bailey, 40, 300, 1000, 100, 900
Jas. Acre, 40, 80, 360, 25, 520
W. C. Bush, 400, 2000, 7500, 1300, 2225
Geo. Feazle, 40, 80, 360, 25, 215
R. H. Henry, 50, 200, 1000, 25, 300
D. M. Millium, 10, 310, 960, 100, 150
John Williams, 220, 180, 1200, 450, 970
W. C. Awls, 75, 335, 1140, 10, 325
S. P. Runnells, 60, 500, 1680, 135, 600
Geo. Gaskins, 125, 400, 1560, 100, 900
M. E. Bullock, 30, 90, 1000, 100, 350
J. B. Shultz, 60, 60, 360, 80, 425
Jno. Tidwell, 40, 80, 360, 125, 360
S. Tidwell, 75, -, 750, 100, 300
J. T. Shultz, 35, 45, 250, 20, 100
Elias Taylor, 85, 235, 1000, 700, 560

William Wilhite, 90, 270, 1000, 500, 700
A. Honeycutt, 200, 120, 1000, 400, 1310
W. H. Tuberville, 35, 85, 360, 25, 270
W. H. Tuberville, 85, 300, 1000, 100, 270
G. Gorman, 40, -, 200, 20, 120
M. Walker, 40, 160, 600, 50, 400
Jno. Walker, 20, 80, 300, 10, 150
Stacy Keener, 75, 125, 600, 50, 230
Thos. Sellars, 180, 500, 3400, 650, 800
Benj. C. Ellis, 220, 260, 4000, 600, 1300
S. T. Hesten (Hester), 180, 220, 2000, 750, 952
John Hesten (Hester), 85, 160, 2400, 500, 815
R. Walsworth, 35, 245, 1080, 100, 180
S. Lewis, 50, 70, 700, 50, 125
G. W. Runnells, 200, 620, 4100, 600, 1900
F. McCormick, 200, 368, 5000, 1000, 1405
C. W. Hodge, 60, 340, 2000, 350, 950
W. Wallace, 40, -, 250, 10, 150
J. Hodge, 20, 340, 1000, 15, 120
P. Morris, 90, 110, 1000, 100, 740
H. C. Spellers, 70, 230, 1000, 80, 510
E. Y. Hester, 125, 125, 1000, 650, 440
Nancy Stanley, 40, 140, 900, 50, 150
M. Hammons, 30, 290, 1500, 20, 215
Benj. Farmer, 100, 220, 1600, 200, 600
Wm. Greer, 30, 30, 300, 20, 40
Geo. Harper, 15, 65, 250, 10, 80
Saml. Ethrige, 30, 50, 250, 15, 200
Frank Ethrige, 40, 160, 800, 10, 250
A. Ethrige, 125, 335, 1380, 125, 600
A. M. Ethrige, 25, 335, 1080, 50, 430
M. Calhoun, 55, 165, 660, 60, 520
Wm. Kelley, 75, 310, 1000, 50, 225
J. C. Manning, 400, 480, 2640, 700, 2170
D. C. Callaway, 600, 100, 2100, 700, 3000
Jno. Callaway, 70, 330, 2000, 100, 560
W. B. Wallace, 40, 200, 1400, 10, 250
Jas. Antley, 25, 135, 480, 10, 100
Frank Owens, 40, 120, 480, 10, 390
Thos. Skeins, 12, 308, 100, 10, 155
John Impson, 40, 20, 100, -, 250
C. Buchanner, 60, 140, 600, 100, 290
W. B. Buchanner, 8, 32, 400, 15, 150
C. Railey, 40, 200, 900, 50, 700
Jno. Raley, 35, 205, 700, 20, 220
A. G. Calhoun, 25, 175, 600, 80, 390
J. C. Hilburn, 20, 216, 1000, 20, 100
B. Hilburn, 60, 60, 360, 10, 290
M. McFarland, 100, 260, 1600, 100, 608
Jno. Hinton, 30, 110, 480, 20, 325
R. T. Johnson, 10, 70, 250, 10, 420
Mary Elles, 30, 90, 720, 50, 180
Wm. Pipes, 125, 355, 4800, 600, 761
G. W. Hendrick, 20, 140, 480, 20, 125
J. R. Perdew, 60, 300, 1080, 20, 440
M. S. Bagwell, 40, 160, 600, 20, 300
Wm. Frezle (Feazle), 40, 40, 200, 10, 162
M. Fezle, 100, 900, 3000, 75, 720
A. Bearden, 50, -, 150, 20, 150
F. Bagwell, 40, 360, 800, 10, 200
Jas.Bearden, 50, 320, 800, 20, 320
P. Bearden, 75, 50, 500, 20, 340
Calvin Bearden, 35, 100, 300, 15, 120
C. Bagwell, 20, 100, 500, 20, 150
P. Feazle, 100, 900, 3000, 400, 1100
J. G. Culp, 100, 500, 1200, 100, 430

J. H. Williamson, 20, 220, 600, 10, 150
J. O. Fezle, 120, 200, 3200, 500, 700
C. H. Dacus, 30, 290, 1000, 120, 270
W. J. Stewart, 30, 130, 600, 20, 100
W. J. Rainey, 30, 210, 500, 15, 290
Jno. Culbertson, 350, 1050, 4200, 500, 1600
Wm. Culbertson, 400, 900, 6700, 800, 2500
Jas. Langston, 30, 170, 600, 30, 125
M. Solley, 25, 55, 200, 10, 50
Geo. Feazle, 25, 135, 300, 10, 200
W. K. Carr, 20, 140, 250, 20, 250
Wiley Bagwell, 70, 250, 1000, 51, 60
Louis Feazle, 50, 250, 1000, 100, 400
J. Dickerson, 30, 90, 300, 10, 150
W. S. Davis, 40, 110, 500, 20, 375
Alfred Feazle, 20, 100, 300, 10, 200
N. S. Crawford, 50, 310, 1080, 110, 250
Thos. Seals, 100, 260, 1080, 75, 585
Abner Glaze, 20, 60, 250, 10, 100
M. Hinton, 20, 180, 600, 100, 340
Thos. Cox, 40, 20, 720, 20, 120
Jno. Roberson, 30, 110, 480, 10, 400
Thos. Mills, 20, 50, 250, 15, 284
W. H. Crawford, 600, 1700, 7000, 1000, 3000
J. Holmes, 80, 500, 1700, 500, 375
J. E. Butler, 20, 60, 250, 10, 100
Jo. King, 380, 650, 3000, 1000, 1055
C. P. King, 70, 130, 600, 10, 240
Wm. Albritton, 900, 200, 1400, 50, 428
Alfred Rugg, 40, 160, 1000, 100, 305
Z. C. Rugg, 25, 175, 1000, 50, 3900
Henry Simmons, 40, 120, 800, 100, 420
J. G. Hicks, 75, 325, 1600, 100, 670
Thos. Taylor, 50, 310, 1080, 20, 550
J. C. Mays, 40, 80, 500, 20, 175
D. Stewart, 30, 130, 800, 10, 200

Jno. Shields, 30, 130, 700, 20, 100
D. L. Hicks, 45, 375, 1900, 25, 270
G. W. Reynolds, 15, 25, 120, 10, 70
Jo. Greer, 16, 65, 240, 10, 70
Geo. Smith, 30, 50, 250, 15, 130
S. W. Ramsey, 500, 2280, 11120, 550, 2581
Henry Henderson, 500, 400, 6000, 800, 3090
J. R. Kelley, 30, 90, 360, 10, 330
W. H. Kenady, 60, 100, 320, 20, 250
A. A. Brutton, 120, 380, 150, 20, 795
W. H. Carson, 150, 100, 5200, 300, 1040
G. Rositer, 155, 265, 1260, 500, 600
Jno. Archer, 160, 320, 1440, 300, 665
N. Betterton, 45, 215, 100, 10, 170
A. M. Calaway, 50, 320, 2500, 125, 490
R. W. Wine, 500, 1000, 7500, 750, 2000
J. M. Underwood, 220, 520, 14400, 500, 1056
Jo. Baker, 150, 350, 3500, 600, 1065
C. Edwards, 20, 100, 600, 10, 370
J. E. Tremble, 70, 90, 200, 15, 400
H. Jas. Tignor, 40, 40, 120, 10, 150
C. Robad & J. Rand, 35, 55, 150, 20, 700
Jno. Defee, 12, 80, 200, 10, 260
M. A. Clemmons, 60, 100, 500, 20, 550
N. G. Blasingame, 401, 20, 480, 25, 510
H. P. Smith, 175, 365, 23100, 1200, 1530
Aly Parks (agent), 125, 475, 15000, 800, 1200
E. H. Ward, 50, 430, 1440, 100, 485
I. J. Awls, 25, 100, 360, 10, 170
E. M. Awls, 50, 150, 600, 25, 370
W. H. Bowls, 30, 90, 360, 10, 175
Nancy Slosson, 40, -, 210, 15, 400
David Ward, 125, 475, 3000, 650, 1025

Wm. Gully, 100, 225, 1500, 200, 380
G. W. Slosson, 100, 60, 480, 25, 235
D. Soloner, 25, 175, 600, 10, 150
Peter Lansford, 50, 110, 360, 15, 200
Wm. Ham, 600, 1000, 4500, 750, 2075
R. J. Ham, 125, 440, 2800, 100, 1195
M. Little, 150, 250, 2000, 50, 425
L. A. Doaty, 600, 900, 4500, 550, 2130
B. F. Low, 100, 130, 800, 50, 540
M. A. Silbert (Gilbert), 300, 700, 3000, 500, 1360
Pinkney Odum, 160, 200, 1050, 400, 1100
S. H. Griffen, 200, 200, 5400, 750, 2275
W. L. Spears, 300, 1080, 6000, 150, 430
H. O. Barron, 45, 75, 360, 10, 390
D. M. Jamison, 260, 570, 3200, 100, 1865
E. Telleas, 40, 40, 250, 10, 210
G. H. Teen (Feen), 65, 75, 420, 15, 330
O. B. Hill, 15, 215, 1200, 10, 175
T. D. Duke, 20, 100, 360, 10, 220
Wm. Henderson, 50, 570, 2000, 100, 600
W. T. Goldsmith, 65, 275, 300, 10, 175
Jas. Barron, 125, 425, 1654, 50, 880
G. W. Hollis, 100, 100, 600, 10, 500
G. R. Carol, 55, 145, 600, 20, 330
J. Dutinham, 15, 50, 200, 10, 230
Drury Andrews, 100, 300, 1800, 50, 425
L. Louis, 10, 30, 200, 10, 150
A. Stansel, 100, 320, 1260, 50, 610
M. Boyne, 25, 35, 200, 10, 100
A. T. Hays, 75, 125, 1000, 60, 405
W. T. Hollis, 100, 120, 800, 20, 285
W. C. Hall, 100, 220, 1000, 80, 530
John Stub, 100, 420, 1560, 120, 655
J. M. Lee, 135, 265, 2000, 350, 800
Alex M. Taylor, 530, 950, 6000, 700, 2635
M. D. Lee, 150, 480, 3150, 150, 1580
Madison Williams, 20, 100, 400, 20, 175
Jas. Hays, 80, 120, 800, 15, 520
W. H. McGough, 500, 200,3 500, 800, 2400
J. G. Taylor, 400, 400, 3200, 250, 1770
John Taylor, 800, 900, 8000, 1000, 4650
Joel Kelley, 40, 100, 400, 10, 300
J. R. Albritton, 50, 190, 200, 15, 560
Eli Owens, 100, 400, 1500, 80, 825
M. A. Funderberg, 40, -, 200, 10, 150
C. W. Albritton, 200, 80, 1250, 350, 570
Louis Scarbrough, 40, 360, 1200, 30, 180
Drury Cross, 41, 240, 800, 10, 460
Wm. Griffin, 20, 60, 100, 5, 50
Jno. Ubanks, 40, 200, 600, 20, 200
Jno. Awls, 60, 300, 360, 20, 300
J. T. Ward, 40, 360, 1200, 10, 400
Davis Boyne, 80, 80, 500, 25, 400
V. K. Funderburk, 70, 290, 1000, 120, 420
D. M. M. Gibson, 20, 100, 250, 100, 35
R. P. Bruton, 150, 350, 2000, 375, 650
Jas. C. Cargal, 20, 80, 300, 10, 200
D. Nolen, 80, 280, 840, 50, 630
Jasper Stokes, 15, 25, 200, 10, 100
J. W. Awls, 25, 135, 480, 10, 220
Jas. Kalston, 100, -, 300, 150, 790
H. T. Phillips, 40, -, 200, 10, 640
J. O. S. Foster, 20, 20, 200, 20, 315
J. M. Terry, 150, 170, 950, 400, 1050
J. A. Taylor, 50, 190, 800, 10, 260
Levi Seals, 50, 190, 1200, 10, 220
W. T. Ursung, 60, 340, 2000, 20, 320

C. C. McDaniel, 80, 640, 3600, 100, 1000
B. F. B. Carrel, 75, 140, 1200, 10, 425
Thos. McCulough, 65, 115, 900, 15, 750
A. Wishum, 50, 270, 1600, 20, 350
B. Corley, 75, 270, 1700, 25, 438
J. Williams, 150, 160, 1000, 550, 1215
D. J. Abbott, 350, 650, 5000, 600, 1510
F. Edwards, 60, 140, 1000, 20, 188
R. Nobles, 35, 125, 800, 10, 200
Chas. Dildy, 100, 380, 2400, 100, 615
A. Patterson, 90, 230, 1600, 120, 610
Y. K. Lyght, 60, 180, 1200, 20, 415
J. H. Silbert (Gilbert), 80, 240, 1600, 100, 480
T. H. Tramel, 80, 420, 2500, 120, 650
D. Vines, 40, 40, 400, 80, 300
C. S. Perdew, 100, 100, 1000, 40, 100
A. J. Hunt, 150, 210, 1800, 400, 625
Jas. Williams, 90, 150, 1200, 200, 460
N. L. Dearing, 150, 330, 2400, 500, 550
Wm. Rysinger, 20, 80, 400, 10, 137
D. Henderson, 60, 260, 1000, 80, 440
John Gray, 80, 240, 1000, 20, 310
D. Webb, 20, 80, 250, 10, 230
H. Hays, 40, 146, 1000, 50, 390
D. McPost, 90, 70, 500, 60, 500
John Rysinger, 75, 285, 1200, 20, 674
D. Rysinger, 13, 120, 360, 10, 400
J. M. Rysinger, 85, 165, 700, 10, 770
T. J. Griffin, 100, 220, 1000, 500, 480
L. Rysinger, 60, 340, 1200, 40, 575
Jeff Day, 30, 130, 800, 20, 260
J. A. Farrow, 125, 475, 1800, 50, 707
W. Farrow, 100, 220, 1000, 20, 562
R. Brazil, 100, 100, 1000, 150, 630
E. Talon, 300, 730, 5000, 600, 1500
T. J. Tatum, 800, 700, 4500, 400, 950
G. K. Kilgore, 1000, 1700, 12000, 1300, 3080
E. B. Wine, 600, 600, 8000, 1000, 3240
Jno. Odum, 300, 540, 3360, 500, 9200
W. C. Carr, 520, 1000, 12000, 1000, 10800
W. A. Glasson, 120, 500, 6000, 250, 2652
H. B. Goyne, 60, 100, 320, 10, 278
W. C. Smith, 115, 665, 3040, 40, 480
S. T. Thompson, 120, 320, 2200, 600, 1130
W. D. Murray, 40, 40, 250, 10, 240
Jas. Jones, 100, 140, 700, 100, 650
Vicy Mein, 25, 100, 300, 10, 200
J. _. Pierson, 200, 800, 3000, 1000, 1210
Jno. Harvey, 100, 140, 700, 50, 420
W. A. Darby, 300, 580, 2640, 300, 1515
Jas. R. Gilbert, 275, 200, 1440, 500, 1000
Wm. Slosson, 80, 240, 1000, 100, 328
A. Kitchens, 13, 147, 480, 20, 400
P. Boatrite, 150, 850, 3000, 100, 570
L. Davis, 40, 280, 1000, 20, 325
Frank Rabon, 250, 150, 1600, 500, 890
Jas. Perdew, 50, 20, 360, 20, 150
Jas. Boatrite, 35, -, 350, 10, 300
L. Boatrite, 20, -, 200, 10, 100
Wm. Tubbs, 55, -, 500, 20, 100
C. Price, 35, 125, 600, 10, 200
S. Pierce, 60, 140, 600, 20, 400
Wm. Beard, 80, 170, 1000, 500, 710
L. W. Ramsey, 700, 250, 1000, 20, 450

Jas. Ramsey, 50, 350, 1200, 150, 510
H. R. Paston, 20, 180, 600, 10, 150
I. J. Burke, 25, 135, 480, 10, 200
J. B. Shepard, 60, 220, 800, 20, 440
M. T. Simmons, 180, 500, 2040, 250, 1030
J. B. Shoot, 300, 400, 2100, 100, 1350
W. Wason, 50, 330, 1080, 20, 600
S. M. T. Simmons (agent), 60, 180, 500, 20, 370
W. Rabon, 120, 540, 1980, 100, 870
W. J. Purdy, 75, 125, 600, 120, 55
E. M. Dean, 45, 185, 650, 20, 200
John Rabon, 125, 200, 1000, 100, 500
G. W. Birton, 40, 280, 1000, 20, 165
Jo. Tugwell, 50, 200, 1000, 20, 200
I. Joiner, 40, 280, 1000, 20, 375
D. Joiner, 50, 200, 1000, 20, 315
Geo. Tubbs, 40, 120, 800, 25, 1000
Jo. King, 90, 110, 1000, 50, 450
E. Lee, 250, 750, 3000, 500, 580
Jno. Gray, 140, 300, 1440, 100, 650
Allen Futch, 100, 280, 1400, 75, 700
Jessee Odum, 80, 300, 1500, 80, 538
B. M. Tubbs, 100, 300, 1500, 50, 210
S. McFarland, 50, 110, 800, 110, 375
Jno. Phelps, 140, 500, 3200, 100, 450
R. Agerton, 60, 140, 1000, 20, 330
L. Smith, 60, 100, 800, 30, 500
W. D. Ragan, 50, 190, 1200, 80, 300
Jno. B. Burford, 400, 520, 4600, 1000, 1765
F. B. Glascow, 60, 270, 1650, 200, 650
Nancy Taylor, 25, 55, 400, 10, 200
Nerdom Bird, 25, 55, 400, 10, 280
E. J. Pouncy, 35, 65, 250, 15, 250
E. Farris, 240, 340, 3400, 600, 1735
J. T. Mathis, 250, 500, 3700, 500, 1755
J. Dumas, 200, 300, 1500, 400, 580
R. McGough, 250, 530, 4000, 1000, 980
Geo. Finton, 70, 100, 800, 150, 480
M. Hendrick, 100, -, 200, 100, 130
G. C. Comp (Camp), 40, 48, 240, 10, 510
D. M. Goodgen, 100, 180, 880, 20, 625
W. L. Lockwood, 75, 125, 600, 25, 400
J. T. B. Andrews, 300, 920, 3660, 600, -
G. W. Murphy, 200, 300, 1500, 100, 50
Jno. W. Cull, 45, 25, 250, 20, 800
W. H. Buckley, 200, 260, 1380, 150, 1770
D. D. Dawkins, 300, 900, 3600, 600, 700
Solomon Curb, 120, 160, 840, 120, 935
J. Hallaway, 250, 550, 20400, 600, 3000
J. Hallaway (agent), 800, 1600, 22000, 1500, 275
J. G. Billery, 130, 350, 1440, 100, 465
John Andrews, 50, 260, 3000, 20, 190
D. McBride, 30, 160, 480, 10, 190
S. J. McKins, 60, 120, 540, 100, 830
E. Jones, 40, 160, 600, 10, 255
J. K. Creath, 530, 1530, 6300, 1000, 2150
J. H. McBroom, 25, 55, 250, 10, 150
Benj. Dildy, 110, 130, 720, 100, 650
S. T. Wheeleers, 220, 300, 1600, 520, 575
J. B. L. Robison, -, 120, 360, -, 165
J. B. Eckles, 100, 153, 750, 100, 430
M. E. Daniel, 225, 500, 2190, 500, 1600
E. O. G. Andrews, 170, 630, 2400, 600, 805
J. W.Caskey, 130, 310, 1320, 100, 450

C. C. Clark, 150, 170, 960, 100, 370
H. K. Elkins, 70, 170, 720, 50, 535
J. E. Hanney, 25, 135, 480, 20, 19
Thos. Kilgore, 100, 450, 5750, 100, 2610
J. Jackson, 40, 120, 500, 10, 225
J. H. Gulley, 400, 880, 6400, 1000, 1660
Jo. Abbott, 160, 240, 2000, 600, 665
W. P. Post, 40, 200, 1200, 50, 250
Thos. Seals, 40, 40, 400, 10, 200
Rufus McAdams, 20, 60, 400, -, 50
Jas. McAdams, 12, 35, 420, 20, 130
W. J. Goyne, 80, 280, 1800, 100, 630
O. J. Pratt, 80, 80, 800, 60, 430
C. Vickers (agent), 90, 150, 1200, 125, 1110
W. A. Wooley, 300, 200, 2500, 450, 1690
B. Sturdevant, 25, 55, 400, 15, 150
Wm. Shinpock, 25, 55, 400, 10, 385
J. W. White, 20, 140, 800, 10, 225
D. B. White, 30, 90, 600, 15, 260
S. M. Brooks, 70, 170, 1200, 100, 640
J. W. Vines, 300, 500, 4000, 100, 1850
A. Felson, 20, 260, 1400, 10, 210
Alex. Felson, 500, 720, 6400, 350, 1000
E. J. Griffith, 100, 300, 1000, 50, 280
H. W. Ramsey, 85, 415, 2500, 10, 600
W. Nicklas, 120, 280, 2000, 50, 975
W. R. Davis, 40, 280, 1600, 15, 470
Wm. Pilgreen, 65, 15, 240, 10, 240
C. W. Brannon, 60, 240, 900, 10, 100
T. W. Whitescarber, 80, 200, 300, 10, -
D. Morris, 30, 40, 100, 10, 100
Wakisk Patrick, 24, 126, 480, 10, 125
C.& Vsent, 240, 360, 1800, 500, 845
Jno. Meredith, 50, 110, 480, 50, 125

J. G. Hollis, 300, 540, 2520, 500, 804
J. B. Ivy, 35, 125, 480, 40, 275
Ja. Smith, 25, 95, 360, 50, 70
Benj. Ford, 175, 145, 960, 500, 1060
R. J. Simms, 50, 110, 490, 40, 220
J. A. Stringer, 75, 445, 1560, 500, 480
J. H. Williams, 50, 80, 200, 10, 100
E. Stripling, 30, 50, 24, 40, 238
R. L. Holeman, 30, 310, 720, 10, 250
R. S. Stripling, 55, 65, 350, 10, 205
J. M. Sloom, 15, 25, 120, 10, 170
E. G. Caskill, 15, 400, 1200, 10, 190
G. _. Powell, 10, 30, 120, 10, 65
Jno. Marsh, 10, 30, 120, 10, 75
Willis Dean, 10, 100, 360, 10, 255
E. Parker, 50, 30, 240, 10, 200
O. B. Huckaba, 60, 100, 480, 10, 190
Simon Chapman, 115, 245, 1080, 15, 350
P. Vaboun, 50, 630, 2040, 500, 380
H. J. Toler, 40, 40, 240, 10, 135
J. & S. Smith, 110, 210, 960, 500, 700
E. A. Repond, 20, 60, 240, 10, 230
Lucy Repond, 60, 60, 360, 10, 485
H. Alfred Repond, 20, 100, 360, 40, 360
B. A. Gorge (George), 100, 320, 1260, 100, 115
G. N. Benson, 195, 445, 1920, 100, 1185
F. G. Hargis, 350, 230, 1640, 500, 1300
M. A. George, 225, 175, 1200, 500, 1000
J. J. Loper, 250, 270, 1560, 500, 1010
L. M. Powell, 500, 600, 3300, 500, 2950
B. T. Repond, 20, 140, 480, 100, 100
W. A. Wallis, 20, 140, 480, 100, 525
T. S. Robison, 350, 700, 3150, 100, 1150
John _. Baron, 20, 50, 240, 10, 100

W. Brasher, 70, 170, 240, 10, 360
Jono Brasher, 3, 50, 720, 10, 320
U. Bass, 550, 110, 240, 10, 1630
J. Singleton, 100, 137, 3630, 500, 2175
E. Brantly, 275, 205, 711, 100, 835
G. Greshen, 12, 108, 1240, 500, 92
Geo. Gessup, 240, 860, 500, 10, 1000
J. D. Roye (Boyd), 18, 92, 3000, 500, 324
H. B. Mathis, 54, 146, 360, 10, 250
B. Edwards, 120, 220, 600, 20, 622
G. W. Edwards, 20, 220, 450, 500, 220
M. Edwards, 100, 220, 640, 10, 530
M. L. Stewart, 45, 235, 640, 10, 240
L. K. Thomas, 210, 890, 838, 50, 1050
W. C. Andrews, 80, 420, 3240, 500, 400
R. R. Towns, 55, 261, 1500, 100, 310
D. H. Heath, 40, 160, 918, 100, 290
D. J. Tucker, 165, 795, 800, 100, 480
S. Wright, 70, 213, 2760, 50, 200
N. T. White, 60, 180, 850, 20, 390
D. H. Stripling, 100, -, 720, 100, 160
Author [Stripling], 180, 510, 360, 10, 740
W. W. Walker, 55, 385, 2070, 100, 200
W. D. M. Braton (Bruton), 140, 420, 1320, 100, 800
J. B. Robison, 300, 560, 1580, 100, 1130
Jno. E. Green, 380, 976, 2580, 100, 1200
Jos. Moore, 600, 480, 4068, 100, 1920
E. B. Billery, 100, 260, 3240, 500, 435
T. B. Findley, 80, 160, 1880, 100, 905
P. Y. Farrow, 60, 260, 720, 100, 400

M. D. Cooper, 340, 1860, 960, 100, 100
W. Bird, 200, 600, 6600, 100, 950
T. W. Anderson, 180, 312, 2400, 100, 540
D. P. A. Cook, 63, 177, 1476, 100, 950
Geo. Walker, 250, 770, 3060, 100, 130
Jno. Manning, 20, 20, 120, 10, 115
W. E. Davis, 20, 60, 240, 10, 585
C. Faulkner, 129, 195, 960, 10, 225
T. L. Davis, 60, 140, 600, 16, 250
Mary Holmes, 50, 30, 250, 10, 200
Wm. Renfro, 20, 280, 200, 10, 300
J. W. Kelley, 30, 50, 250, 15, 180
S. J. Larkin, 1400, 600, 2000, 300, 5510
Jas. Holland, 60, 60, 360, 10, 275
J. B. Wallace, 40, 80, 250, 10, 460
M. W. Gouldsby, 500, 500, 3000, 100, 2040
Jno. Trailer, 400, 500, 4500, 100, 1775
S. E. Trailer, 100, -, 300, 50, 280
M. A. Masterson, 120, 20, 500, 15, 675
B. Honeycutt, 200, 320, 1560, 500, 800
B. R. Simmons, 25, 95, 500, 50, 70
M. D. Newsane, 40, 280, 1600, 40, 440
A. Heath, 65, 55, 360, 3, 305
L. B. Thomas, 240, 240, 1440, 500, 640
T. J. Stewart, 350, 540, 2670, 500, 1390
J. W. Terray, 85, 125, 600, 20, 742
Jno. Croos, 75, 245, 960, 60, 441
J. W. Walker, 50, 150, 500, 30, 325
J. M. Turner, 100, 420, 3040, 40, 1078
H. Hunter, 40, 120, 400, 20, 175
Jas. Jeter, 225, 375, 1200, 500, 775
Thos. Sisson, 20, 80, 100, 10, 285
S. E. Barr, 20, 80, 240, 10, 200

F. K. Long, 20, 20, 120, 10, 40
J. R. Rudey, 50, 70, 360, -, 100
J. M. Spencer, 30, 410, 1320, 10, 180
D. C. Bozman, 30, 10, 130, 10, 175
J. H. Ganner, 40, 40, 250, 10, 215
J. G. Ethridge, 400, 400, 1320, 50, 310
M. J. Smith, 40, 400, 1320, 50, 330
D. Shaw, 10, 310, 960, 20, 280
Dushee (no other name on line), 20, 60, 240, 50, 250

Abel Kobb, 20, 281, 850, 20, 300
An Parker (Packer), 25, 95, 360, 20, 125
A. L. Parker (Packer), 60, 140, 600, 30, 128
Moses Parker, 80, 80, 240, 10, 170
J. Williams, 30, 210, 720, 100, 230
R. Beasly, 40, 230, 720, 50, 160
G. T. Harrel, 60, 260, 960, -, 200

The Parish of Vermilion, Louisiana
1860 Agricultural Census

The Agricultural Census for Louisiana for 1860 was microfilmed by the University of North Carolina Library under a grant from the National Science Foundation and filmed from original records held at Duke University Library, Durham North Carolina.

There are some forty-eight columns of information on each individual. Only the head of the household is addressed. I have chosen to use only six columns of the information because I feel that this information best illustrates the wealth of the individuals. These are shown below:

1. Name of Owner
2. Acres of Improved Land
3. Acres of Unimproved Land
4. Cash Value of the Farm
5. Value of Farm Implements and Machinery
13. Value of Livestock

Thus, the numbers following the names represent columns 2, 3, 4, 5, 13.

The following symbol is used to maintain spacing where information in a column is left blank (-). This symbol is used where letters, names or numbers are not legible (_).

E. Landry, -, -, -, 75, 225
M. Brousard, -, -, -, -, 450
A. Thibodaux, 320, -, 480, 100, 6000
P. Dubois, -, -, -, 40, 300
S. Berrard, -, -, -, 40, 200
J. Collins, -, -, -, 750, 980
R. Lee, -, -, -, 100, 740
E. Trawhon, 160, 40, 450, 75, 400
R. Johnson, -, -, -, -, 200
A. Lee, -, -, -, 50, 430
A. Landry, 30, -, 100, 75, 175
L. Landry, 85, -, 450, 50, 380
O. Voudavald, 2, 50, 100, -, 40
Leo Landry, 230, 30, 675, 50, 500
R. Placade, 1 house, lot, 250, -, 800
O. Brousard, -, -, 600, -, 150
R. Belden, Gov't, land, 400, 75, 650
T. Slater, 150, -, 1600, -, 100
H. Moss, 180, -, 1450, -, 225
A. Premaux, 170, -, 1590, 50, 1020
J. Arrington, 410, -, 2460, 50, 1868
O. Premaux, 60, 20, 480, 50, 320
D. Eties, 70, -, 420, -, 275
L. Desormeau, 80, -, 450, 50, 650
S. Bourke, 80, -, 480, 75, 200
S. Premaux, 245, 2, 1260, 75, 1975
M. Premaux, 271, 15, 1726, 60, 575
P. Lee, 600, -, 1000, 75, 4000
S. Vauson, 80, 6, 480, 50, 240
O. Losville, -, -, -, 75, 300
M. Landry, 159, -, 186, 100, 450
T. Meges, -, -, -, -, 530
A. Vailen, 590, -, 3440, 75, 700
E. Como, 120, -, 720, 50, 350
C. Como, -, -, -, 50, 240
P. Dubois, -, -, -, -, 570
J. B. Deonett, 200, -, 300, 100, 420
P. Thibodaux, gov't, land, 300, 100, 300
P. Landry, -, -, -, -, 225

E. Boodro, 160, -, 240, 50, 520
L. Landry, 85, -, 160, 75, 230
J. Dugare, -, -, -, -, 160
M. Trawhon, -, -, -, 75, 660
P. Belare, 160, -, 240, 100, 640
P. Dubois Sr., -, -, -, 50, -
L. Dubois, -, -, -, -, 175
A. Mouton, -, -, -, -, 75
J. Landry, 60, -, 240, 50, 400
A. Drouett, 140, -, 210, 50, 260
A. Brousard, -, -, -, -, 240
B. Ebare, -, -, -, -, 75
D. E. Ebare, -, -, -, -, 175
J. B. Mallat, 95, -, 140, 50, 325
O. Breaux, -, -, -, -, 100
S. Desormeau, -, -, -, -, 530
A. Brassa, -, -, -, -, 540
O. Brassa, 680, -, 1020, 175, 8000
Z. Brassa, 80, -, 420, 75, 200
U. Tuson, 80, -, 420, 50, 560
J. Lee, 160, -, 240, 25, 275
J. White, 380, 320, 1050, 200, 1550
Wm. Henry, -, -, -, -, 100
J. Henry, 160, -, 240, 50, -
A. L. Meriman, -, -, -, 100, 4460
D. Lyon, -, -, -, 75, 3965
Mrs. R. Vrieson, 160, -, 240, 150, 1060
R. Shaw, -, -, -, -, 320
P. Sessack, -, -, -, -, 200
Adolph Sessack, -, -, -, -, 260
George Petree, -, -, -, 50, 200
F. Bartel, -, -, -, -, 350
Y. Shaw, -, -, -, -, 275
E. J. Shaw, McCarty, Clams, 200, 200, 2840
A. Campbell, 300, 200, 5000, 700, 1300
P. Foster, -, -, -, -, 1000
J. Cole, -, -, -, -, 1100
J. Ashworth, -, -, -, -, 1650
Mrs. J. Willis, -, -, -, -, 1000
Z. Brousard, 60, -, 100, 50, 3050
L. Ditch, -, -, -, -, 400
J. Brousard, -, -, -, -, 700
M. George, 300, -, 450, 50, 7840

Wellington, 160, -, 800, 50, 1650
Mary Campbell, 520, -, 2600, 100, 100
Nelson Campbell, 160, -, 800, 50, 1175
Hampton Campbell, -, -, -, -, 1500
Newton Campbell, -, -, -, -, 275
Galaway Campbell, -, -, -, -, 450
William Campbell, -, -, -, -, 50
Calvan Campbell, -, -, -, -, -
C. Arrington, 98, -, 98, 50, 2750
P. Laboriet, 98, 147, 245, 75, 3500
G. Heartgrove, -, -, -, 50, 660
Levi Heartgrove, -, -, -, 50, 600
F. Snider, 160, -, 160, 75, 500
N. Perry, 98, -, 98, 50, 670
Wm. Arrington, 160, -, 160, 50, 260
J. Meai (Mear), -, -, -, 50, 700
A. Brousard, 160, -, 160, 50, 2600
A. Arrington, -, 98, 98, 50, 1290
J. Gasper, -, -, -, 75, 340
O. Arrington, -, -, -, 50, 250
V. Toups, -, -, -, -, 485
C. Gasper, 49, -, 49, 50, 1480
E. LeBlanc, 400, -, 900, 100, 1160
D. LeBlanc, -, -, -, 75, 100
O. LeBlanc, 140, -, 40, 50, 240
Lorenza Rice, 480, -, 480, 175, 6820
Levi Rice, 160, -, 160, 150, 1330
John Myres, 80, -, 100, 50, 220
A. Bertrand, -, -, -, -, 470
Mrs. N. Henry, -, -, -, -, 215
S. Henry, -, -, -, -, 255
C. Arrington, -, -, -, -, 615
A. Forke, 120, -, 180, 75, 1275
L. Luquet, 7, -, 12, -, 340
Mrs. A. Mouton, 7 ½, -, 15, -, 410
L. Mouton Jr., 160, -, 240, 100, 965
E. Gedry, 50, -, 75, 50, 700
L. Mouton Sr., 160, -, 240, 100, 350
D. Shoats Sr., -, -, -, -, 820
D. Shoats Jr., -, -, -, -, 100
Z. Hebert, 237, -, 250, 50, 880
Tagoyriue Hebert, -, -, -, -, 125
May Hebert, 160, -, 240, 100, 80
Oliver Hebert, 98, -, 45, 75, 3050

M. Leblanc, -, -, -, -, 305
M. Dooby, 160, -, 200, 75, 1750
H. Petree, -, -, -, -, 335
E. Slater, -, -, -, -, 460
T. Gedry, 260, -, 390, 100, 1750
C. Brousard, -, -, -, 100, 1095
L. Mires, 150, -, 300, 75, 975
J. Lanearr, (Lamarr) Sr., 156, -, 230, 50, 1950
C. Boudwine, -, -, -, -, 770
Joseph Lamarr, 160, -, 240, 50, 260
John Lamarr Jr., 160, -, 240, 50, 800
A. Hebert, 240, -, 360, 50, 4200
E. Tebo, -, -, -, 75, 4300
Mrs. S. Hebert, 200, -, 300, 50, 1700
E. Boodro, -, -, -, -, 205
L. Luquet, -, -, -, -, 120
N. Bourke, 419, -, 630, 100, 650
S. Porter, -, -, -, -, 120
N. Tebo, -, -, -, 50, 1480
S. Hebert, 180, -, 270, 100, 320
J. Stephens, 160, -, 240, 100, 1225
A. Lamarr, 80, -, 120, 100, 640
O. Hebert, 110, -, 165, 100, 1900
A. Hebert, -, -, -, -, 230
B. Boudwine, 180, -, 275, 75, 240
A. Lamarr, 140, -, 210, 150, 1480
P. Boudwine, 240, -, 360, 50, 490
R. Moss, 160, -, 240, -, 600
A. Leblanc, 80, -, 120, 50, 520
Wm. Loffler, 120, -, 240, 50, 530
S. Stansbury, -, -, -, -, 440
E. Ewing, 952, -, 1615, 100, 1440
N. Young, 420, -, 4200, 1000, 1080
Wm. Terrell, 2000, -, 20000, 2000, 3100
Emily Perry, 1190, -, 11900, 1000, 1625
J. Chevis, 850, -, 8500, 1000, 1780
A. Leons (Lions), 170, -, 1700, 60, 1120
Wm. Cade, -, -, -, 100, 1200
L. Campbell, 400, -, 800, -, 500
R. J. Epperson, 1440, -, 14400, 1000, 1325
J. Smith, 50, -, 100, -, 750
J. Didwa (Dideva), -, -, -, 75, 100
R. Leblanc, 160, -, 2820, -, 560
T. Winston, 840, -, 8400, 1500, 3470
E. Brousard, 140, -, 240, 100, 600
C. Brousard, -, -, -, -, 160
C. Thibadaux, -, -, -, 100, 460
J. _. Brousard, -, 50, 100, 50, 450
Eugene Brousard, 130, -, 260, 50, 650
Anastagu Brousard, 608, -, 1216, 50, 2200
Victor Landry, -, -, -, 50, 800
L. Trawhon Sr., 640, -, 1280, 100, 2450
L. Trawhon Jr., 160, -, 320, 50, 1580
D. Nunius, 460, -, 920, 60, 12050
L. Mouton, 280, -, 560, 100, 2695
J. Nunius Jr., 195, -, 390, 100, 1125
Levi Lamar, 320, -, 640, 75, 600
J. Nunius Sr., 4400, -, 22000, 2000, 37000
G. Dequere, 700, -, 3500, 2000, 1500
P. Dequere, 200, -, 1000, 400, 1200
U. Boudwine, 120, -, 600, 100, 600
C. Davidson, 40, -, 80, -, 150
E. Leblanc, 195, -, 390, 100, 750
A. Perry, 760, -, 2300, 100, 1120
T. Stellay, 240, -, 1200, 100, 550
P. Trawhon, 400, -, 800, 100, 950
D. Trawhon, -, -, -, 50, 250
J. Bertrand, 40, -, 80, 50, 675
O. Preshon, 120, -, 240, 50, 200
U. Bertrand, 75, -, 150, 60, 500
A. Forke, 80, -, 160, 75, 250
M. Trawhon, 220, -, 440, 100, 500
Mrs. P. Bourke, 80, -, 160, 50, 200
T. Bourke, -, -, 100, -, 225
O. Dedeon, 80, -, 160, 50, 450
L. Trawhon, 240, -, 480, 100, 150
L. Longbona, 160, -, 320, 75, 1600
Elare Brousard, 160, -, 320, 75, 1950
Edward Brousard, 521, -, 1042, 100, 750
Louis Brousard, 400, -, 800, 100, 1200
E. Richard, 160, -, 320, -, 800

A. Brousard, 160, -, 320, -, 100
J. Rayo, 350, -, 750, -, 240
A. Rayo, 160, -, 320, 50, 1950
M. Rayo, 160, -, 320, 50, 875
E. Leblanc Jr., 160, -, 320, 75, 450
C. Leblanc, 160, -, 320, 50, 750
B. Mouton, 140, -, 320, 50, 1050
Mrs. C. Lamarr, 260, -, 520, 100, 2100
Mrs. J. Leblanc, 1695, -, 3390, 1000, 3600
Joseph Leblanc Jr., -, -, -, -, 525
Sevaran Leblanc, 160, -, 320, 100, 580
Carmalete Lamarr, 360, -, 720, 100, 2250
J. B. Leblanc, 160, -, 320, 100, 2250
Tayozine Leblanc, -, -, -, -, 1000
Doctor Leblanc, 160, -, 320, 100, 1400
O. Dervon, 160, -, 320, 50, 750
V. Trawhon, 200, -, 400, 50, 550
Mrs. L. Boodro Sr., -, -, -, -, 50, 750
Mrs. L. Boodro Jr., 160, -, 320, 150, 1725
O. Sharlete, 160, -, 320, 100, 700
Mrs. J. Boodro, 280, -, 560, 100, 1050
Savan Boodro, 500, -, 1000, 50, 3000
D. Blanja, 160, -, 320, 50, 320
M. Luquet, 120, -, 240, 100, 150
Mrs. F. Landry, 400, -, 800, 100, 1500
B. Cavalary, 100, -, 500, 100, 500
C. Columbus Sr., 200, -, 100, 100, 825
C. Columbus Jr., 160, -, 800, 100, -
Peter Rousell, 200, -, 100, 100, 550
Mrs. _. Snider, 160, -, 800, 100, -
S. Fedrick, 240, -, 1200, 100, 450
C. Gedry, 200, -, 1000, 100, 9750
A. Ziselure, 280, -, 1200, 100, 1020
D. Brousard, 400, -, 1200, 100, 1300
A. Duon, 160, -, 640, 75, 425
F. Fedrick, 160, -, 320, 75, 300
F. Fedrick Jr., -, -, -, -, 200
Guiston Fedrick, 120, -, 240, 50, 175
Doreza Fedrick, -, -, -, -, 275
Delphine Fedrick, 160, -, 320, 50, 290
David Moore, 200, -, 400, 50, 825
J. Tootshake, 120, -, 240, 50, 208
Alfrasee Tootshake, 360, -, 720, 50, 375
J. Premo, 120, -, 600, 50, 130
F. Corner, 170, -, 850, 50, 975
C. Blanchet, -, -, -, -, 330
B. Toups, 15, -, 75, 50, 1050
C. Dupree, -, -, -, -, 450
J. B. Perrett, 240, -, 1200, 50, 200
Eufrose Gedry, -, -, -, -, 450
Eugenia Gedry, 400, -, 800, 50, 900
Marius Gedry, -, -, -, -, 500
C. Premo, 130, -, 650, 50, 1400
A. Martin, -, -, -, -, 300
J. B. Bernard, 260, -, 1300, 50, 150
V. Preshon, -, -, -, -, 500
J. Brousard, 200, -, 600, 50, 5480
U. Brousard, 165, -, 495, 100, 1275
J. Theall, 100, -, 500, 100, 875
D. Vesa, 150, -, 450, 100, 600
D. Obryan, 1740, -, 17400, 250, 2850
John Buyers, -, 80, 400, -, -
Wm. Kibbe, -, 3000, 1800, 150, 250
O. Trawhon, -, -, -, -, 225
D. Trank, town, lot, 500, -, -
A. G. Maxwell, -, 160, 1000, 100, -
W. H. Sevain, -, 220, 1300, 25, 250
B. F. Sevain, -, 220, 1300, 25, 250
B. F. Patten, -, 160, 850, -, 650
P. Abidde, -, -, -, -, 400
P. Mouton, -, 500, 2500, -, 1650
P. Gueydon, -, -, -, -, 650
U. Bernard, -, 280, 1400, 25, 350
C. Trawhon, -, -, -, -, 400
J. H. Bumgardin, town, lot, 600, -, -
A. Meaux, -, 500, 2500, 50, 2600
H. Read, -, -, -, -, 1200
T. Dertes, -, 600, 3000, 100, 3200
A. Dertes, -, 160, 800, 75, -

V. Dertes, -, 320, 1600, 75, 2650
J. Dertes, -, 320, 1600, 75, 750
C. Brousard, -, 160, 800, 75, 200
P. Meaux, -, 420, 2000, 100, 7000
C. Hebert, -, -, -, -, 320
E. Meaux, -, 100, 500, 50, 750
J. Meaux, -, 600, 300, 75, 2125
R. Lyons, -, 840, 4200, 100, 900
J. Lyons, -, 600, 300, 100, 2850
P. Jones, -, -, -, -, 7480
A. A. Alexander, -, -, -, -, 1000
J. D. Armstrong, -, -, -, 150, 1900
J. Hall, -, -, -, 50, 850
J. Hickok, -, -, -, -, 475
Wm. Dorsey, -, -, -, 200, 900
Wm. Root, -, -, -, -, 300
U. Stafford, -, -, -, 25, 1200
J. Wetherill, -, -, -, -, 150
J. Dick, -, -, -, 150, 2000
A. McDonald, -, -, -, 75, 1500
A. Gordy, -, -, -, -, 4500
Mrs. McCall, -, -, -, -, 1600
G. Mayne, -, -, -, -, 450
C. Hultin, -, -, -, -, 150
J. Sweeney, -, -, -, 50, 850
J. Vaughan, -, -, -, -, 650
J. Vaughan, -, -, -, -, 650
H. Sweeney, -, -, -, 25, 350
M. Miller, -, -, -, 50, 1200
J. Miller, -, -, -, 60, 625
V. Monte, -, -, -, 25, 400
L. Bertrand, -, -, -, -, 400
A. Miller, -, -, -, -, 450
J. Miller, -, -, -, -, 175
Joseph Miller, -, -, -, 30, 400
P. Miller, -, -, -, 30, 1650
Mrs. J. Miller, -, -, -, 30, 1350
V. Vincent, -, -, -, -, 350
T. Brousard,-, -, -, 25, 250
J. Strvilese, -, -, -, -, 350
V. Boquet(Loquet), -, -, -, -, 600
Mrs. Flecher, -, -, -, -, 200
F. Roy, -, -, -, 25, 850
S. Miller, -, -, -, -, 400
B. Williams, -, -, -, 75, 450
F. Vaughan, -, -, -, 100, 800

J. White, -, -, -, -, 700
P. Stines, -, -, -, 50, 1000
E. Vaughan, -, -, -, -, 1900
J. Vaughn, -, -, -, -, 950
Elizabeth Vaughan, -, -, -, -, 1800
J. Bousalls, -, -, -, -, 325
J. Root, -, -, -, 50,3 00
E. Lindstraw, -, -, -, -, 1500
M. Parlie, -, -, -, 75, 200
L. Stayley, -, -, -, -, 2750
G. Laurents, -, -, -, 50, 3300
M. Miller, -, -, -, 50, 625
F. Carso, -, 3500, 25000, 8000, 400
P. Marceau, -, -, -, -, 5000
G. Gaspard, -, -, -, -, 275
O. Boudwine, -, -, -, -, 1000
E. Sherman, -, 320, 1600, 100, 3125
L. Thibout, -, 420, 2000, 100, 16700
T. Thibat, -, -, -, -, 1500
J. Rivillan, -, 1600, 8000, 100, 2200
C. Brousard, -, 250, 1500, 75, 1600
P. Acher, -, -, -, -, 500
T. Loua, -, 390, 1950, 100, 325
O. Brousard, -, 150, 900, 100, 2850
D. Loua, -, 320, 1600, 75, 300
C. Martin, -, 200, 1000, 50, 250
E. Trawhon, -, 320, 1600, 75, 350
O. Leje, -, 250, 1200, 100, 750
J. Marceau, -, -, -, 50, 375
P. Trawhon Jr., -, 320, 1600, 75, 1200
P. Lapointe, -, 160, 800, 50, 350
T. Maceau, -, 160, 1500, 75, 550
P. Trawhon, -, 250, 1000, 100, 4700
J. Abshear Jr., -, 200, 500, 75, 650
W. Abshear, -, 100, 1000, 25, 400
Wm. Abshear, -, 200, 500, 50, 800
J. Abshear, -, 100, 1500, 50, 325
Jacob Abshear, -, 300, 1000, 100, 3100
J. Hanks, -, 210, 400, 75, 900
M. Abshear, -, 80, 500, 75, 200
A. Templar, -, 100, 500, 75, 500
E. Plaisance, -, -, -, -, 350
U. Richard, -, 160, 800, 100, 500

J. Abshear Jr., -, 640, 3200, 150, 2000
V. Marceau, -, 100, 500, 75, 250
D. Hanks, -, 40, 200, 50, 500
C. Simon, -, -, -, -, 300
Jacob Abshear, -, 50, 250, 50, 500
J. Weakly, -, 135, 700, 75, 400
S. Marceau, -, 650, 3250, 150, 425
J. Huffpower, -, 350, 1800, 100, 7000
J. Stakes, -, 185, 1000, 75, 1700
H. Linsincum, -, 80, 400, 50, 500
J. Morgan, -, 360, 1800, 100, 1900
M. Jarver (Sarver), -, 95, 500, 50, 400
J. Hanks, -, 320, 1600, 75, 400
R. Abshear, -, -, -, -, 150
S. Morgan, -, 180, 900, 50, 500
T. Huffpower, -, 410, 2150, 150, 800
E. Foreman, -, 240, 1200, 100, 1000
J. Meaux, -, -, -, 75, 800
J. Huffpower, -, -, -, 100, 1000
Martha Rice, -, 740, 3700, 200, 350
Mrs. O. Ledon (Ledou), -, 40, 200, 75, 150
D. Brousard, -, 200, 1000, 75, 1900
F. Bourke, -, -, -, -, 500
P. Depon (Depou), -, 180, 1000, 100, 800
V. Brousard, -, 160, 800, 50, 1300
P. Hebert, -, -, -, -, 3625
U. Snicsnider, -, 160, 800, 75, 650
C. Leblanc, -, -, -, -, 500
E. Meaux, -, -, -, -, 500
C. Brousard, -, 160, 800, 125, 1900
L. Trawhon, -, 40, 200, 50, 1250
L. Brousard, -, 460, 2300, 150, 1700
E. Vincent, -, 210, 1050, 100, 825
S. Trawhon, -, 35, 175, 50, 1450
D. Trawhon, -, 40, 200, 50, 400
A. Vincent, -, 160, 800, 100, 650
A. Hebert, -, -, -, -, 400
J. Trawhon, -, -, -, -, 300
J. Vincent, -, 100, 500, 75, 350
J. Brousard, -, -, -, -, 350
E. Brousard, -, 570, 2850, 200, 1500

S. Vincent, -, 160, 800, 75, 350
S. Hebbert, -, 160, 800, 100, 850
T. Gedry, -, 160, 800, 100, 1000
A. Vincent, -, -, -, 100, 650
A. Dertes, -, 160, 800, 150, 800
B. Brousard, -, 160, 800, 75, 600
M. Hardy, -, 200, 1000, 150, 2200
Mrs. A. Meaux, -, 100, 500, 100, 500
J. Trawhon, -, 80, 400, 80, 500
D. L. Gasper, -, 80, 400, -, 200
F. Landry, -, 160, 800, 200, 700
G. Marvant, -, 200, 1000, 100, 650
C. Gedry, -, 800, 4000, -, 700
J. Foreman, -, 240, 1200, 75, 1600
G. Hoffman, -, 40, 200, 100, 450
J. Foreman, -, 80, 400, 100, 850
T. Meaux, -, 40, 200, 75, 450
A. Foreman, -, 160, 800, 100, 1400
P. Foreman, -, 160, 800, 125, 1700
E. Foreman, -, 320, 1600, 200, 875
D. L. Brousard, -, -, -, 200, 2700
O. Benwa Sr., -, -, -, -, 600
F. Benwa, -, -, -, 100, 1400
O. Benwa Jr., -, 320, 1600, 150, 550
U. Brousard, -, 1300, 1500, 100, 3300
J. Duan, -, 150, 750, 104, 2300
A. Selaze, -, 120, 600, 150, 1600
U. Duon, -, -, -, -, 700
A. Duon, -, 120, 600, -, -
A. Duon, -, 200, 1000, -, 600
T. Duon, -, 200, 1000, 200, 625
A. Trawhon, -, 520, 2600, 170, 625
E. Brousard, -, 850, 4250, 200, 5378
Mrs. J. Hebert, -, 160, 800, 75, 400
P. Brousard, -, 400, 2000, 100, 4550
T. Brousard, -, -, -, -, 650
T. Toups, -, -, -, -, 500
L. Toups, -, 160, 800, 100, 625
C. Landry, -, 360, 1800, 150, 1150
V. Landry, -, 160, 800, 75, 225
J. Landry, -, 160, 800, -, 100
D. Leblanc, -, -, -, -, 1050
S. Boodro, -, -, -, -, 350
J. Degrouse, -, 160, 800, 150, 300
E. S. Gueg_ou, -, 120, 600, -, 250

L. Foutelier, -, 540, 4180, 1000, 1280
S. A. Cestia, town, lot, 3000, -, -
J. Foutelier, town, lots, 6000, -, -
J. Dellon, -, 170, 850, 150, 1900
Perry Leblanc, -, 250, 1250, 100, 1350

C. A. Hatch, -, 4800, 24000, 200, 675
Henry Moss, -, 350, 1400, 100, 1400
P. Caneay (Carreay), -, 300, 1500, 50, 1200

The Parish of Washington, Louisiana
1860 Agricultural Census

The Agricultural Census for Louisiana for 1860 was microfilmed by the University of North Carolina Library under a grant from the National Science Foundation and filmed from original records held at Duke University Library, Durham North Carolina.

There are some forty-eight columns of information on each individual. Only the head of the household is addressed. I have chosen to use only six columns of the information because I feel that this information best illustrates the wealth of the individuals. These are shown below:

1. Name of Owner
2. Acres of Improved Land
3. Acres of Unimproved Land
4. Cash Value of the Farm
5. Value of Farm Implements and Machinery
13. Value of Livestock

Thus, the numbers following the names represent columns 2, 3, 4, 5, 13.

The following symbol is used to maintain spacing where information in a column is left blank (-). This symbol is used where letters, names or numbers are not legible ( ).

A large number of names were not legible, but the same line also had lines drawn through any of the information columns.

Stephen Ellis, 120, 730, 1500, 200, 815
James M. Burris, 75, -, 500, 100, 400
Kenneth McLain, 60, 190, 350, 150, 650
John R. Wood, 25, 295, 200, 10, 510
Maryonet Thimman (Simmons), 25, 295, 150, 8, 195
Srebica Davis, 30, 70, 200, 8, 300
Henry J. Morris, 70, 930, 600, 20, 600
Whit M. Erwin, 40, 500, 200, 15, 287
John J. Lyson, 20, 275, 200, 30, 177
William P. Richardson, 30, 290, 400, 10, 760

Hardy Richardson, 200, 650, 1000, 110, 5640
Benjamin Fisher, 60, 600, 400, 25, 760
John E. Morris, 60, 280, 500, 115, 1000
Jeremiah Magee, 150, 650, 500, 50, 1695
Swinton Barber, 10, -, 125, 10, 198
Stokely Letchworth, 40, -, 150, 35, 185
George Knight, 22, -, 200, 150, 5, 410
Ephraim Rushing, 18, -, 250, 60, 90
Daniel Jenkins, 40, 200, 200, 70, 335
Isam J. Pounds, 25, 295, 250, 25, 446

James Blackwell, 50, 710, 300, 400, 650
James Knight, 12, -, 100, 5, 105
Kenza Johnston, 40, 280, 300, 65, 1000
Wiltram (Wilbran) H. Jones, 70, 570, 550, 100, 1000
John Mizell, 40, 600, 400, 115, 400
Elijah Jenkins, 10, -, 100, -, 30
Marshal Bartel, 12, -, 100, 6, 712
Stephen Mizell, 20, 610, 300, 35, 760
John P. Mageehee, 15, 155, 200, 10, 376
James P. Mageehee, 10, 210, 100, 45, 426
Daniel Mageehee, 40, 600, 300, 25, 1456
Mathew Mizell, 30, 610, 250, 50, 325
Isaac Corkeron, 30, 1210, 400, 175, 1095
Elabridge Magee, 20, 620, 500, 60, 505
Orville Perry, 60, 80, 300, 101, 630
James Perry, 30, 100, 200, 10, 160
Andrew Toney, 30, 61, 1200, 11, 450
Abner Corkeron, 20, 80, 250, 100, 630
Stephen Corkeron, 60, 820, 600, 15, 930
John Corkeron, 6, 13, 150, 5, 130
William Corkeron, 60, 600, 350, 100, 660
James A. Erwin, 30, 60, 500, 95, 660
James Williams, 15, -, 110, -, -
David Mizell, 75, -, 600, 50, 860
Lewis Willey, 15, -, 400, 5, 270
Robert Green, 18, -, 200, 600, 250
Daniel Perkins, 15, -, 100, -, 50
John String, 15, -, 150, 5, 365
Jehu Boyet, 15, -, 150, 5, 360
Robert Givens, 35, 15, 300, 10, 258
Catherine Fendlasen, 60, -, 200, 70, 200
Solomon Perkins, 27, -, 200, 12, 100
Judson Cocks, 60, 190, 150, 8, 180
Elisha Parks, 50, 250, 200, 10, 180
Wiley H. Jones, 60, 250, 600, 170, 610
Theophilus Pitman, 15, 25, 200, 50, 285
Andrew James, 27, -, 100, 75, 285
John McCall, 60, -, 300, 5, 105
James H. Harnell (Harvell), 30, -, 200, 30, 228
John Fisher, 25, 295, 200, 60, 920
Samuel Slocum, 15, 80, 100, 15, 220
Edward McCain, 25, 620, 125, 150, 750
Emanuel Sylvest, 40, -, 150, 8, 350
Elezy B. Dees, 20, 416, 200, 10, 485
Charles P. Thomas, 35, 605, 300, 70, 300
Jacob Wood, 70, 570, 700, 50, 790
John A. Paul, 25, -, 200, 75, 200
M. Osouski, 60, 380, 600, 20, 500
Hezekiah Magee Sr., 200, 660, 1500, 500, 2750
Hezekiah Magee Jr., 30, 350, 800, 5, 100
Elizabeth Rainey, 12, 8, 100, 5, 100
Charles T. German, 20, 10, 150, 80, 250
Francis Sylvest, 30, 10, 300, 10, 590
John L. Crow, 50, 440, 700, 150, 1060
John M. Brumfield, 100, 500, 800, 150, 700
Samuel Wildblood, 70, 370, 600, 70, 910
Leslie Grayson, 100, 300, 500, 150, 700
Elisha Stephens, 75, 565, 400, 100, 340
Miles Bullock, 80, 140, 1000, 200, 920
Nancy Feathers, 70, 30, 500, 125, 800
John Pasman, 16, -, 150, 5, 50

William S. Givens, 20, 50, 200, 25, 225
James T. Lea, 50, 350, 600, 150, 480
Andrew Holten, 90, 485, 500, 500, 1085
Warren Alferd, 35, 285, 150, 100, 380
Daniel Fendlasen, 18, 142, 150, 10, 179
Sarah Scavli, 16, 64, 150, 20, 250
Isaac Hennessey, 25, 15, 100, 5, 116
Isaac Hennessey Jr., 20, 100, 100, 45, 95
Chapman L. Peak, 50, 110, 600, 100, 580
James D. Welch, 60, 670, 600, 95, 905
Lewis B. Cocks, 25, 195, 150, 10, 140
D. H. Hogan, 30, 50, 150, 10, 100
Paten Bond, 80, 580, 1000, 125, 580
John Casson, 70, 180, 700, 100, 1200
John Graham, 25, -, 200, 10, 60
James Graham, 45, 395, 300, 200, 480
B. L. Lea, 40, 360, 400, 100, 440
James M. Shillings, 35, -, 350, 20, 260
Leslie Bankston, 41, 500, 250, 5, 280
Philip P. Parker, 50, 430, 500, 200, 500
Nicholas S. Edwards, 250, 1800, 4000, 700, 3130
Daniel Sanders, 130, 900, 1800, 145, 1000
Francis D. Lea, 25, 160, 400, 18, 235
Thomas Sanders, 30, 130, 250, 8, 750
Elijah Walsh, 9, 291, 100, 100, 260
Francis Weist, 10, 50, 100, 10, 115
John Kellum, 20, -, 100, 15, 14
William Saunders, 70, 250, 600, 100, 490
Burrell Carpenter, 40, 110, 300, 40, 600

Barney Elliott, 150, 520, 1500, 150, 1250
Solomon Strickland, 20, 180, 300, 10, 100
Jesse Sanders, 60, 580, 700, 50, 587
C. P. Bailey, 40, 530, 500, 100, 628
E. R. Gunn, 125, 1775, 1000, 150, 700
William B. Addison, 30, 290, 110, 60, 195
Y. P. Bankston, 40, 280, 200, 90, 200
John Strickland, 40, 200, 600, 20, 318
John Sharkey, 175, 1869, 2000, 2000, 1000
William H. Russell, 25, -, 300, 10, 175
James Bunch, 90, 1190, 1800, 100, 800
Simeon Bennett, 60, 128, 300, 50, 384
John Watson, 50, 775, 500, 15, 430
Jesse Zachery, 30, 170, 400, 100, 500
John B. Baham, 38, 131, 400, 100, 310
Stephen Adams, 25, 135, 200, 50, 225
Josephine Baham, 16, -, 150, 5, 158
Joseph Rhmar, 20, 260, 150, 25, 230
Hiram Lewis, 50, 114, 300, 10, 440
Elias Dykes, 20, 40, 160, 10, 282
William Morgan, 25, -, 150, 5, 300
Thomas Loring, 30, 180, 200, 10, 230
John M. Davis, 18, 103, 200, 5, 50
John Parker, 40, 360, 250, 10, 220
Henry L. White, 30, 170, 800, 75, 390
Wm. A. Holton, 40, 80, 500, 60, 206
William J. Hogan, 30, -, 700, 100, 310
David E. Bullock, 30, 350, 300, 20, 530

George N. Dyson, 130, 1500, 1000, 250, 800
W. S. Dykes, 60, 340, 500, 150, 818
John G. Faust, 15, -, 150, 5, 206
Wallace A. Painter, 35, 345, 500, 10, 504
Sarah Muse, 20, -, 250, 12, 225
Samuel W. Varnado, 35, 125, 900, 75, 1050
Nathaniel M. Vanado, 50, 320, 300, 75, 580
Isam L. Dykes, 50, -, 400, 10, 250
Peter Bankston, 80, 800, 700, 200, 400
Walton G. Bankston, 23, 345, 500, 10, 390
Samuel Hyde, 50, 1250, 800, 80, 450
Jesse Hyde, 110, 540, 1000, 150, 1029
William Bond, 35, 340, 500, 10, 295
William S. Simmons, 15, 185, 150, 5, 195
Preston Bond, 100, 800, 1000, 800, 745
James Bond, 60, 940, 800, 100, 480
Michael Mixon, 150, 1370, 1000, 400, 750
William Gill, 35, 165, 600, 15, 220
Jesse Gill, 12, -, 150, 5, 100
James Gill Jr., 50, 600, 300, 10, 225
James Gill Sr., 50, 250, 500, 60, 390
Nancy Pitman, 30, -, 300, 10, 180
Loami Pitman, 20, 140, 225, 5, 130
Leroy Gill, 12, 113, 200, 10, 150
Thomas Gill, 12, 113, 200, 10, 150
A. J. Mixon, 50, 190, 350, 25, 530
Zachariah Graham, 50, 115, 500, 15, 380
Newton A. Cutrer, 70, 660, 1000, 100, 540
James McDaniel, 25, 570, 600, 15, 300
William B. McDaniel, 15, 140, 300, 5, 200
H. W. L. Lewis, 90, 630, 1000, 100, 500
F. M. Rippy, 10, 27, 150, 9, 100
John J. Lewis, 40, 240, 200, 100, 250
Benjamin Blades, 40, 40, 500, 100, 419
Wiley McDaniel, 75, 320, 1000, 100, 810
Isaac Cutrer, 60, 340, 800, 80, 790
Warren Ricks, 25, 140, 200, 5, 300
John Q. Ricks, 25, 275, 200, 10, 170
Rachael Ricks, 20, 880, 450, 190, 500
Wesly Ricks, 15, 160, 400, 4, 500
John D. Ricks, 30, 152, 600, 15, 258
Isaac N. Lemon, 105, 500, 1100, 125, 380
John W. Thompson, 60, 300, 2000, 13, 600
K. K. Thompson, 160, 440, 1500, 20, 1000
James Thompson, 65, -, 210, 50, 360
William McDaniel, 25, -, 400, 25, 220
John A. Amacker, 81, 445, 500, 50, 360
Lewis B. Cutrer, 71, 200, 500, 150, 488
Margent Ard, 10, 30, 150, 5, 150
Mitchel J. Varnado, 31, 51, 190, 10, 90
John Roberts, 36, 161, 300, 60, 220
Jeremiah Raeburn, 26, 134, 400, 25, 455
Layfayette Tate, 32, -, 400, 6, 230
Isaac Cutrer Sr., 100, 1500, 600, 150, 780
Jackson Singleton, 15, 165, 100, 5, 278
Edmund Hunt, 15, 47, 100, 5, 74
Bosworth Strickland, 60, 371, 700, 100, 500
C. M. Singleton, 25, 135, 500, 10, 275
Isaac Dykes, 230, 250, 1200, 130, 507
Jorden Dykes, 70, 480, 800, 125, 675

Michael Shilling, 35, 605, 250, 25, 186
Henry Shilling, 135, 365, 1000, 100, 964
Dennis Shilling, 18, 62, 200, 5, 32
Henry McElvan, 20, 200, 500, 5, 168
D. J. McElvan, 15, 120, 150, 5200
H. D. Bradford, 30, -, 300, 15, 250
William D. Lewis, 30, 230, 200, 60, 240
James Brumfield, 200, 1140, 3000, 800, 1450
James Morris, 140, 960, 3500, 400, 10200
Humphrey Pierce, 60, 230, 700, 130, 700
William Kemp, 20, 140, 200, 50, 150
Elihu Kemp, 20, 380, 200, 10, 150
John V. Painter, 100, 380, 600, 25, 700
Margaret Tate, 200, 800, 1500, 150, 440
Jacob Faust, 31, -, 200, 10, 200
William Britt, 24, 730, 600, 150, 3040
Martha Roberts, 100, 260, 1500, 200, 574
C. B. Booty, 40, 160, 350, 50, 200
Ebenezer Booty, 15, 25, 200, 10, 200
William F. Booty, 20, 100, 300, 10, 300
Francis B. Merritt, 20, 40, 200, 100, 100
Calvin Fussell, 30, 73, 400, 10, 200
J. A. Waskum, 35, 65, 250, 5, 200
George James, 15, -, 200, 5, 50
Evan James, 70, 1880, 800, 100, 580
Charles Statham, 25, 15, 200, 5, 124
Reuben Shilling, 25, 55, 200, 100, 190
H. D. Banister, 10, 106, 200, 3, 40
H. B. Hardy, 40, 40, 500, 150, 412
Johnathan Forrest, 80, 720, 500, 150, 318
Nehemiah Magee, 220, 380, 3500, 1025, 1980
James Roberts, 700, 2400, 10000, 1500, 3535
John McElvan, 27, 253, 200, 50, 328
Jno. P. Alford, 80, 280, 1400, 200, 500
Jeptha J. Alferd, 30, 370, 1200, 60, 500
William Fortenberry, 23, 300, 400, 35, 250
Tyre J. Tynes, 50, 150, 600, 125, 506
George Roberts, 40, 600, 1000, 50, 400
Francis Shilling, 30, 190, 400, 20, 330
Ann Banister, 30, 50, 300, 10, 406
Charles S. Thomas, 30, 130, 300, 30, 340
Virgil V. Varnado, 60, 150, 300, 25, 250
Charles Ott, 80, 370, 700, 125, 820
Jacob Ott, 55, 580, 400, 40, 500
Joseph T. Ott, 15, 145, 200, 110, 400
M. M. Chandler, 90, 320, 150, 200, 826
Thomas Kemp, 60, 540, 350, 120, 528
John James, 40, 600, 200, 10, 210
M. Murray, 100, 850, 200, 700, 1000
William Turner, 30, 600, 200, 10, 560
Noah B. Merritt, 12, 120, 300, 10, 200
David B. Painter, 80, 560, 1200, 50, 770
Isaac Roberts, 20, 100, 250, 10, 200
John T. Kemp, 100, 680, 1300, 135, 549
Samantha Holmes, 80, 500, 900, 150, 410
John W. Burkhalter, 15, -, 200, 10, 106
John P. Collins, 12, -, 150, 3, 52
Alexander E. Fussell, 30, 51, 200, 10, 150
John Fussell, 65, 775, 1000, 150, 1140

A. C. Brumfield, 200, 1000, 4000, 1000, 2105
Calvin Daniels, 100, 540, 750, 100, 530
C. W. Fisher, 35, 565, 300, 20, 350
L. S. Bickham, 90, 210, 1200, 100, 890
D. D. Magee, 312, 1288, 5000, 1500, 860
John Q. Brumfield, 55, -, 600, 25, 590
William Brumfield, 70, 300, 700, 20, 490
Thomas Gouce, 25, -, 200, 10, 200
James _. Morris, 25, 150, 131, 11, 210
William Johnson, 75, 225, 210, 20, 400
Elijah Brumfield, 125, 515, 4000, 500, 680
Josiah Brumfield, 33, 63, 400, 12, 310
William Stringfield, 18, 142, 400, 15, 100
John S. Alferd, 75, 700, 1000, 150, 645
Permelia Burch, 800, 1200, 650, 40, 420
Levi H. Bankston, 100, 640, 1000, 21, 640
John Roberts, 18, 622, 250, 10, 160
E. S. Morris, 25, 415, 200, 5, 170
A. C. Bickham, 100, 250, 1000, 15,0, 1000
B. W. Brumfield, 55, -, 860, 125, 410
William Lewis, 100, 400, 1200, 150, 750
Thet Magee, 70, 700, 800, 100, 500
George Magee, 40, 270, 1500, 10, 500
Pleasant Magee, 35, 340, 400, 50, 728
Samuel Z. Warren, 125, 600, 1200, 200, 936
John B. Brewer, 25, -, 1200, 25, 430

John Magee, 400, 1100, 5000, 350, 3430
Jacob Magee, 400, 1120, 6000, 1000, 1870
Jefferson F. Holmes, 55, 215, 500, 20, 200
Nathaniel Graves, 100, 660, 1000, 125, 1180
Amelia Bickham, 50, 680, 600, 125, 700
Thomas E. Bickham, 150, 810, 1600, 300, 1198
O. L. Conoly, 15, -, 300, 10, 100
Colter Warner (Warren), 100, 540, 1000, 40, 1160
Salena Broomfield, 25, 285, 300, 7, 69
James W. Simons, 20, 180, 129, 12, 150
George G. Blunt, 40, 200, 300, 10, 300
Lacy King, 45, 105, 550, 100, 460
Thomas W. Bickham, 125, 700, 1500, 100, 1025
Wiley Jones, 40, 80, 100, 25, 390
Bery Gay, 15, 185, 100, 5, 75
Jarries Rowel, 15, -, 150, 10, 260
Hardy Thomas, 70, -, 600, 60, 100
Willis Dillon, 7, -, 100, 10, 100
Mathew Thomas, 107, 20, 200, 150, 670
Zachariah Magee, 75, 655, 200, 150, 750
Thomas Brumfield, 50, 625, 500, 10, 240
Calvin Duncin, 100, 300, 1000, 50, 380
Paton Ward, 20, 85, 175, 42, 300
Hariet Magee, 75, 567, 850, 65, 426
James Wascumb, 35, -, 220, 35, 280
Alfred Richardson, 60, 300, 700, 90, 500
L. Burry Jourden, 30, -, 200, 10, 50
Zacharian Bickham, 25, -, 100, 100, 300
Joseph Nobles, 25, -, 160, 18, 120

Morgan E. Wood, 15, -, 200, 6, 150
William Gerald, 25, 615, 400, 15, 470
Charle Bright (Knight), 25, -, 200, 10, 385
William Bright, 20, -, 200, 10, 450
Franklin Stubbs, 25, 695, 550, 175, 350
Carville Childs, 20, 60, 300, 10, 830
Warren Crane, 20, -, 200, 15, 378
John Crane, 25, -, 280, 12, 420
Dennis Crane, 40, 600, 200, 110, 390
Henry Blackwell, 14, -, 100, 10, 910
Nathan Crane, 50, -, 300, 12, 420
James McKane, 18, -, 170, 16, 155
Elijah Breland, 15, -, 140, 5, 70
David Thomas, 20, -, 200, 10, 180
Thomas E. Pigot, 25, -, 250, 10, 250
William R. Stogner, 25, -, 250, 10, 250
James Thomas, 60, 20, 800, 70, 908
William Branch, 25, -, 200, 5, 205
Mores C. Ard, 15, 80, 150, 10, 110
William H. Ard, 15, 80, 150, 10, 110
Alfred Morris, 70, 380, 700, 75, 1000
Enoch Hines, 50, 20, 400, 15, 475
Henry Hines, 18, 62, 150, 5, 185
H. A. Herrida, 60, 600, 350, 100, 900
Ellijah Rials, 25, -, 125, 10, 125
Nathan Blackwell, 40, 660, 300, 80, 460
David Blackwell, 13, -, 150, 10, 233
Elizabeth Conerly, 20, -, 200, 15, 283
Stephen Conerly, 20, 40, 200, 10, 318
John P. Pierce, 12, -, 200, 10, 170
Smitey Pierce, 22, -, 300, 15, 370
Clabourn Blackwell, 45, -, 425, 75, 540
R. G. Whitington, 25, -, 200, 10, 126
W. J. G. Whitington, 12, -, 150, 10, 12
Washinton Thigpen, 30, -, 200, 10, 187

William F. Bateman, 30, 600, 300, 10, 156
George W. Hodge, 10, 20, 125, 15, 265
Adolphus McMillin, 40, 40, 500, 10, 290
Clarence Thigpen, 50, 910, 400, 40, 590
Absolom Hardy, 20, 600, 250, 12, 240
Joseph C. Ceals, 30, 610, 200, 100, 400
Jesse Rankin, 90, -, 800, 75, 675
James E. Ford, 40, 1000, 700, 25, 300
John _. Ball, 100, 300, 2500, 900, 1279
James M. Ball, 40, 160, 900, 70, 572
Robert Patton, 40, 70, 1200, 500, 850
Thanney Summers, 200, 1600, 3000, 1910, 974
James P. Ard, 70, 1200, 2000, 200, 1000
V. Marian H. Falk, 125, 665, 1800, 100, 340
Isaac N. Pigot, 75, 885, 657, 25, 495
Robert Spruel, 200, 1420, 8700, 150, 2220
William C. Warren, 350, 1750, 4750, 250, 8100
John A. Fornay, 75, 400, 500, 50, 575
James Warner, 25, 215, 100, 10, 350
Elizabeth Maning, 80, 1200, 1200, 300, 940
Ja. M. Simane, 13, 305, 150, 10, 80
Sarah Daniels, 250, 2560, 2500, 450, 1960
Abraham M. Har___, 250, 1280, 2500, 200, 1649
D. _. Warren, 189, 175, 1200, 30, 900
Margaret Bateman, 15, 230, 100, 3, 930
Seth Barnes, 40, 80, 600, 60, 780

Nathaniel Pigot, 10, 670, 100, 90, 580
Lernon (Lemon) Thigpen, 15, 675, 100, 80, 862
John F. Ard, 75, 2205, 800, 75, 690
James J. Thigpen, 24, 430, 300, 75, 1000
Washington Rester (Kester), 25, 500, 1000, 200, 960
John B. Pigot, 12, -, 25, 10, 272
P. G. Addams, 10, -, 100, 5, 334
Alfred Peters, 120, 2660, 1000, 50, 2950
Nathaniel Peters, 20, -, 300, 10, 60
Dugal Calhoun, 20, 420, 200, 15, 490
William A. Hunt, 12, -, 140, 45, 210
John A. Hunt, 20, 620, 250, 10, 190
James Hunt, 15, 305, 200, 10, 370
Rober___ Ezell, 19, 69, 100, 15, 110
S. D. Richardson, 50, 590, 900, 25, 500
Abner Pool, 50, 200, 200, 75, 1150

William Williams, 30, 610, 400, 10, 665
T. J. Brassfield, 50, 1710, 500, 150, 850
David Miller, 9, 380, 100, 8, 500
Aby Lee, 9, 310, 100, 3, 200
Harting Ezell, 10, 32, 100, 5, 200
James Pierce, 12, -, 125, 5, 1160
Andrew J. Smart, 16, -, 150, 5, 125
S. Stafford, 30, 10, 250, 10, 300
Samuel Sheriding, 30, 610, 225, 10, 160
William Robins, 10, -, 100, 5, 78
F. P. Addams, 100, 9780, 350, 150, 2890
John W. Jones, 30, 660, 200, 100, 630
Arlin Rogers, 8, -, 100, 10, 50
H. T. Buckhalter, 150, 170, 1500, 200, 1000
James C. Green, 50, 200, 300, 65, 433

The Parish of Winn, Louisiana
1860 Agricultural Census

The Agricultural Census for Louisiana for 1860 was microfilmed by the University of North Carolina Library under a grant from the National Science Foundation and filmed from original records held at Duke University Library, Durham North Carolina.

There are some forty-eight columns of information on each individual. Only the head of the household is addressed. I have chosen to use only six columns of the information because I feel that this information best illustrates the wealth of the individuals. These are shown below:

1. Name of Owner
2. Acres of Improved Land
3. Acres of Unimproved Land
4. Cash Value of the Farm
5. Value of Farm Implements and Machinery
13. Value of Livestock

Thus, the numbers following the names represent columns 2, 3, 4, 5, 13.

The following symbol is used to maintain spacing where information in a column is left blank (-). This symbol is used where letters, names or numbers are not legible ( ).

Wm. B. Stovall, 10, 70, 250, 5, 130
L. Williamson, 50, 30, 800, 30, 350
Q. A. Hargis, 25, 530, 700, 100, 1100
Elijah Sims, 90, 230, 3000, 560, 1500
John N. Davis, 30, 90, 500, 100, 800
Isaac Coltson, 15, 25, 300, 10, 225
A. C. Banks. 40, 40, 400, 100, 800
Q. W. F. Call, 25, 75, 500, 17, 330
L. Walker, 35, 205, 600, 150, 500
S. T. Wyatt, 30, 250, 200, 25, 250
C. J. Mixon, 28, 92, 500, 5, 360
D. Crawford, 25, 95, 500, 10, 230
D. P. Morris, 35, 165, 800, 15, 400
Nat Bolton, 90, 310, 2000, 1000, 1300
Willis Collum, 25, 255, 600, 15, 350
Wm. Miles, 35, 285, 750, 100, 400
E. W. Teddlie, 100, 220, 1660, 25, 500
J. A. Mathis, 18, 62, 320, 60, 350
S. Collins, 40, 146, 500, 125, 300
B. F. Teddlie, 50, 110, 800, 25, 500
Wm. Newman, 40, -, 400, 60, 600
J. W. Birck (Brock), 15, 60, 300, 60, 150
Briant Bailey, 35, 285, 900, 75, 500
Q. P. Bailey, 30, 250, 700, 35, 350
F. Shumake, 35, 205, 500, 60, 400
T. D. Milling, 50, 430, 1600, 200, 650
J. L. Bridges, 26, 334, 700, 105, 250
W. P. Teddlie, 25, 95, 400, 90, 200
D. B. Hogan, 10, 150, 500, 15, 250
Jere Deplicy, 40, 440, 950, 50, 200
John T. Melem, 40, 200, 700, 120, 500
T. G. Jenkins, 50, 230, 840, 200, 350

G. M. Sowers, 60, 100, 500, 150, 400
Alex Wall, 60, 260, 600, 105, 150
Isham Smith, 25, 175, 400, 400, 500
J. T. Gillmore, 30, 110, 500, 100, 500
C. A. Maxwell, 20, 80, 400, 10, 550
Marshal Jones, 80, 320, 1200, 200, 2300
Thos. Peoples, 50, 30, 650, 10, 600
John Allen, 30, 50, 500, 10, 200
Hiram Smith, 22, 58, 600, 10, 55
M. C. Devore, 20, 200, 650, 10, 1200
Thos. Davis, 40, 240, 600, 80, 1100
D. P. Key, 25, 125, 600, 50, 250
Thos. W. Ramsey, 50, 350, 1000, 100, 1000
H. Nucom (Nucorn), 100, 436, 1500, 80, 550
W. A. Wright, 40, 320, 600, 40, 150
D. Woodruff, 60, 100, 800, 45, 250
E. J. Haddox, 23, 137, 500, 36, 60
Edwin Holly, 35, 365, 1000, 150, 300
Wm. Killin, 30, 210, 600, 60, 278
G. W. Gray, 50, 30, 600, 60, 600
S. Teddlie, 20, 260, 800, 7, 400
J. M. Smith, 50, 30, 500, 400, 1000
J. R. Bevell, 25, 55, 250, 100, 250
Lewis Martin, 25, 255, 400, 110, 160
J. F. Murrell, 25, 14, 500, 10, 400
J. A. Killingsworth, 18, 222, 375, 5, 150
J. W. Hamilton, 20, 60, 300, 30, 300
Joshua Rogers, 28, 92, 550, 100, 400
D. M. Tannehill, 651, 175, 1500, 500, 700
Thomas Cox, 25, 135, 500, 65, 400
Thomas Davis, 70, 610, 1800, 20, 1000
Wm. Peters, 24, 56, 500, 25, 530
G. Barrett, 30, 10, 450, 60, 210
Mrs. M. Alfred, 40, 40, 450, 150, 200
Jesse Womack, 70, 290, 2500, 250, 1100
T. A. Jordan, 40, 120, 500, 20, 500
J. F. Teacle, 150, 270, 2000, 800, 900
J. D. Wallis, 30, 50, 500, 10, 175
Wm. I. Dickinson, 60, 170, 950, 400, 600
J. _. Teddlie, 40, 120, 750, 40, 560
D. J. Warner, 40, 240, 900, 20, 550
C. James, 80, 160, 1000, 25, 570
H. W. Holmes, 30, 450, 900, 50, 440
Wm. M. McDowell, 60, 60, 600, 100, 800
H. Cockerham, 60, 60, 600, 30, 850
Josiah Allen, 50, 150, 900, 100, 1200
John Cockerham, 28, 52, 400, 10, 250
Wm. Caves, 50, 150, 900, 300, 600
C. G. C. Clark, 22, 98, 500, 10, 280
Z. Johnson, 40, 440, 900, 100, 500
E. H. Deloach, 30, 90, 500, 8, 600
T. E. Richardson, 30, 130, 550, 110, 200
Wm. T. Bell, 30, 130, 450, 10, 140
J. S. Hewitt, 43, 207, 750, 60, 400
Jas. Crawford, 30, 130, 500, 20, 200
Jas. Wade, 20, 100, 600, 15, 160
John Cooper, 20, 100, 500, 80, 350
J. A. Smith, 70, 90, 1000, 80, 275
T. F. Smith, 50, 110, 600, 25, 850
D. Boyett, 30, 290, 700, 75, 250
Wm. Fletcher, 20, 180, 400, 100, 1100
B. J. Boyett, 65, 55, 400, 20, 450
Willis, Lee, 80, -, 1000, 130, 1000
G. C. Couch, 50, 70, 600, 600, 500
Wm. M. Newsom, 15, 65, 400, 10, 500
James Rentz, 35, 285, 700, 100, 650
W. Underwood, 40, 40, 400, 15, 70
J. E. Lucas, 20, 60, 250, 20, 100
P. Smith, 8, 152, 300, 3, 200
H. Smith, 30, 211, 550, 100, 600
M. Smith, 24, 126, 500, 6, 250
W. Smith, 50, 150, 650, 150, 700
H. Smith, 21, 139, 400, 5, 150
Griffen Ross, 25, 175, 470, 60, 300

A. Haddox, 50, 550, 1200, 5, 328
J. Roberts, 30, 210, 400, 15, 250
T. J. Haddox, 100, 1317, 2500, 20, 650
M. Arledge, 40, 240, 560, 75, 500
C. Nelson, 30, 50, 500, 85, 725
S. H. Newsom, 20, 100, 360, 20, 500
G. Bohanan, 27, 93, 400, 20, 130
G. W. Young, 45, 115, 550, 100, 550
Wm. Griffen, 75, 405, 1000, 125, 400
D. F. Hilbun, 18, 102, 500, 20, 185
James A. Rains, 60, 380, 1500, 60, 650
Wm. Stone, 40, 360, 1000, 100, 500
S. Jackson, 35, 365, 1500, 120, 170
S. N. Fay (Lay), 30, 170, 700, 50, 250
C. B. Parsons, 55, 261, 875, 25, 500
H. C. C. Teacle, 100, 460, 2000, 75, 450
Joseph Vance, 20, 60, 600, 100, 500
T. _. Harrison, 40, 500, 2350, 50, 500
J. W. Robbins, 15, 225, 700, 10, 300
James Christy, 20, 80, 100, 335, 400
C. L. Crew, 50, 190, 1000, 75, 250
C. H. Davison, 20, 100, 750, 50, 150
Wm. L. Corbett, 12, 148, 480, 10, 210
M. Thompson, 20, 20, 400, 10, 300
W. J. Faircloth, 18, 102, 500, 10, 200
J. A. Faircloth, 20, 140, 800, 10, 300
A. E. Hardee, 130, 2500, 6500, 235, 800
K. A. Williams, 150, 610, 4000, 1000, 1200
S. Williams, 75, 725, 4000, 30, 500
V. Dubois, 35, 65, 1000, 100, 710
D. Lamoine, 20, 20, 400, 25, 250
S. Dubois, 25, 55, 300, 100, 200
Wm. Thompson Sr., 25, 55, 250, 75, 400
Q. Chelette, 40, 280, 500, 300, 600
L. H. Hays, 14, 26, 250, 10, 100
J. N. Cooper, 75 365, 1200, 100, 550

C. M. Wheeler, 500, 5000, 4000, 600, 1650
C. S. Walters, 85, 315, 1500, 100, 1000
James Chelette, 12, 68, 250, 10, 150
R. T. Crockett (Cackett, Clackett), 15, 105, 400, 10, 150
Mrs. M. M. Smith, 40, 40, 700, 85, 350
A. W. Bingham, 10, 150, 550, 75, 260
Samuel Roe, 60, 140, 1500, 100, 450
M. M. Howell, 105, 300, 2000, 150, 600
W. H. Bostick, 45, 235, 1200, 100, 450
W. H. Beale, 300, 340, 3200, 753, 1390
E. B. Sandifeer, 60, 20, 400, 100, 300
T. Shee_te, 80, 220, 900, 70, 700
J. B. Burrow, 35, 265, 900, 40, 300
S. J. Sandefeer, 15, 65, 450, 75, 300
G. Barron, 30, 170, 500, 100, 325
W. J. Willson, 38, 322, 1120, 75, 400
R. S. Mclamore, 18, 222, 600, 5, 150
R. Killingsworth, 20, 60, 400, 90, 350
Daniel O'Quinn, 70, 250, 1000, 100, 500
D. S. O'Quinn, 22, 118, 480, 12, 350
P. Fletcher, 40, 120, 700, 15, 310
N. Walters, 200, 466, 3000, 500, 600
B. F. Black, 30, 130, 500, 15, 175
Peter Bird, 100, 220, 1300, 120, 400
D. C. Shaw, 50, 270, 960, 50, 250
Polly Philips, 40, 320, 900, 60, 300
Richard Bird, 35, 345, 700, 100, 250
S. Pittman, 25, 135, 550, 7, 100
A. L. Shaw, 25, 135, 800, 10, 150
J. H. Hicks, 102, 420, 2000, 800, 450
C. M. Turner, 85, 275, 1500, 75, 400
Wm. S. Turner, 120, 300, 1600, 50, 350
James Buys, 75, 485, 1680, 75, 420

Thos. Woodward, 800, 3570, 13500, 1200, 3170
Nat Gilcreas, 45, 75, 600, 15, 200
Wm. Collins, 25, 96, 480, 10, 100
Isaac Mitchell, 50, 530, 1200, 50, 650
Wm. Holamon, 30, 210, 700, 5, 400
N. H. Drewet, 40, 160, 600, 75, 300
G. W. Johnson, 45, 355, 1000, 50, 450
John Lang, 20, 100, 480, 100, 300
H. Davidson, 40, 80, 480, 100, 350
Richd. Gillcreas, 38, 442, 960, 80, 500
J. D. Strother, 375, 865, 4340, 600, 2000
G. M. Ferguerson, 50, 590, 2000, 65, 900
T. W. Garrett, 16, 184, 500, 50, 150
S. E. Hart, 55, 184, 600, 150, 500
Jacob Willis, 30, 10, 300, 25, 600
J. E. Willis, 15, 25, 300, 15, 475
C. Peters, 50, 550, 1300, 75, 700
Wm. Willis, 27, 173, 550, 15, 720
James Kelly, 10, 110, 300, 8, 210
W. H. Stewart, 20, 140, 480, 75, 300
R. Cole, 200, 1160, 2550, 450, 1500
Joseph West, 22, 178, 500, 20, 200
C. Riser, 90, 590, 1200, 160, 1100
A. Riser, 657, 135, 4000, 500, 1000
B. H. Thompson, 30, 50, 300, 90, 400
C. T. Tyrone, 17, 63, 400, 60, 550
E. W. Sims, 40, 120, 600, 40, 326
R. Parker, 10, 70, 240, 20, 240
B. Arnold, 20, 100, 420, 75, 275
L. L. Thomas, 25, 75, 420, 70, 250
D. Emmons, 18, 62, 200, 6, 125
T. Simons, 24, 216, 500, 5, 250
Joe. Wright, 60, 100, 1000, 60, 400
L. Lucas, 25, 95, 350, 10, 200
W. S. King, 30, 92, 350, 10, 225
B. G. Adams, 18, 104, 300, 5, 200
Thos. James, 40, 400, 880, 55, 550
J. Allbright, 60, 400, 1200, 125, 1400
Abel Deen, 50, 270, 1000, 100, 400
S. Holoway, 20, 40, 360, 8, 200
John Roe, 40, 40, 400, 50, 1300
J. D. Taliaferro, 25, 175, 600, 80, 160
S. Evans, 30, 210, 600, 30, 250
J. N. Bonnett, 35, 125, 900, 50, 350
G. M. Brady, 30, 70, 500, 75, 450
W. B. Neal, 45, 175, 600, 15, 300
D. S. Gimbrell, 190, 330, 2300, 500, 1300
J. Thompson, 120, 160, 1000, 154, 1000
C. Lefflure, 30, 130, 600, 20, 600
Wm. F. Sapp, 150, 290, 2200, 400, 840
T. G. McCracking, 40, 240, 600, 60, 300
Thos. Allison, 100, 340, 2000, 500, 400
H. B. McCain, 120, 400, 2100, 75, 500
Wm. Taylor, 35, 125, 800, 700, 230
Wm. S. Bridges, 15, 145, 600, 20, 400
James Prather, 70, 490, 1680, 100, 550
Godfoir Lavespeer, 40, 40, 500, 100, 175
Wm. Martin, 40, 280, 1000, 70, 400
S. H. Frame, 60, 97, 800, 100, 700
O. Johnson, 40, 40, 500, 10, 100
Thos. Johnson, 30, 90, 250, 20, 350
W. A. Curry, 350, 1550, 11000, 1000, 2320
Conrad Starks, 150, 690, 2000, 1000, 200
J. E. Sutton, 150, 310, 2000, 150, 800
J. M. Turner, 20, 300, 600, 12, 80
John Frame, 50, 100, 700, 100, 900
Mrs. E. Fountain, 30, 10, 300, 6, 125
L. Desoto, 75, 125, 800, 50, 400
D. Eubank, 30, 170, 700, 10, 140
F. Desoto, 35, 119, 700, 50, 200

A. J. Pearre, 100, 140, 1000, 110, 650
A. Waddell, 30, 50, 800, 250, 850
D. H. Boultt (Bouett), 1100, 1900, 150000, 4000, 7500
R. L. Eubank, 100, 215, 950, 30, 750
A. Thompson, 25, 200, 800, 120, 590
J. T. Lyons, 400, 800, 3600, 500, 1500
A. J. Upshaw, 100, 360, 2000, 150, 1000
James Shelfer 38, 88, 600, 50, 200
Mrs. E. Kelly, 60, 180, 1000, 85, 550
Lewis Neal, 30, 50, 200, 20, 400
W. W. Oneal, 30, 290, 1000, 50, 280
J. F. Brantly, 100, 260, 2500, 80, 825
Everet Bates, 45, 115, 600, 130, 500
J. B. Lowe, 25, 126, 700, 85, 200
J. H. Lacy, 90, 230, 960, 100, 600
G. Q. Cliffton, 35, 165, 600, 100, 400
A. E. Lard, 170, 310, 2000, 125, 1200
N. S. Walker, 210, 270, 2800, 600, 1200
W. A. S. Hogan, 20, 220, 400, 150, 300
W. Babers, 65, 355, 1000, 60, 350
S. J. Clark, 40, -, 200, 25, 160
Jo. Hoddwin, 40, 200, 720, 100, 500
Wm. Ross, 40, 80, 600, 10, 350
W. J. Durbin, 40, 120, 640, 10, 600
T. R. S. Durbin, 50, 110, 600, 100, 500
A. A. Luckey, 25, 85, 500, 10, 350
J. F. Straughan, 25, 15, 750, 10, 200
A. Cockerham, 45, 235, 1400, 100, 830
Wm. Mackey, 40, 280, 850, 7, 200
D. Mackie, 100, 260, 1860, 150, 1300
S. Dean, 20, 60, 350, 10, 200
L. Rodescich, 200, 1640, 5500, 1500, 2300
J. W. Hudgens, 50, 150, 600, 100, 500

John Terrol, 55, 245, 800, 200, 450
N. W. Parker, 65, 135, 800, 25, 400
G. W. Moore, 16, 24, 300, 10, 100
J. Thornton, 80, 200, 750, 105, 800
G. W. Dyess, 18, 222, 600, 100, 200
A. McCarty, 100, 60, 1000, 90, 1152
J. M. Thornton, 40, 80, 500, 125, 275
Willis McCarty, 55, 25, 600, 35, 550
J. P. Willis, 90, 230, 1420, 125, 500
Hugh Allen, 16, 24, 200, 15, 160
S. Emmons, 20, 20, 250, 6, 100
J. L. McGinty, 125, 155, 1400, 500, 1500
A. J. Perkins, 40, 200, 600, 70, 500
W. J. Fautherree (Fanterree), 25, 135, 500, 125, 600
H. Emmons, 80, -, 500, 25, 650
Wm. Crump, 30, 170, 600, 40, 300
T. Branch, 30, 210, 500, 65, 500
D. C. Caldwell, 35, 125, 500, 10, 300
S. W. Rogers, 100, 260, 1000, 150, 600
T. W. Barron, 30, 210, 720, 10, 500
E. K. McGinty, 50, 190, 940, 35, 350
S. W. Cavers, 100, 300, 1400, 150, 600
J. O. Morris, 180, 820, 5000, 1000, 1200
E. A. McCarty, 120, 438, 3000, 800, 700
J. I. Green, 300, 740, 3940, 700, 1200
E. Preuett, 30, 250, 840, 15, 220
M. A. Gaar, 90, 210, 1000, 25, 450
I. S. Kidd, 22, 138, 550, 10, 175
Isaac Parker, 60, 100, 1000, 50, 300
G. J. L. Brown, 40, 360, 1200, 25, 450
D. Hagler, 100, 540, 2500, 175, 1000
D. D. McCarty, 20, 100, 360, 5, 80
A. Stinson, 150, 435, 2300, 250, 1600
Z. Warren, 50, 20, 600, 20, 350
R. Underwood, 50, 350, 1200, 150, 600
F. M. Warren, 40, 240, 840, 75, 400

J. M. Wasson, 35, 165, 850, 100, 250
Thos. Moffett, 70, 210, 850, 100, 450
H. G. Green, 45, 195, 800, 10, 300
J. R. Floyd, 125, 315, 1500, 240, 700
N. W. Barnes, 40, 40, 400, 50, 600
Wm. Barnes, 70, 240, 1000, 800, 800
_. H. Sims, 200, 920, 4000, 600, 1500
S. L. Dean, 25, 55, 400, 35, 300
M. Satcher, 56, 740, 2000, 125, 700
John Welch, 30, 90, 500, 10, 300
John W. Stone, 80, 80, 800, 15, 320
S. W. Davis, 50, 110, 1000, 50, 500
J. C. Compton, 45, 345, 800, 100, 600
D. C. Kirkland, 30, 50, 400, 65, 250

J. M. Smith, 20, 60, 350, 15, 200
J. C. Smith, 30, 10, 300, 10, 200
R. M. Nettles, 18, 62, 400, 15, 150
V. Tullos, 35, 5, 150, 75, 380
Wm. Hatten, 100, 300, 2500, 750, 1600
L. M. Hatten, 60, 140, 700, 100, 300
A. Dyess, 60, 180, 600, 75, 520
George Dyess, 40, 120, 800, 100, 330
R. Tatum, 40,-, 400, 80, 350
W. B. Lucas, 20, 20, 150, 10, 100
R. Blake, 60, 300, 1500, 20, 650
A. Tyrone, 65, 295, 1000, 50, 590
Joseph Peters, 60, 320, 1500, 600, 1200

Aba, 72
Abadie, 92
Abbott, 145, 147
Abidde, 153
Abrams, 58
Abshear, 154-155
Acher, 154
Achord, 49
Acosta, 74
Acre, 141
Acrement, 134
Adams, 22, 32, 52, 90, 123, 125, 127, 159, 168
Addams, 164
Addison, 57, 69-71, 80, 82, 84, 159
Adkinson, 54
Agaisse, 25
Agerton, 146
Agristhe, 27
Aguidlard, 39
Ainsworth, 52
Airhart, 20
Alberti, 35
Albred, 18
Albritton, 143-144
Aldridge, 5, 50, 53
Aldrige, 67
Alen, 57
Alexander, 21, 124, 154
Alexandre, 90-91
Alferd, 159, 161-162
Alfered, 67
Alfonso, 74
Alford, 4-5, 64, 70, 79, 124, 140, 161
Alfred, 18, 64, 68, 166
Alfronso, 74
Allain, 37
Allbright, 168
Allbritton, 29
Allen, 41, 47, 63, 65-67, 78-79, 83, 98, 105, 108, 166, 169
Allerin, 10
Allis, 106

Allison, 168
Alpointe, 74
Alpunte, 123
Alrish, 26
Alsobrooks, 30
Alterson, 5
Amacher, 80
Amacker, 160
Ambleton, 30
Ammam, 19
Ammous, 50
Anderson, 65, 69, 106, 117, 126, 141, 148
Andre, 39
Andrepont, 95
Andrews, 4, 52, 59, 80, 82, 95, 144, 146, 148
Andros, 51, 96
Andrus, 97, 99, 104-105
Aneas, 35
Anfremuse, 88
Angas, 33
Anger, 109
Antley, 142
Antony, 18, 67-68
Antorian, 11
Anty, 18-19
Aoh, 50
Apeffing, 130
Aquillard, 39
Arbuthnot, 81
Arceneau, 96
Arceneaux, 57, 88, 115, 131
Archenaud, 59
Archer, 48, 143
Archinard, 61
Archote, 74
Ard, 160, 163-164
Ardeneaux, 132
Ardoin, 102, 104
Areneau, 96
Argas, 33
Arledge, 167

Arlouett, 40
Armant, 89
Armas, 35
Armat, 129
Armelin, 117
Armistead, 22
Armitage, 132
Armstrong, 1, 21, 66, 68, 154
Arnais, 35
Arnaud, 100
Arnauld, 100
Arni, 108
Arnold, 168
Arrington, 150-151
Arroyo, 36
Arseneaux, 136
Arsinaux, 39
Arthur, 67, 71
Asevedo, 73-74
Ashe, 105
Ashford, 97
Ashworth, 151
Assilin, 91
Atkins, 31
Aubert, 92-93
Aucoin, 117-118
Audibert, 61
Audler, 25
Augustin, 75
Auld, 57
Aurne, 89
Austin, 31, 138
Autin, 92
Autry, 139-140
Auty, 18
Avant, 1
Averell, 5
Averett, 32
Avery, 54-55, 120
Avone, 89
Awls, 141, 143-144
Aycock, 131-132
Baba, 65
Baban, 123
Babes, 169
Babin, 88, 110, 113, 132, 134, 136

Babineau, 101, 107
Babinger, 132
Bacon, 95-96
Bado, 87, 113
Baggaty, 55
Bagwell, 140-143
Baham, 123-124, 159
Baid, 41
Bailess, 47
Bailey, 45, 47, 52, 60-62, 123, 141, 159, 165
Baillie, 61
Baillio, 61
Baillis, 59
Bails, 14
Baird, 22
Baker, 24, 29-30, 32, 123, 143
Baknel, 89
Baldrige, 66
Balerige, 67
Balfour, 8
Ball, 62, 163
Ballad, 124
Balland, 127
Ballard, 3, 124, 127
Ballew, 30
Balthazar, 17
Balzerque, 88
Banbury, 22
Band, 93
Bandaris, 22
Bane, 93
Banister, 161
Bank of Rodney, 130
Banks, 57, 165
Bankston, 83, 123-124, 159-160, 162
Bantz, 129
Bara, 37
Barbee, 67
Barbenecens, 24
Barber, 21, 157
Barberonse, 11
Barbre, 44
Bard, 41
Barda, 11
Bardinger, 27

Barfield, 7
Barham, 139
Baril, 35
Barksdale, 78, 80
Barmoore, 140
Barnes, 14, 30, 163, 170
Barnhill, 14
Barns, 35-36
Barny, 123
Baron, 147
Barqhi, 34
Barr, 35, 70, 148
Barras, 35, 111, 113, 132, 135
Barrett, 166
Barron, 8, 21, 46, 62, 144, 167, 169
Barrow, 8, 42, 46-47, 80, 135
Barry, 100
Bartel, 151, 158
Bartementer, 12
Bartlette, 29
Bartman, 65
Barton, 6, 8, 140
Bartow, 8
Baskerville, 119
Bass, 50, 53, 125, 148
Bassor, 21
Batchelor, 44
Bateman, 98, 117, 119, 163
Bates, 2-3, 169
Batke, 124
Batom, 123
Baud, 93
Baudoin, 76
Bayard, 119-120
Bayles, 31
Bays, 144
Bazoon, 81
Beadle, 132
Beal, 135
Beale, 167
Beard, 145
Bearden, 142
Beasley, 19
Beasliear, 117
Beasly, 149
Beatty, 132

Beatty, 61
Beauchamps, 4
Beaudet, 87
Beauvais, 47
Beck, 18, 67, 126-127, 140
Becnel, 76
Bedingfield, 66
Beers, 119
Begnaud, 114
Begre__, 123
Belage, 11
Belanger, 133-135
Belare, 151
Belden, 150
Belfour, 105
Bell, 6, 29, 46, 124, 127, 166
Bellanger, 42
Bellegarde, 57
Beller, 95, 102
Bellery, 27
Belley, 26
Bellgarde, 57
Belocq, 24
Belue, 79
Belvin, 111
Belvirs, 55
Belzon, 43
Bemass, 37
Benaud, 110
Benett, 124
Bengay, 88
Benit, 24
Bennett, 6, 30, 61-62, 70, 82, 123, 137, 159
Benoist, 17
Benson, 147
Benton, 6, 55
Benwa, 155
Beoin, 39
Berard, 110, 120
Beraud, 101
Berew, 92
Bergeon, 43
Berger, 134
Bergeron, 24, 37, 39-42, 45-46, 104, 132, 136

Bergeroux, 37
Berlund, 56
Bernard, 24-25, 96, 101, 109-110, 153
Bernaud, 112
Bernes, 113
Bernett, 123
Bernnard, 109
Beroy, 14
Beroz, 14
Berrard, 109-111, 113, 150
Berreo, 25
Berry, 12-14, 17, 71
Bertant, 88
Berthand, 136
Bertimiere, 26
Bertinot, 99
Bertinssh, 26
Bertout, 88
Bertrand, 98, 105, 151-152, 154
Bervass, 37
Berwick, 117, 120
Besin, 39
Best, 10
Bethel, 121
Bethold, 81
Betterton, 143
Bettrel, 120
Betz, 26
Beuche, 40
Beunier, 38
Bevell, 166
Bevil, 137
Bias, 12
Bickham, 82, 162
Bicknel, 89
Biddle, 57
Bidel, 118
Bidell, 121
Bienvenu, 72, 74
Bienvenue, 45
Bifrant, 138
Bihm, 99, 105-106
Bilberry, 6
Biliew, 52
Billery, 146, 148

Billingsley, 68
Billiot, 133
Bingham, 4, 167
Bingle, 95
Biprand, 138
Birce, 31
Birch, 79
Birchand, 34
Birck, 165
Bird, 146, 148, 167
Birton, 146
Bishop, 13
Bisland, 120, 135
Bizet, 40
Black, 167
Blackbun, 123
Blackman, 30, 69
Blacksher, 16
Blackshire, 30, 130
Blackwell, 13, 51, 158, 163
Blades, 160
Blahut, 133
Blair, 11
Blake, 170
Blakeley, 21
Blanchard, 14, 41, 58, 87, 115, 133, 135-136
Blanchet, 153
Blanja, 153
Blankenship, 14
Blasingame, 143
Blasio, 35
Bloodworth, 50
Blount, 82
Blovin, 87
Blunt, 162
Bo_ie, 132
Boak, 107
Boatner, 1, 4
Boatrite, 138, 145
Boden, 14, 19
Bodin, 108, 116, 136
Bodry, 17
Boges, 26
Boggass, 62
Bohanan, 167

Boid, 12, 14
Bolton, 20, 138, 165
Bomades, 82
Bonaventure, 40, 48
Bond, 28, 80, 132, 159-160
Bondin, 114
Bonds, 52
Bondurnant, 128
Bondy, 42
Bonepan, 18
Bonepore, 18
Bonin, 112, 116, 118
Bonnan, 82
Bonnefoi, 42
Bonner, 7
Bonnett, 168
Boodro, 151-153, 155
Boom, 69
Boone, 1
Booty, 161
Booudreaux, 131
Boquet, 154
Bordelon, 72, 103
Borden, 18
Borel, 117-118
Borglignier, 26
Boring, 132
Borland, 34, 56
Borne, 92
Borny, 25
Borvon, 29
Bosco, 17
Bosley, 22
Bosman, 149
Bossier, 65
Bostick, 167
Boswell, 50, 70
Bouanchaud, 39
Bouchelle, 3
Boudeloche, 135-136
Boudousguie, 91
Boudraux, 38
Boudreau, 88, 97-98, 104
Boudreaux, 132-135
Boudry, 90, 107
Boudwine, 152, 154

Bouerg, 87
Bouett, 169
Bouette, 117-118
Bougerd, 75
Bougere, 75-76
Bougiere, 25
Bougligney, 25
Bouie, 43
Boujier, 26
Boultt, 169
Bourg, 134-136
Bourg, 73, 117-118
Bourgeois, 43, 86-89, 98, 132
Bourillain, 135
Bourke, 150, 152, 155
Bourque, 96
Bousalls, 154
Boute, 100
Boutelou, 136
Bouvillain, 135
Bowie, 47, 127
Bowles, 58
Bowls, 143
Bowman, 4, 46, 125-127, 129
Boyce, 16, 61
Boyd, 21, 30, 46, 50-51, 55, 148
Boyet, 158
Boyett, 166
Boykin, 82, 108
Boyne, 144
Boyston, 13
Bozonier, 25
Br__ens, 67
Bracewell, 46, 82
Brad, 138
Bradford, 161
Bradley, 8, 119
Bradnax, 3
Bradshear, 47
Brady, 31, 58, 62, 81, 168
Branch, 64-65, 163, 169
Brandon, 126
Branford, 118
Brannard, 141
Brannin, 129
Brannon, 84, 147

Brantly, 148, 169
Brashears, 85
Brasher, 148
Brassa, 151
Brassey, 1
Brassfield, 164
Braton, 148
Brauner, 16
Braux, 135
Bravo, 11
Bray, 68-69
Brazeale, 16
Brazil, 145
Breand, 88
Breard, 29
Breau, 95-96
Breaud, 88
Breaux, 109, 111, 135-136, 151
Brebaq__, 36
Breda, 16
Breeden, 82
Breedon, 130
Breland, 123, 163
Brengier, 25
Brenuque, 105
Bres, 28
Brevens, 68
Breville, 15
Brewer, 12, 52, 162
Brewster, 66
Brez, 117
Briant, 119, 136
Brice, 4
Bridges, 8, 35, 79-80, 165, 168
Brien, 133
Briggett, 47
Briggs, 62
Bright, 163
Brigman, 130
Brignague, 103
Brimberg, 129
Bringley, 53
Briscoe, 3, 129
Brister, 52, 54-55, 58
Britian, 13
Britt, 161

Britton, 139
Broachs, 52
Broaddus, 75
Broadmay, 20
Broadnax, 1-2
Broadwell, 25
Broakter, 141
Brock, 130, 165
Broman, 118
Bromer, 27
Brooke, 13
Brooks, 11, 44, 52, 64, 147
Broomfield, 162
Brooster, 141
Brosset, 19
Brothers, 140
Broussard, 47, 108-113, 116, 119-120, 150-155
Brout, 60
Brown, 2, 5, 7, 11, 13-14, 16, 21-22, 26, 29-30, 44-45, 47, 59, 6-62, 64-65, 69-70, 120, 122-123, 126, 128, 137, 141, 169
Brubel, 123
Bruce, 53
Brumfield, 158, 161-162
Brumley, 128
Bruner, 94
Brunet, 25
Bruno, 25
Bruton, 79, 144, 148
Brutton, 143
Bry, 31
Bryan, 11, 21, 50
Bryant, 62, 112, 118
Bryon, 11
Bualt, 4
Buchanner, 142
Buck, 125, 127
Buckalew, 141
Buckhalter, 164
Buckley, 146
Bucknell, 132
Buckner, 127-128
Budd, 62
Buddleston, 54

Buell, 126
Buertin, 76
Buford, 8, 45, 132, 134
Buge, 124
Buguve, 43
Buisson, 72
Bulah, 35
Bulder, 27
Bullard, 18
Bullette, 15
Bullock, 30, 141, 158-159
Bulot, 35
Bunch, 159
Bunchley, 5-6
Bundick, 105
Bungardin, 153
Bunton, 7
Buntz, 129
Bupres, 84
Buquet, 132
Burbank, 91
Burcard, 93
Burch, 162
Burford, 146
Burgerieres, 136
Burgess, 51
Burke, 146
Burkette, 19
Burkhalter, 161
Burleigh, 100, 104-105
Burley, 21
Burn, 123
Burnarde, 89
Burnelog, 92
Burnham, 5, 132
Burnidge, 51
Burns, 10, 35-36
Burr, 70
Burrel, 92
Burris, 120, 157
Burrow, 167
Burrows, 45
Burt, 29
Burton, 7, 106
Bush, 20, 43, 54-55, 59, 127, 141
Bushing, 21

Bushnell, 50
Busmer, 27
Bustamarter, 14
Buster, 51
Butand, 116, 120
Butcher, 50
Buthelot, 92
Butler, 11, 30, 32, 52, 57, 70, 135, 143
Butto, 41
Buxton, 54
Buyers, 153
Buys, 167
Buzel, 20
Bynum, 60
Byrd, 3, 19, 53, 70
Byrns, 120
Byron, 18
Cabbertt, 44
Cackett, 167
Cade, 59, 152
Caffery, 116
Cage, 133, 135
Cagle, 21
Caiennie, 86
Caile, 78
Caillet, 114
Cailleuette, 87
Caillouette, 87
Cain, 2, 44-45, 52, 66, 69
Calaham, 105
Calahan, 132
Calaway, 143
Caldwell, 6, 29, 54, 66, 68, 169
Calhonn, 16
Calhoun, 32, 63, 141-142, 164
Calk, 141
Call, 123, 165
Callaham, 45
Callahan, 45
Callaway, 142
Callery, 121
Callis, 114
Calvit, 53, 59, 61, 81
Cambre, 86, 90-91
Camerlands, 66

Cammack, 2, 127, 130
Campbell, 10, 22, 56, 64-66, 68, 130, 151-152
Campo, 74
Campson, 46
Camus, 24-25
Caneay, 156
Cannon, 75, 82
Cannouche, 45
Cantrel, 73
Cantrelle, 72, 89
Caperton, 2
Caqnorrih, 35
Carber, 97
Carenger, 27
Cargal, 144
Cariere, 98, 100
Carley, 3
Carlin, 60, 108-109, 117, 120, 136
Carlos, 133
Carlton, 12
Carly, 43
Carman, 34
Carmichael, 12, 138
Carmouche, 43
Carnahan, 17, 56
Carnal, 58
Carney, 126
Carney, 8
Carol, 144
Carolinea, 27
Carpenter, 46, 112, 122-124, 159
Carr, 4, 14, 29, 143, 145
Carreay, 156
Carrel, 145
Carriere, 102
Carro, 135
Carrol, 22, 82
Carroll, 31, 55, 67
Carruth, 47, 79, 83, 104
Carso, 154
Carson, 143
Carter, 2, 19, 53, 57, 66-67, 71, 79, 83, 127, 141
Caruth, 79
Caruther, 96, 101

Carval, 58
Case, 123
Caseriere, 27
Caskey, 146
Caskill, 147
Cason, 8, 97
Cassagne, 91
Casson, 61, 159
Castele, 27
Castille, 100-101, 112-114
Castillio, 55
Castle, 65
Castles, 85
Catchy, 81
Cathcart, 35
Cathediux, 108
Causey, 2
Cavalary, 153
Cavenaugh, 49
Cavers, 169
Caves, 166
Caylor, 37, 47
Caynorrish, 35
Cazelar, 25
Ceals, 163
Cedoin, 102
Cefreu, 48
Cert, 117
Cesaire, 95
Cessier, 45
Cestia, 156
Chabaud, 93
Chachere, 94, 96
Chadeux, 37
Chadwick, 128
Chafin, 53
Chaix, 76
Chalaire, 73
Chalfant, 44
Chalier, 14
Chambers, 60
Chambliss, 65
Champagne, 76, 113, 133, 136
Champion, 16
Chance, 67, 81
Chandler, 161

Chapelin, 74
Chapman, 4, 7, 53, 82, 105, 140, 147
Chappin, 89
Charbonnet, 91
Chareff, 90
Charias, 38
Charles, 14
Charlot, 98
Charnff, 90
Charpentier, 134
Chartier, 35
Chase, 60
Chastan, 41
Chatagner, 133-134
Chaudau, 113
Chauff, 90
Chauvin, 133-134
Chave__, 38
Cheak, 7
Cheason, 133
Chelette, 14, 167
Chelte, 19
Chenal, 91
Chenault, 7
Chenet, 90
Chenevert, 38
Cheney, 50, 60, 100
Cheny, 2
Chereen, 14
Cherpantier, 118
Chevalier, 18, 51, 53
Chevallier, 58
Chevis, 106, 152
Chews, 129
Chiestz, 39
Childers, 22, 71
Childs, 163
Chinn, 47
Chism, 47
Chistz, 43, 45
Choppin, 89
Choteau, 25
Chrenoe, 67
Chretien, 97, 104
Christian, 5, 26
Christin, 39

Christmare, 25
Christopher, 17
Christophr, 17
Christy, 167
Christz, 41, 48
Churington, 65
Cibilis, 35
Circuit, 46
Cirstry, 64
Cirsty, 64
Clackett, 167
Claiborn, 43
Clanton, 13
Clar, 96
Clark, 4, 8, 13, 32, 46, 50, 53, 55, 60, 68, 82, 94, 139, 147, 166, 169
Clarke, 130, 134
Clavene, 87
Clay, 71
Cleavland, 56
Clement, 91-92, 133, 136
Clemmons, 143
Cliff, 68
Cliffton, 169
Clifton, 49, 61
Clinton, 82
Close, 100
Cloud, 21, 55
Cloutier, 15
Clower, 2
Cmte, 42
Coats, 12, 32
Cobb, 19-20
Coburd, 139
Coburn, 71
Cochrane, 118, 128
Cockafar, 53
Cockburn, 60
Cocke, 121
Cockerell, 30, 32
Cockerham, 166, 169
Cockern, 80, 82
Cocks, 158-159
Coe, 50
Coffman, 84
Coffy, 10

179

Coin, 45
Colben, 43
Cole, 1, 5, 70, 82, 133, 151, 158
Colet, 118
Colette, 33
Coley, 4
Collie, 32
Collier, 3, 29
Collin, 43
Collins, 8, 13, 20, 28, 30, 50, 58, 67, 69, 73, 79, 134, 150, 161, 165, 168
Collum, 165
Colomb, 88, 101
Colombe, 38
Colombo, 38
Colson, 30
Colter, 31
Coltson, 165
Columbus, 153
Colvin, 140
Combs, 50
Comeau, 94-95, 101, 108-109, 112
Comer, 26
Como, 118, 136, 150
Compton, 59, 61, 63, 170
Conant, 17
Conas, 47
Condi, 22
Conerly, 163
Coney, 62
Conger, 8
Conlini, 35
Connella, 30
Connelley, 133
Conner, 54, 124
Connerly, 69-70
Connor, 57
Conoly, 162
Conor, 14
Conoway, 14
Conrad, 90
Conral, 73
Constable, 67
Contie, 17
Conway, 88
Coobs, 66
Cook, 21, 45, 66-67, 70-71, 117, 140, 148
Cooke, 106
Cookfield, 19
Cooksey, 6
Cooley, 43, 48, 52, 71
Cooper, 4, 26, 51, 54-55, 68, 123-124, 148, 166-167
Copeland, 7
Corbett, 167
Cordell, 125
Corduway, 12
Corkeron, 158
Corley, 60, 70, 145
Cormier, 95-96, 107, 112-114
Cornay, 117
Corner, 153
Corner, 73
Cornin, 116
Corril, 123
Cosnainne, 27
Cosse, 33
Cotton, 85
Cottrell, 96
Couch, 166
Coulet, 130
Cournour, 44
Courtney, 47
Courville, 98
Coutie, 17
Coutz, 124
Covin, 73
Covington, 126
Cowad, 69
Coward, 52
Cox, 13-14, 20, 67, 128, 139, 141, 143, 166
Coy, 4
Coyle, 44
Cradaway, 74
Craft, 52, 54, 85
Crager, 50
Craig, 31, 57, 71
Craigg, 67
Craine, 45
Crane, 87, 163

Cranford, 138
Crawford, 5, 66, 119, 123, 143, 165-166
Creath, 146
Crenshaw, 3, 30
Crespo, 73
Crew, 167
Cripps, 56
Crisly, 64
Crispo, 73
Crittenden, 80-81
Croce, 34
Crochet, 132-133
Crocket, 132-133
Crockett, 167
Croft, 54
Crooks, 29
Croos, 148
Crosby, 60
Crose, 34
Crosley, 31
Cross, 13, 56, 144
Crouch, 61
Crousilloc, 39
Crow, 64, 158
Crowder, 62, 123
Crowdry, 93
Croxton, 1
Cruickshank, 60
Crump, 14, 169
Crumpler, 55, 69
Crumpton, 7
Cruser, 14
Cryer, 50, 52, 54
Culbertson, 143
Cull, 146
Cullam, 43
Culp, 142
Cummings, 59
Cunningham, 133
Curb, 146
Cure, 74
Curle, 80
Curner, 46
Curry, 18, 55, 168
Curtis, 66

Cury, 14
Curz, 14
Cutrer, 124, 160
Cutreves, 124
Cutright, 67-68
Dabbs, 8
Dacadee, 39
Dacazal, 24
Dacus, 143
Daguis, 42
Dahlgren, 129
Daigle, 94-95, 115, 118, 131-132
Daimond, 19
Dairrus, 134
Daley, 10
Dally, 68
Dalton, 2
Damiens, 72
Dandy, 68
Daniel, 4, 52, 118, 146
Daniells, 129
Daniels, 85, 162-163
Dannery, 34
Dantine, 111
Dapremont, 75
Darby, 26, 109-110, 119, 145
Darce, 131, 136
Dardan, 135
Dardy, 97
Darenbourg, 75
Darensbourg, 42, 2-93
Daris, 22
Dark, 58
Darnall, 117
Darvell, 65
Dasey, 108
Dasfsieu, 39
Dasia, 66
Dassit, 134
Daugherty, 67
Dauneey, 34
Dautrine, 112
Dautrive, 110
Davainer, 114
Davenport, 4-5, 75, 127
David, 39-41, 97, 109, 113

Davidson, 62, 70, 152, 167-168
Davies, 121, 133
Davis, 2, 4, 8, 12, 23, 25, 50, 52, 54, 57, 65, 68, 74, 76, 79, 81-82, 122-123, 139-140, 143, 145, 147-148, 157, 165-166, 170
Dawkins, 146
Dawson, 4, 59
Day, 6, 17, 79, 128, 145
De Ortieta, 73
De St. Germain, 73
Dean, 53, 55, 57, 146-147, 169-170
Deane, 27, 78
Dearing, 145
Debarffan, 101
DeBlanc, 108, 110, 112
DeBlance, 109
Deblee, 61
Deblieux, 11
Debouchel, 72
Debrew, 12
Deciue, 42
Deciur, 42, 44, 48, 109, 112
Decker, 82
Declouet, 108, 111
Declozel, 111
Decour, 43
Dedeon, 152
Deen, 12, 168
Dees, 81, 158
Defee, 143
Defurion, 42
Degne, 105
Degrouse, 155
Degulers, 110
DeHart, 4
Dehn, 34
Dejean, 25, 96, 98, 106
Delacroix, 25, 108
Delahonpage, 120
Delanger, 133
Delaschmitte, 35
Delashmitte, 35
Delate, 86
Delcambre, 108
Delery, 72

Delhomme, 112, 114
Delhommer, 77
Dellon, 156
Deloach, 56, 166
DeLogny, 89
Delouches, 19
Demarcey, 91
Demoruille, 42
Demorulle, 39
Demsurelle, 39
Demsuy, 43
Dendy, 137
Deneane, 18
Denegre, 130
Denet, 35
Deneufbourg, 75
Denibbons, 10
Denis, 26, 42
Denisse, 33
Dennard, 8
Dennis, 8, 83
Denson, 46
Deonett, 150
Deplaigne, 39
Deplessis, 34
Deplicy, 165
Depre, 114
Depree, 46, 153
Deprnessian, 17
Deputy, 136
Depuy, 108
Dequere, 152
Deritt, 20
Derouan, 109-110
Derovan, 109-11-
Dertes, 153, 155
Derviean, 108-109
Dervon, 153
Deserdo, 25
Deshotel, 102-103
Deslate, 86
Deslonate, 91
Deslonde, 91
Desloucher, 19
Deslouches, 18
Desmaret, 87

Desoncher, 18
Desorme, 38
Desormeau, 150-151
Desoto, 14, 168
Desoux, 46
Desparet, 104
Desrnisseau, 17
Deters, 154
Deval, 42
Deville, 53, 57, 103
Devillier, 102
Devitt, 20
Devol__, 104
Devore, 166
Dew, 12
Dewberry, 20
Dewell, 62
Dhuart, 72
Dick, 154
Dickenson, 15
Dickerson, 2, 13, 29, 32, 70, 143
Dickinson, 166
Dickson, 69
Dideva, 152
Didwa, 152
Dildy, 145
Dildy, 146
Dillard, 68
Dillon, 162
Dineker, 89
Dingon, 33
Dinkgrove, 30
Dinnery, 72
Ditch, 151
Dix, 4
Dixon, 80, 123
Dizert, 93
Doane, 27
Doaty, 144
Dobards, 34
Dobbins, 83
Dogert, 26
Dohan, 129
Dohse, 33
Doivoro, 135
Dolise, 33

Domingues, 114
Dominique, 25
Dominque, 134
Donaldson, 87, 92
Donate, 99
Dooby, 152
Dorsett, 60
Dorsey, 127, 154
Dorvin, 76
Dospy, 76
Doucet, 95, 99, 103
Dougherty, 47, 128
Douglas, 3, 127
Douglass, 127
Dourgeois, 134
Dove, 68
Dowden, 20, 68
Dowdy, 31
Downing, 47, 132
Dows, 35
Doyal, 34
Draghan, 78
Drake, 55, 126
Drawdy, 70
Drew, 26
Drewet, 168
Drouett, 151
Druilheitte, 87
Drullet, 87
Drury, 70
Duan, 155
Dubanne, 18
Dubois, 56, 118, 150-151, 167
Dubouse, 97
Dubrenil, 16
Dubrocie, 48
Dubrococ, 48
Ducange, 25
Duchary, 87
Duckworth, 5-6, 106
Ducret, 114
Ducros, 73-74
Ducureon, 25
Duffel, 53
Duffenwirth, 126
Dugare, 151

183

Dugas, 110-112, 133
Duggin, 68
Duguy, 119
Duhe, 90-91
Duhoul, 87
Duke, 144
Dumas, 146
Dumesnil, 135
Dumieril, 116
Dun, 18
Dunbar, 47-48, 72, , 129
Duncan, 83, 119, 126
Duncin, 162
Duner, 27
Dungan, 119
Dunham, 51
Dunn, 7-8
Dunwoody, 60
Duon, 153, 155
Dupare, 89
Duperied, 109
Dupiere, 24
Duplanis, 134
Duplantier, 86
Duplantis, 134
Duplesis, 33
Duporter, 87
Dupount, 124
Dupre, 56, 103, 105, 133, 135
Dupree, 16, 18, 70
Dupuis, 118
Dupuy, 91, 114
Durand, 111
Durban, 14
Durbin, 83-84, 169
Durbon, 14
Durel, 124
Durelhet, 87
Durin, 84
Durmin, 84
Durr, 12, 66
Dushee, 149
Dutinham, 144
Dutton, 53, 67
Duval, 4
Duxworth, 83

Dvis, 12
Dvis, 159
Dyal, 54-55
Dyer, 50, 52
Dyess, 169-170
Dykes, 52, 78, 85, 159-160
Dysart, 57
Dyson, 160
Eads, 81
Earle, 29
Earnest, 30
Easley, 80
Eason, 7-8, 68, 71
Easton, 136
Eaves, 52, 54
Ebarbe, 65
Ebarbo, 65
Ebare, 50, 58, 151
Echelard, 38
Echles, 146
Echols, 31
Eddones, 69
Edmondson, 2, 68
Edmunds, 139
Edoird, 100
Edrington, 67
Edwards, 7, 25, 66, 123-124, 143, 145, 148, 159
Eeck, 45
Eldridge, 3
Eley, 19
Eliott, 52, 122
Elkins, 94, 140, 147
Ellegna, 135
Elles, 142
Ellezey, 70
Elliott, 12, 125, 128, 159
Ellis, 47, 54, 83, 127, 132, 135, 142, 157
Ellizy, 16
Ellston, 36
Elvar, 73
Elvas, 73
Ely, 11
Emmons, 168-169
Emory, 140

Eninla__, 35
Enius, 117
Epperson, 152
Epps, 4
Ernandes, 14
Ernest, 123
Errant, 13
Errin, 29
Erskine, 34
Ervanten, 13
Ervanter, 13
Erwin, 157-158
Escot, 46
Estess, 68
Esteves, 73
Etheridge, 30
Ethridge, 149
Ethrige, 142
Etienne, 117
Eties, 150
Eubank, 168-169
Eurbanks, 3
Evans, 5, 52, 54, 66, 70, 123, 168
Everett, 30
Evirage, 19
Evorey, 99
Evrette, 99
Ewing, 152
Ewings, 19
Ezell, 164
Fabre, 41, 45
Fagot, 87
Fahey, 106
Fain, 139
Faircloth, 71, 167
Faison, 10
Falgout, 89
Falk, 163
Fanche, 92
Fancheaux, 89
Fancher, 93
Fant, 58
Fanterree, 169
Farmer, 29, 142
Farrar, 42
Farris, 5, 69, 146

Farrow, 145, 148
Fassin, 92
Fastaker, 83
Faucheux, 89
Faulk, 29
Faulkner, 148
Faust, 160-161
Fautherree, 169
Favre, 39
Fay, 120, 167
Fazende, 25
Feastour, 119
Feathers, 158
Feazle, 138, 141-143
Fedrick, 12, 21, 153
Fee, 55
Feeman, 11
Feen, 144
Feleri, 74
Fellote, 25
Felson, 147
Felts, 6
Fendlasen, 158-159
Fenereih, 113
Fennel, 49
Fenner, 46
Fenton, 31
Fentral, 141
Ferguson, 121
Fergusson, 44, 60
Fermbyu, 34
Fernandes, 42
Ferrand, 91, 93
Ferrier, 46
Ferry, 87, 89
Fetts, 6
Feutrel, 141
Fewell, 47
Fezle, 142-143
Fibsarlla, 123
Ficher, 105
Field, 26
Fields, 29, 133
Fife, 29
Filhiol, 29
Filhirl, 28

Finbrink 81
Findley, 138, 148
Fine, 39
Finly, 66
Finn, 82
Finton, 146
Firmin, 45
First, 45
Fisher, 66, 124, 157-158, 162
Fisk, 130
Flanakin, 67
Flanigin, 21
Flecher, 25, 123
Flemming, 12
Fleneau, 81
Flenry, 68
Flensard, 109
Flenveon, 81
Fletcher, 13, 16, 52, 54, 81-82, 166-167
Fletetin, 26
Flewellen, 3
Florens, 15
Flowers, 60, 127
Floyd, 170
Fluker, 4, 79
Flynn, 127
Fogleman, 99, 105
Foist, 45
Folks, 124
Folse, 76, 92
Fonteneler, 33
Fontenot, 17, 94-95, 98-100, 102-103, 105, 116
Foote, 121
Forbes, 68
Ford, 5-6, 61, 121, 140, 147, 163
Fore, 129
Foreman, 155
Forest, 134
Forke, 151
Forke, 152
Fornay, 163
Forrest, 161
Forshee, 20
Fortenberry, 161

Fortier, 24-25, 89
Fortineau, 77
Fosdien, 11
Foster, 16, 119, 126, 144, 151
Foucher, 93
Fouchet, 107
Fouer, 124
Fountain, 168
Fournair, 20
Fourner, 25
Fourret, 110
Fouse, 29
Fouss, 133
Foust__s, 113
Foutelier, 156
Fowler, 21, 31
Fowlet, 31
Fox, 12, 67
Fradien, 11, 18
Frahan, 110
Fraisy, 91
Frame, 168
Franchevois, 99
Francis, 67
Franklin, 49, 69, 127
Franks, 56
Frantorn, 30
Fraqon, 33
Frasier, 10, 79
Fratrant, 135
Frazart, 101
Frazer, 33
Frazier, 2, 11, 60
Frederick, 18, 34, 89
Fredien, 19
Fredrick, 14
Freeman, 12, 50, 53
Freerson, 83
Frehell, 20
Frelson, 76
Fremause, 45
Fremin, 133
French, 51
Frere, 116, 120
Frezle, 142
Friar, 65

Friche, 91
Frichek, 20
Frichel, 21
Friend, 31
Frigre, 92
Frilot, 118-119
Friloux, 76
Frisby, 127
Frith, 97
Frogart, 101
Frogurt, 96
Frozart, 101
Fruger, 95, 99, 103
Frunair, 20
Fryre, 91
Fuler, 138
Fulks, 31
Fuller, 13, 19, 139
Funderberg, 144
Funderburk, 144
Furchct, 111
Furgerson, 69-70
Furlow, 2
Fuselier, 119-120
Fussell, 161
Futch, 146
Fyke, 66
Gaar, 169
Gaiennie, 16, 86
Gail, 26
Gainey, 30
Gainnie, 16
Galatus, 123
Gallagher, 5
Gallien, 10, 13, 17
Galloway, 28
Galot, 98
Galtney, 130
Gan, 34
Gandel, 26
Gandy, 22, 70-71
Gane, 111
Ganier, 88
Ganner, 149
Gannritch, 28
Gantreaux, 118

Gantt, 106
Gantz, 16
Garant, 19
Garbre, 26
Garcier, 65
Gardiner, 100, 104
Garer, 65
Gargin, 140
Garner, 19
Garon, 38
Garr, 34
Garrett, 28, 116-117, 168
Garry, 111
Gary, 119-121
Gaskill, 137
Gaskins, 141
Gaspar, 57
Gaspard, 154
Gasper, 151, 155
Gassin, 92
Gaston, 31
Gatewood, 133
Gauchideau, 102
Gauden, 88
Gaudet, 87-88
Gaudin, 100, 113
Gaudrauz, 114
Gauthier, 40, 48
Gauthreaux, 88
Gautreaux, 88
Gay, 44, 100, 162
Gayle, 31, 44
Gearais, 92
Gebhart, 38
Gedry, 151-155
Gelks, 5
Genst, 46
Gentir, 16
Gentry, 57
George, 84, 147, 151
Georges, 40
Gerair, 136
Gerais, 136
Gerald, 163
Gerard, 48, 113
Geriot, 74

Germain, 38
German, 158
Gerrald, 31
Gerson, 31
Gessup, 148
Gex, 87
Gibberst, 27
Gibbon, 117
Gibbons, 26
Gibbs, 66
Gibson, 55, 125-126, 136, 144
Giden, 108
Gilberease, 20
Gilbert, 53, 144-145
Gilcreas, 168
Gilerease, 20
Gill, 2, 49, 52, 54, 140, 160
Gillespie, 128
Gilley, 54
Gillmore, 166
Gillum, 22
Gimbrell, 168
Ginney, 16
Giovanovich, 17
Girtman, 2
Girvir, 109, 136
Givens, 158-159
Glain, 26
Glaire, 26
Glascow, 146
Glasscock, 78, 85
Glasson, 145
Glaver, 27
Glaze, 97, 143
Glenn, 135
Glover, 20, 83
Gobert, 99
Gochia, 57
Godberry, 90-91
Godwin, 68, 7
Goff, 29
Goines, 85
Goldman, 125-126
Goldsmith, 144
Gonder__, 109
Gonger, 14

Gonsoulin, 110
Gonzalez, 73-74
Gooch, 16
Goodgen, 146
Goodley, 26
Goodman, 50
Goodrich, 127
Goodwin, 5, 58, 138
Gordon, 1, 26, 30, 53, 61, 69, 79, 97, 127, 140
Gordy, 51, 154
Goren, 50
Gorge, 147
Gorham, 53
Gorm, 50
Gorman, 81, 142
Gortes, 29
Gosse, 33
Gosserand, 41
Gothier, 111
Gouchenn, 112
Goudeau, 41
Gougis, 37
Gould, 61
Gouldsby, 148
Gourand, 123
Gource, 162
Gourdon, 97
Goyens, 54
Goyne, 145, 147
Goynes, 138
Goyons, 57-58
Goyous, 49, 54-55, 57
Goyville, 91
Goznille, 91
Grafton, 130, 138-139
Graham, 53, 61, 159-160
Gramm, 128
Grange, 118
Grant, 18, 30, 34
Grappe, 12, 22
Grasse, 12, 22
Graugnard, 38
Graves, 79, 162
Gray, 54, 57, 69-70, 137, 139, 145-146, 166

Grayson, 30, 158
Green, 12, 50, 97, 130, 139-140, 148, 158, 164, 160-170
Greenwood, 5
Greer, 7, 19, 142-143
Greette, 21
Gregoire, 87
Gregory, 52
Gregre, 90
Gremillion, 39-40
Gremillon, 39
Greneaux, 16
Greshen, 148
Grevernberg, 119
Grevernbery, 120
Griffen, 144, 167
Griffin, 4, 60, 144-145
Griffing, 128
Griffith, 59, 147
Grilliot, 21
Grisham, 30
Grogoire, 124
Grolean, 35
Groleau, 35
Grooms, 7
Grosperousrd, 48
Gross, 26
Grout, 118
Groves, 52
Grubb, 51
Gruger, 99
Gubre, 43
Guebro, 46
Gueg_ou, 155
Guegny, 37
Guerin, 40, 45
Gueron, 40
Guerras, 74
Guerro, 135
Guesnon, 25
Guess, 52
Guetro, 46
Gueydon, 153
Gui___, 99
Guibret, 101
Guice, 5

Guidicot, 40
Guidry, 51, 87, 95-96, 101, 104, 106, 113-115, 131, 133-136
Guilbeau, 112-114
Guilbert, 96
Guilie, 26
Guillaume, 40
Guillory, 97-99, 102-103, 105
Guillot, 131
Guin, 4
Guineart, 72
Guitrot, 101
Gulett, 2
Gulley, 147
Gullian, 45
Gully, 144
Gunery, 18
Gunn, 159
Gunon, 70
Gunter, 54-55
Gurer, 65
Guthrie, 126
Gutieres, 73
Hadan, 124
Hadden, 83
Haddox, 166-167
Haden, 3
Hadnot, 62
Hagan, 30, 47, 124
Haggerty, 7
Hagler, 169
Haily, 22
Hains, 135-136
Hair, 20
Halder, 27
Hale, 55
Hall, 8, 21, 29, 78, 126, 144, 154
Hallaway, 146
Halmilton, 96
Halsey, 42
Haltz, 91-92
Ham, 144
Hamby, 6
Hamilton, 21, 138, 166
Hammett, 22
Hammilton, 114

Hammock, 137
Hammons, 137, 141-142
Hamon, 51
Hamons, 50
Hampton, 12, 66
Handlin, 57
Handy, 5
Hanes, 110
Hanks, 154-155
Hanney, 147
Haptiste, 35
Har___, 163
Hardee, 167
Hardessy, 121
Hardin, 140
Harding, 121
Hardson, 52
Hardy, 32, 71, 101, 155, 161, 163
Hargis, 147, 165
Hargrove, 99
Harkins, 140
Harley, 31
Harlow, 7
Harm, 20
Harman, 94-95, 99
Harnell, 158
Harp, 7
Harpe, 124
Harper, 3, 52-53, 58, 127-128, 139
Harrel, 149
Harrell, 82-83
Harrieux, 42
Harris, 67, 81, 129, 138
Harrison, 3-4, 6, 18, 30, 128-129, 140, 167
Harry, 109
Hart, 4, 53, 57, 91, 168
Hartman, 65
Harve, 2
Harvel, 16, 85
Harvell, 96, 158
Harvey, 52, 57, 69, 145
Harville, 13
Harvin, 81
Hary, 108
Hash, 70

Hasley, 31
Hatch, 9, 54, 136, 156
Hatfield, 71
Hathorn, 97
Hatten, 170
Hauell, 82
Haugpaner, 96
Haul, 78
Hauley, 27
Haunsel, 55
Haurillon, 44
Hause, 16, 84
Havard, 97
Hawkins, 19, 21, 106, 117, 121
Hawthorn, 58
Hay, 93
Haydel, 92-93
Hayes, 35, 81, 94-95, 105, 109, 111, 121
Haygood, 60
Haymans, 55
Haynes, 16, 62
Hays, 79-81, 84, 126, 141, 145, 167
Headom, 78
Heaid, 138
Heard, 5, 8, 138-139
Heartgrove, 151
Heartla___, 89
Heath, 97, 148
Heathern, 21
Hebbert, 155
Hebert, 87-88, 95, 98, 101, 103, 109-113, 116, 118, 120, 131-135, 151-152, 154-155
Hecheurx, 38
Heeler, 56
Hegman, 1
Heily, 46
Helm, 61, 125
Helterbrandt, 81
Henderson, 13, 47, 58-59, 137-138, 141, 143-145
Hendrick, 2, 13, 142, 146
Hendricks, 56
Henio, 25
Henkle, 83

Henner, 123
Hennes, 123
Hennessey, 159
Henry, 22, 27, 139, 141, 151
Henson, 58
Herd, 114
Heren, 92
Hermann, 39
Hernandez, 56, 73
Herndon, 66
Herrida, 163
Herrigle, 33
Herring, 2, 30, 64, 83
Herrington, 6
Hertzoff, 13
Hertzog, 16
Hertzogg, 15-16
Hessier, 18
Hesten, 142
Hester, 57, 141-142
Hestor, 60
Hewart, 44
Hewitt, 3, 54, 127, 166
Hickman, 18-19, 57, 59
Hickok, 154
Hicks, 7, 130, 143, 167
Higginbotham, 4
Higgins, 44
Hightower, 3
Hilbun, 20, 167
Hilburn, 142
Hiley, 31
Hill, 93, 144
Hilley, 55
Hines, 163
Hines, 21
Hingle, 35
Hinton, 7, 29, 141-143
Hitchcock, 47
Hiton, 122
Hobacy, 140
Hobe, 42
Hoddwin, 169
Hoder, 26
Hodge, 139, 142, 163
Hodges, 68-69, 82-83

Hoff, 137
Hoffman, 31, 140, 155
Hofse, 80
Hogan, 50, 52, 54, 159, 165, 169
Hognet, 45
Holamon, 168
Holcomb, 110
Holderness, 29
Holeman, 147
Holey, 26
Hollace, 12
Holland, 34, 71, 148
Holley, 3, 12
Holliday, 54
Hollingsworth, 92, 128
Hollis, 144, 147
Holloway, 5, 83
Hollowell, 50
Holly, 166
Holmes, 66, 68, 143, 148, 161-162, 166
Holoway, 168
Holstein, 56-57
Holt, 7, 50, 59, 68
Holten, 159
Holton, 159
Holtz, 92
Honeycut, 3
Honeycutt, 57, 142, 148
Honile, 26
Honnycutt, 141
Hoog, 16
Hoover, 5
Hooz, 16
Hope, 80
Hopkins, 48, 110, 136, 138
Horn, 7
Horton, 47, 66, 141
Hosea, 50
Hoskins, 118, 121
Hosse, 80
Hotard, 135
Hough, 2
Houile, 26
Hourauson, 44
House, 82, 84

Houston, 7
Houze, 29
Howard, 12
Howe, 5
Howell, 1, 62, 137
Howman, 19
Hubert, 42
Huckaba, 147
Huddleston, 51
Hudgens, 169
Hudgins, 119
Hudson, 98, 120, 126-127
Hudspeth, 99
Huff, 116
Huffman, 60
Huffpower, 155
Huges, 96
Hughes, 2, 13, 70, 83, 126
Hughs, 124
Huie, 62
Hulin, 15
Huling, 83
Hultin, 154
Humel, 93
Humphrey, 2
Humphreys, 86, 91
Hunt, 18, 49, 54-55, 126, 145, 160, 164
Hunter, 11, 29, 62
Hurst, 22, 79, 124
Hurt, 4
Hutchinson, 80, 83
Hutchis, 37
Hutner, 148
Huval, 114
Hyams, 59
Hyatt, 50
Hyde, 160
Hymel, 89, 92
Hynson, 51, 54, 61
Ilay, 71
Illinorst, 43
Impson, 141-142
Ingraham, 128
Innis, 59
Irane, 26

Isgalt, 71
Ishmore, 27
Island, 135
Isler, 53
Isles, 53
Ivy, 147
Jackett, 58
Jackson, 13, 20, 22, 46, 56-57, 61, 70, 81, 84, 110, 129, 136, 147, 167
Jacob, 87, 91, 132
Jacobs, 118
Jacques, 72
Jacson, 105
Jaireau, 40
James, 12, 58-59, 75, 127, 158, 161, 166, 168
Jamison, 144
Janeret, 42
Jariau, 40
Jarim, 18
Jarrau, 40
Jarrett, 65
Jarris, 42
Jarver, 155
Jasaquine, 26
Jean, 25
Jeansonne, 99
Jenkins, 106, 157-158, 165
Jennings, 11, 52, 80
Jervell, 43
Jeter, 43, 148
Jewell, 39
Jinkins, 122
Jinsight, 30
Jinsright, 30
Joaun, 27
Joffrian, 45
John, 29
Johnson, 2, 5-6, 14, 20, 26, 30, 35, 46, 49-52, 55, 61, 67, 71, 80, 94, 96, 104, 111, 127, 137-140, 142, 150, 162, 166, 168
Johnston, 7, 158
Joiner, 124, 146
Jolly, 60

Jones, 2, 6, 8, 10, 12, 14, 22, 32, 45, 49, 52, 56, 62, 68-69, 81, 84-85, 108, 139-140, 145-146, 154, 158, 162, 164, 166
Joor, 47
Jordan, 7-8, 16, 130, 141, 166
Joubert, 105
Jourdan, 52, 88
Jourden, 162
Jourdon, 55
Journet, 109
Jowers, 50
Joyner, 123-124
Judice, 111, 113
Juge, 42
Julien, 39
Jurinant, 20
Justice, 7, 62
K_infreau, 33
Kalston, 144
Kambock, 27
Karia, 36
Karter, 130
Kaughman, 69
Kay, 69
Keagan, 13
Kean, 123
Keany, 60
Keap, 123
Keary, 60
Keener, 142
Keenesson, 101
Kees, 12
Kefe, 20
Keisadur, 83
Keller, 44, 91-92, 131-132
Kelley, 2, 4, 6-7, 13, 138, 141-144, 148
Kellogg, 38
Kellum, 159
Kelly, 70, 82, 168-169
Kelso, 60
Kemp, 58, 79, 84-85, 161
Kempe, 3, 125-126
Kemper, 117
Kenady, 143

Kenebrew, 20
Kenhan, 26
Kennady, 66
Kennedy, 8, 45, 69, 123
Kenney, 23
Kennison, 3
Kent, 78
Kepp, 123
Ker, 119
Kern, 38
Kesher, 26
Kester, 164
Ketine, 91
Keto, 141
Keton, 122
Key, 20, 137-138, 166
Kibbe, 126, 153
Kidd, 64, 169
Kiicle, 62
Kile, 17
Kilgore, 65, 145, 147
Killiam, 84
Killien, 91
Killin, 166
Killingsworth, 166-167
Kimball, 20, 99
Kimble, 122
Kimbrough, 6
King, 16, 27, 66, 84, 97, 100, 109, 126, 129, 143, 146, 162, 168
Kingkad, 124
Kinler, 76
Kinnard, 6, 126
Kinney, 44
Kintard, 65
Kintaro, 65
Kirby, 85
Kirk, 45, 70
Kirkland, 53, 170
Kirkpatrick, 66
Kitchens, 145
Kleborn, 38
Kleibert, 89
Kline, 129
Knapp, 62
Knaps, 38

Knight, 50-51, 118-119, 136, 157-158, 163,
Knights, 54
Knopp, 74
Knox, 5-6, 8, 46, 97
Kobb, 149
Kobert, 26
Kock, 118
Kountz, 83
Kramer, 26
Krass, 74
Krimen, 126
Kuppe, 15
La__oie, 114
Labat, 39, 49, 75
Labaume, 31
Labbe, 38, 42
Labit, 132, 135
Labor, 103
Laboriet, 151
Labranche, 76, 91
Lac, 34
Lacaze, 14-15, 17-19, 54, 89
Lacey, 28
Laciur, 110
Lack, 141
Lackey, 97
Lacoler, 43
Laconre, 17
Laconse, 17
Lacost, 24-25
Lacoste, 41
Lacour, 43
Lacoure, 17-18
Lacourt, 44, 46
Lacroix, 53, 62, 118
Laculers, 103
Lacy, 120-121, 169
Lae, 34
Lafayette, 27
Laffite, 87
Lafite, 65
Lafleur, 98-100, 102-103
Lafou, 46
Lafrance, 33-35
Lafrontaine, 110

Lafserre, 87
Lagrange, 136
Laguis, 42
Laiche, 86
Laird, 51
LaJoner, 132
LaJonie, 132
Lajouse, 39
Lalande, 43, 101
Lamar, 152
Lamarr, 152-153
Lamb, 70
Lambdin, 130
Lambert, 13, 15, 26, 105
Lambeth, 80
Lamce, 16
Lamerius, 67
Lamie, 16
Lamiraud, 42
Lamoche, 57
Lamoine, 167
Lamothe, 59
Lampkin, 98
Lanais, 74
Lancon, 135
Landeneve__, 44
Landier, 73
Landreau, 10
Landreon, 10
Landrerell, 98
Landress, 51
Landry, 48, 87-88, 97, 101, 106, 108, 113-114, 117-118, 133, 150-155
Landseaux, 10
Landtrip, 51
Lanearr, 152
Laneaux, 76
Lanfear, 76
Lanford, 29
Lang, 168
Lange, 54, 116, 118
Langford, 5
Langino, 21
Langlenais, 116
Langley, 83
Langlois, 38, 41

Langston, 143
Langton, 69
Languille, 72
Lanier, 5
Lanolos, 101
Lansford, 144
Lanteaster, 141
Lanusse, 73
Laperousse, 109
Lapointe, 154
Laport, 24
Lapraz, 96
Laprice, 88
Laprie, 88
Lard, 169
Lardier, 73
Largent, 65
Larkin, 8, 148
Larnaux, 35
Larny, 31
Larudor, 19
Larue, 65
Lasagne, 134
Lasia, 11
Lasigne, 26
Lasiter, 5
Lassaigne, 113
Lassard, 41
Lassargne, 110
Lasscalli, 107
Lassene, 87
Lastrape, 96, 114
Latalais, 115
Latham, 65-66
Latheolais, 97
Laticlair, 94
Latir, 10
Lattic, 17, 19, 56
Lattier, 15, 56
Laurence, 25
Laurent, 92
Laurents, 154
Laurie, 101
Laussads, 35
Lauvie, 101
Lauvier, 108

Lavergne, 34, 75-76, 94, 96, 99
Lavespeer, 168
Lavespre, 18
Lavigne, 87
Lavine, 20
Lavrder, 19
Lavseigne, 91
Law, 14, 22
Lawless, 97
Lawrence, 7, 35, 120, 140-141
Lawson, 52
Lay, 167
Laysaid, 59
Laysard, 53
Lazare, 102
Lazarre, 31
Lea, 159
Leach, 70-71, 138
Leandrend, 98
Leaser, 26
Leasthman, 44
Leb__o, 108
LeBaume, 56
LeBeau, 25, 40-41, 72
Lebeaux, 37, 40
LeBlanc, 88-89, 93, 96, 106, 108-112, 114, 118, 131-132, 134, 151-156
LeBlue, 54
LeBoeuf, 87-88
LeBouef, 132, 136
LeBourgeois, 87, 90
Lebreff, 41
Leburn, 11
Leche, 91
Leckie, 62
Lecog, 45
Lecoy, 41
Lecompte, 134
Lecomte, 133
Ledon, 155
Ledou, 155
Ledoux, 43-44, 105, 110
Lee, 20, 23, 66, 79-80, 83, 102, 110, 123-124, 128, 144, 146, 150-151, 164, 166

Leech, 62
Lefflure, 168
Legay, 21
Legendre, 131
Leger, 104
Legers, 95
Leggett, 140
Leggin, 140
Leheux, 109
Leigis, 113
Leiux, 38
Lejean, 104
Lejeune, 38-39, 41, 44-45, 131
Lemel, 102
Lemelle, 103
Lemmons, 30-31
Lemon, 160
Lenoise, 10
Leon, 65
Leona, 65
Leonard, 40, 43, 82
Leons, 152
Leopold, 12
Leret, 91
Lernon, 13
Leroux, 18
Lerpos, 73
Lesonite, 17
Lessups, 34
Lester, 123
Lester, 21, 69, 134
Letchworth, 157
Leumeaix, 89
Leurs, 96
Levan, 64
Levasseure, 10
Levet, 91
Levy, 44
Lewin, 70
Lewis, 24, 27, 50, 59-60, 81, 142, 159-162
Liddell, 7
Lieux, 39
Ligarde, 34
Lightell, 35
Lightney, 13

Liles, 30-31, 68
Lillard, 80
Lilly, 80
Linddaiche, 92
Lindsay, 45
Lindsly, 38
Lindstraw, 154
Lindsy, 97
Linsincum, 155
Linton, 60
Lions, 152
Lircuiet, 46
Lirette, 132
Listage, 18
Litel, 99
Little, 2, 81, 144
Litton, 13, 65
Littor, 13
Livardais, 73
Livingston, 1
Lixby, 47
Lloyd, 127
Loar, 34
Lobert, 114
Lock, 123
Lockwood, 69, 146
Locoul, 89
Lofer, 124
Loffler, 152
Lofton, 13
Lolande, 101
Lolly, 14
Lombard, 48, 72
Long, 63, 70, 149
Longbona, 152
Longino, 22
Longue, 92
Lonier, 124
Loper, 147
Lopes, 114
Lopez, 73
Loquet, 154
Lord, 123
Loreau, 112
Loring, 159
Lorio, 75-76

Lorosee, 17
Losville, 150
Loua, 154
Loughborough, 90
Loughead, 108
Lougorie, 66
Lougorio, 66
Louis, 144
Louisseau, 26
Loup, 89, 92
Lourrire, 101
Lout, 65
Louvier, 111, 118
Louvierse, 88
Louvvier, 112
Lovelady, 139
Low, 144
Lowe, 67, 169
Lowery, 138-139
Loyd, 61
Lubbe, 107
Lucas, 58, 166, 168, 170
Lucius, 70
Luckett, 59
Luckey, 169
Lucquette, 89
Luculers, 103
Ludsling, 32
Luebedeau, 96
Luke, 43, 46
Lum, 13, 105
Lumpkin, 98
Lupe__, 20
Luquet, 151-153
Luttrell, 49
Lycen, 124
Lyght, 145
Lyles, 69
Lyman, 62
Lynch, 13, 15, 43, 71, 118, 129
Lyncicum, 57-58
Lynn, 137
Lynote, 53
Lyon, 106, 151
Lyons, 94-96, 154, 169
Lyson, 157

M_n__d, 34
Macgee, 98
Mache, 22
Mackey, 126, 169
Mackie, 62, 169
Maddox, 60
Madere, 91
Maderre, 87
Maestayer, 112
Magee, 68, 122, 157-158, 161-162
Mageehee, 158
Magill, 111
Magison, 12
Magnaiste, 90
Magronne, 76
Magruder, 60
Magunry, 100
Maijures, 27
Maillard, 76
Mains, 71
Major, 39-41
Malborough, 134
Malboroux, 132, 134
Maldfaiser, 33
Mallat, 151
Mallet, 40, 101
Mallette, 12
Malon, 123
Maloney, 69, 83
Malony, 43
Malvant, 114
Manade, 90
Mancil, 55
Mancill, 54
Manet, 118
Maning, 163
Mann, 83
Manning, 142, 148
Mans, 45
Manuel, 95, 98, 104
Mar__, 114
Marceau, 154-155
March, 22, 24
Marens, 71
Maricealli, 11
Marin, 73

Mariot, 26
Marks, 31, 101
Markum, 21
Marlow, 30, 62
Marmer, 19
Marmillion, 92-93
Marnus, 19
Marracle, 54-55
Marrero, 74
Marrers, 74
Marrow, 97
Mars, 48
Marsdon, 130
Marsh, 109, 120, 136, 147
Marshall, 19, 25, 34, 45, 61, 126
Martel, 120
Martin, 13, 15-16, 20, 25-26, 30, 33-34, 47, 54, 59-60, 68-71, 78-79, 82, 87, 92, 97, 100-101, 106, 108, 112-113, 127, 132, 134, 141, 153-154, 166, 168
Martinas, 65
Martinez, 25
Martinus, 64
Marvant, 155
Masole, 123
Mason, 28, 49, 127-128
Massey, 12, 27
Master, 26
Masterson, 148
Matheme, 87
Mathene, 89
Mather(ne), 87
Matherne, 87
Mathews, 14, 19, 51, 60, 66
Mathis, 123, 146, 148, 165
Matthevis, 46
Matthews, 84
Matthieu, 46
Matton, 141
Maugerur, 110
Maunsel, 55
Maximillion, 64
Maxmillion, 92
Maxwell, 153, 166
Maxy, 64

May, 3, 66, 69
Mayer, 101
Mayes, 31
Mayfield, 123
Mayne, 154
Mayor, 39
Mayres, 27
Mayronne, 76
Mays, 3-5, 50, 143
Mazee, 68
Mazier, 11
McAdams, 4, 147
McAlister, 71
McAllen, 52
McAllister, 125
McBrea, 45
McBride, 97, 105, 128, 146
McBridge, 53
McBroom, 146
McCain, 2, 158, 168
McCaleb, 29
McCalister, 70
McCall, 123, 125, 154, 158
McCalpin, 70
McCantry, 131
McCarty, 119, 151, 169
McCasland, 13
McCauley, 2
McCausland, 42
McCleland, 98, 139
McClenden, 30
McClendon, 31-32, 83
McCloud, 50
McClusky, 51
McCollister, 67
McCollough, 20
McCollum, 134
McConathey, 69
McConnel, 103
McCormack, 71
McCormick, 140, 142
McCown, 141
McCoy, 56, 62, 79, 83
McCracking, 168
McCraine, 45, 79
McCrary, 66

McCroy, 5
McCrummin, 62
McCullouch, 125
McCulough, 145
McCurlay, 49
McCuthon, 76
McDaniel, 53, 145, 160
McDannel, 106
McDonald, 31, 65, 154
McDowell, 5-6, 65, 166
McDuffie, 8, 140
McElvan, 161
McElveen, 70
McFarland, 142, 146
McFarlin, 112
McGalion, 69
McGathens, 70
McGee, 4, 13, 25, 29, 69
McGehee, 45
McGilbury, 83
McGill, 129
McGinty, 66, 169
McGough, 144, 146
McGowan, 3
McGraw, 31
McGuire, 31, 55
McGuirt, 78
McIntire, 122
McIntosh, 25, 50
McIntyre, 44
McKane, 163
McKaskel, 20
McKay, 52, 58
McKeen, 28
McKenney, 22
McKeon, 123
McKerall, 120
McKinney, 44, 83
McKinny, 34
McKins, 146
McKnaly, 41
McKneely, 47
McKnight, 16
McKnis, 65
McLain, 157
Mclamore, 167

Mclarnand, 94
McLaughlin, 56
McLaurin, 11
McLausin, 11
McLawson, 138
McLelland, 62
McLendon, 66
McManus, 27
McMichael, 5-6, 84
McMillan, 51, 97
McMillin, 163
McMtrn, 33
McMullen, 7
McMurry, 23
McMurtry, 1
McNaughton, 140
McNeely, 20, 70
McNeil, 56, 68
McNutt, 51, 59
McPherson, 97
McPost, 145
McRorey, 21
McTire, 122
McTyre, 10, 22
Mcvay, 124
McVea, 51
McVrae, 47
McWaters, 119
McWilliams, 119
Mead, 59, 132
Meade, 119
Meai, 151
Mear, 151
Meaux, 44, 153-155
Meche, 95, 99, 101
Medan, 39
Meeche, 101
Meeke, 95
Meeks, 21
Meese, 51
Mege, 150
Megison, 12
Mein, 145
Melancon, 88, 106, 108, 113-114
Melaneon, 14, 44
Melder, 20, 52

Melem, 165
Melpero, 7
Meltin, 50
Melton, 79
Menard, 26, 120
Meneaux, 27
Mentrtin, 33
Mercer, 55
Mercier, 25
Merecy, 92
Meredith, 147
Mereillou, 102
Merill, 25-26
Meriman, 151
Meringer, 65
Merit, 26
Mernier, 27
Merrit, 83
Merritt, 74, 161
Messa, 73
Methvin, 79
Metoyer, 14-18
Meullon, 102
Mewick, 44
Mexer, 98
Mexon, 80
Meyer, 38
Meylin, 53
Mhoudeau, 41
Michael, 84
Michel, 42, 87, 123, 133
Michie, 4
Midkiff, 52
Miel, 27
Miffin, 30
Migues, 108, 114
Miguez, 109
Milburn, 99
Miles, 32, 165
Milhuette, 87
Millapien, 112
Miller, 2, 4-5, 26, 29, 52-54, 57, 67, 70, 78, 80-81, 90-91, 93, 95-97, 100, 104, 117, 122, 125-126, 128, 135, 154, 164
Millet, 91, 117

Milliamson, 19
Milling, 165
Millium, 141
Mills, 3, 143
Mimard, 97
Mims, 49
Minor, 132
Minson, 34
Minty, 135
Mire, 27, 96
Mires, 152
Misse, 11, 139
Mitchel, 19
Mitchell, 31, 65-66, 68, 70-71, 81, 138-140, 168
Mix, 42
Mixon, 160, 165
Mizell, 158
Mminesre, 27
Mminesse, 27
Mobley, 19, 21
Mobly, 140
Moebiens, 48
Moffett, 170
Moise, 116
Molero, 74
Monconduit, 92
Monette, 3, 17
Moniotte, 41
Monsout, 38
Monte, 154
Monteight, 92
Montgomery, 2, 8, 20, 52, 67, 71, 127-129
Montz, 91-92
Moore, 1-2, 5-6, 15, 29-30, 47-49, 60, 65, 80, 82, 84, 99, 110, 113, 117, 122, 124, 137-138, 140, 148, 153, 169
Morale, 73
Morales, 73-74
Moran, 97
Morantina, 18
Morantine, 56
More, 18, 20
Moreau, 35

Morein, 98
Morel, 27
Morens, 15
Morgan, 20, 56, 81, 83-84, 155, 159
Morgin, 43
Morice, 74
Morine, 14
Morison, 43
Morisson, 64
Moriteeth, 47
Morreau, 18
Morris, 7, 19, 34-35, 129, 139, 142, 147, 157, 161-163, 165, 169
Morrow, 19, 21, 139
Morse, 11, 16
Mosby, 69
Mosley, 69
Mosole, 123
Moss, 105, 150, 152, 156
Moss__, 109
Mossy, 120
Motley, 47
Mouette, 64
Mourh, 123
Mouton, 112, 151-153
Moye, 117
Moyer, 100-101, 110, 117
Mueger, 65
Muller, 109
Mulligan, 16
Murdock, 127
Murph, 23
Murphy, 11, 21, 25, 119, 146
Murray, 145, 161
Murrell, 166
Murrey, 20
Murry, 19, 84
Muse, 139, 160
Myer, 110
Myers, 9, 12, 59, 96
Myres, 151
Nadire, 91
Naff, 3
Nalle, 126
Nally, 57
Nalson, 97

Nanette, 102
Napoleon, 26
Napoleone, 26
Naquain, 132, 135
Narcisse, 75
Narcross, 26
Nash, 31, 51-52, 70, 79, 110, 120
Naul, 78-79
Navarraso, 26
Navarro, 35, 131
Neal, 50-51, 58-60, 168-169
Neely, 69
Neff, 42
Negate, 106
Negrovenus, 66
Neighborns, 64
Neighbors, 140
Neighbours, 64
Neigle, 25
Neil, 30, 52, 68
Nelham, 87
Nelson, 6-7, 50, 119, 167
Nenesses, 74
Nerson, 117
Nesome, 82
Nestor, 60
Nettles, 7, 79, 82, 170
Neuman, 2
Neusom, 80
Neuson, 79-80
Neuville, 110
Nevin, 78
Newell, 60, 128
NeWhite, 140
Newman, 165
Newsane, 148
Newsom, 78, 80, 166-167
Newson, 81
Neyland, 99
Nicholas, 25, 132
Nicholls, 87
Nichols, 24, 31, 54-55, 129
Nicklas, 147
Niese, 20
Nippers, 81
Nix, 58

Nixon, 20, 124
Nizet, 100
Noarper, 139
Noble, 18, 30
Nobles, 145, 162
Noit, 12
Nolan, 21, 123
Nolen, 144
Nolte, 29
Norgan, 45
Norman, 138
Norment, 130
Norris, 108, 114, 125, 128, 140-141
Norsworthy, 69
Norte, 12
Norton, 105
Norwood, 79
Nougue, 24
Nowell, 26
Nucom, 166
Nucorn, 166
Nugent, 45, 56-58, 62
Nunez, 74
Nunius, 152
Nunoz, 73
Nunsicker, 128
Nurdin, 43
Nuta, 26
Nutt, 128
Nuzat, 113-114
Nymann, 25
O'Larry, 54
O'Quinn, 167
Obannion, 54
Ober, 7
Oberry, 123
Obrenoe, 67
Obrense, 67
Obryan, 153
Odem, 83
Odom, 55, 55, 85
Odum, 19, 144-146
Ogden, 59, 127
Ogle, 126
Olcott, 62
Old, 52

Olende, 40-41
Olinne, 101
Olipant, 123
Oliphant, 124
Olive, 12, 26
Oliver, 15-16, 25, 31, 64, 138
Olivier, 24, 94, 97, 102, 109, 111, 118-119, 132
Ollinorst, 43
Olliver, 110
Oneal, 58, 60, 169
Or_l, 51
Orse, 51
Ortega, 102
Ory, 76, 88, 90-91
Orz, 91
Osborn, 59
Osley, 137
Oslin, 8
Osouski, 158
Osteen, 6
Ott, 161
Otterson, 5
Oube, 87
Oubre, 43, 87, 89, 111
Overby, 6
Overstreet, 82
Overton, 60, 98
Owen, 69
Owens, 20, 142, 144
Oxford, 139
Oxley, 67, 69, 76
Ozio, 134
Pa__dos, 108
Pace, 15, 29
Packer, 149
Packwood, 85
Pacolin, 40
Padgett, 14
Padillio, 56
Pafrere, 26
Page, 15, 19
Paign, 31
Painter, 160-161
Pair, 13
Paker, 29, 169

Pakins, 128
Palfrey, 119, 121
Palmer, 49, 66, 87
Pampetie, 17
Pane, 133
Papsin, 26
Parent, 91
Pargoud, 29
Parham, 60
Park, 70
Parker, 3, 19, 32, 49, 51, 81, 83, 122, 147, 149, 159, 168-169
Parkerson, 117
Parkman, 141
Parks, 143, 158
Parkwood, 34
Parlie, 154
Parre, 133
Parris, 5, 91
Parrott, 64, 68, 70
Parry, 88
Parsons, 2, 167
Part, 43
Pasman, 158
Pasterling, 35
Paston, 146
Patier, 95
Patin, 37-38, 42, 113-114
Patout, 119-120
Patric, 48
Patrick, 31, 44, 138, 147
Patten, 153
Patterson, 21, 141, 145
Patton, 8, 139, 163
Paul, 51, 57-58, 62, 117, 158
Paulk, 28
Payne, 76
Peace, 68
Peak, 159
Pearce, 56-57, 61, 68, 122-123
Pearre, 169
Pearson, 1, 80
Peary, 43
Peavy, 69
Peay, 114
Peck, 124

Pecot, 120
Peebles, 120
Peevy, 31
Pegrera, 73-73
Pegroux, 72
Pegrura, 74
Peirce, 135
Pelegrin, 134
Pelerine, 26
Pellas, 35
Pellerin, 119
Pelton, 135
Pender, 97
Penn, 116
Pennell, 7
Pennington, 2, 83
Pennison, 117
Peoples, 166
Pepretre, 25
Perdew, 141-142, 145
Perilhoul, 90
Perkins, 50, 52, 54-55, 128, 158, 169
Perodin, 98
Peron, 98
Perot, 11, 18, 21-22, 41
Perret, 29, 75, 121
Perrett, 153
Perrillian, 92
Perriliver, 91
Perry, 8, 151-152, 158
Persons, 101
Pesuroeaux, 38
Petefils, 139
Peters, 67, 164, 166, 168, 170
Peterson, 56
Petre, 98, 101-105
Petree, 151-152
Petrit, 25
Pettis, 123
Peytavin, 102
Peyton, 38
Phares, 53
Pharris, 15, 70
Phelan, 93
Pheleppe, 42
Phellps, 6

Phelps, 146
Philip, 118
Philips, 167
Phillips, 8, 42, 50, 52-53, 55, 69, 79, 144
Picard, 90
Pickens, 61
Pickett, 8, 13, 45, 48
Picore, 134
Pierce, 133, 139, 145, 161, 163-164
Piere, 124
Pierson, 16, 138, 145
Pieveo, 133
Pigot, 163-164
Piket, 105
Pilgreen, 147
Pillet, 105
Pinckard, 76
Pinkard, 139
Pintard, 128
Pipes, 4, 140, 142
Pipkin, 82
Pitman, 69, 158, 160
Pitre, 99, 116, 133, 136
Pittman, 167
Pitts, 3
Placade, 150
Plaisance, 10, 96, 154
Planchard, 24
Planche, 16
Platt, 44
Pleasants, 139
Poche, 86, 90
Pock, 38
Pogert, 26
Poindexter, 129
Poiret, 103
Poirier, 88
Poisset, 19
Poiteaux, 41
Poland, 37
Polet, 86
Polinque, 96
Polk, 3, 60
Pollard, 50, 126
Pollete, 91

Ponds, 19
Ponjieux, 88
Pontiff, 134
Pool, 164
Poole, 44
Poplans, 123
Poplea, 17
Porche, 37-38, 40-41, 43, 47-48, 136
Porchesrge, 48
Porer, 45
Porter, 12, 23, 117, 123, 138, 152
Posey, 62
Post, 147
Potts, 132
Pouncy, 146
Pounds, 157
Pourciaer, 42
Poureaux, 41
Poureiaux, 39, 46
Pouriaux, 42
Pouwoin, 42
Powell, 4, 9, 52, 55, 69, 80, 147
Power, 34
Powers, 51
Poydras, 42
Pracellox, 51
Prather, 168
Pratier, 112
Pratt, 5, 100, 147
Predler, 46
Prejean, 95, 99, 104, 131
Premaux, 150
Premo, 53, 153
Prenne, 26
Prescott, 60, 79
Preshon, 152-153
Presley, 68, 83
Presswood, 55
Prestly, 6
Preston, 125
Preuett, 169
Prevost, 111, 135
Prewitt, 68
Price, 5, 57, 62, 65, 67, 76, 145
Prichard, 7
Prime, 68

Prince, 111, 116
Pringle, 44
Procelle, 65
Procherrge, 48
Proctor, 74
Prosell, 65
Prothro, 13, 21
Protier, 112
Provence, 70
Provoshi, 42
Provost, 116-118, 120
Prudhomme, 11, 15-16, 18, 22, 30, 96
Pruett, 71
Pucket, 8
Puckett, 22, 30-31
Pugh, 7, 55, 141
Pullin, 66
Pullum, 138
Purnell, 26
Puroven, 112
Purrifords, 34
Puurdy, 146
Qube, 87
Quick, 64
Quindo, 26
Quinn, 67, 79
Quitman, 135
R__rqhtila, 35
Rabilas, 17
Rabilis, 17
Rabon, 145-146
Raborn, 79
Rachal, 10-11, 14-15, 17-19, 51
Rachall, 20
Raeburn, 160
Ragan, 68, 102, 146
Rai__nces, 113
Railey, 142
Rainer, 80
Raines, 66
Rainey, 143, 158
Rains, 7, 14, 167
Raley, 142
Ralston, 126
Rambeau, 25

Ramen, 25
Ramsey, 79, 138, 143, 145-147, 166
Rand, 143
Randlett, 117
Randolph, 41, 50
Rankin, 163
Ranscheck, 13
Ransdell, 60
Ranson, 76
Rapp, 130
Rash, 110
Rast, 17, 76
Ratcliff, 14
Ratiler, 112
Ray, 32, 55-56, 68-69, 130
Rayo, 153
Read, 123-124, 153
Readhimer, 21
Reagan, 13
Recauvre, 42
Reckiner, 64
Reddin, 79, 138
Redman, 46
Reed, 45, 53, 98-99, 103, 105
Rees, 112
Reeves, 57-58, 126
Regan, 30-31
Reggin, 89
Reggis, 34
Register, 126
Regzie, 34
Reid, 45
Reisdon, 84
Rene, 39
Renfro, 148
Rennels, 86
Rennold, 44
Rentrope, 119
Rentz, 166
Repond, 147
Rester, 164
Reubun, 22
Reviers, 122
Reynold, 143
Reynolds, 15, 31, 129
Rheams, 56

Rhmar, 159
Rhoday, 45
Rhodes, 20, 119, 133
Rhorer, 59
Rials, 163
Rice, 93, 121, 151, 155
Richard, 43, 95-96, 101, 105, 113, 131, 152, 154
Richards, 52, 116
Richardson, 31, 56, 82, 84, 121, 127, 157, 164, 166
Riche, 43
Richie, 51
Richmond, 6, 29
Richy, 42
Rick, 65
Ricks, 160
Ridder, 110
Rider, 106
Ridge, 8
Ridgell, 83
Riffle, 129
Riggio, 74
Riggs, 53, 109
Riley, 81, 83, 116
Rillien, 91
Rimes, 89
Rippy, 160
Riser, 168
Rither, 100
Ritter, 55
Rivet, 101, 114
Rivillan, 154
Rixby, 47
Rnasonne, 118
Ro__geau, 99
Roach, 31, 141
Roads, 2
Robad, 143
Robb, 125
Robbins, 121, 167
Robenson, 1
Roberson, 143
Robert, 26-27, 40, 58-60, 98
Roberts, 49, 66-67, 84, 141, 160-162, 167
Robertson, 14, 44, 46-47, 68, 83, 121, 135
Robichaux, 110, 132-133
Robie, 40
Robillard, 41, 46
Robin, 102-104
Robinett, 105
Robins, 164
Robinson, 21, 26, 34, 82, 84, 135
Robison, 16, 20, 139, 146-148
Rochard, 26
Rochel, 118, 136
Roddi, 36
Roddy, 80, 134
Rodescich, 169
Rodgers, 44
Rodrigue, 93, 106
Rodriques, 55
Rodriquez, 73-74
Roe, 58, 103, 167-168
Roerquin, 11
Roesquien, 11
Rogeres, 17
Rogers, 19, 35, 97, 100, 136, 164, 166, 169
Rogues, 14-15
Roi, 103, 110, 113
Roland, 81, 140
Rollins, 52, 70
Roman, 89
Rome, 87-89, 92
Romero, 107-110, 118, 120
Rongro, 111
Ronin, 111
Ronquro, 111
Ronsonet, 111
Root, 154
Roper, 18, 26
Rosa, 98
Rose, 17, 55, 119
Rosemonde, 26
Rositer, 143
Ross, 3, 21, 166, 169
Rosslon, 30
Rosster, 30
Roubien, 16

Rougeau, 51
Rougon, 40
Rouillie, 88
Rouiz, 74
Rounas, 83
Roundsevalt, 30
Rouneau, 25
Rounsavale, 30
Rousell, 153
Rouservalt, 30
Rousse, 27
Rousseau, 26, 73
Roussel, 91-92, 119, 121
Roussell, 86
Rousselle, 75
Rousssel, 87
Routh, 127-128
Rovmaire, 101
Rowan, 35
Rowe, 58
Rowel, 162
Rowland, 23
Rowley, 38
Roy, 42, 53, 72, 154
Roye, 148
Roysdon, 71
Rudey, 149
Ruebillard, 48
Ruff, 2
Ruffin, 83
Rufus, 84
Rugg, 143
Runnells, 141-142
Runnels, 59
Ruoque, 53
Rush, 140
Rushing, 157
Rushings, 58
Rusque, 53
Russell, 1, 44, 53, 57, 70, 82, 159
Rutherford, 50
Rutlege, 105
Ryan, 6, 59, 64-65, 84
Ryland, 56-57, 138
Rysinger, 145
S__hens, 14

Sa__ant, 34
Saddler, 56
Sadler, 123
Saileau, 95
Saint Romain, 40
Saizan, 38, 41, 46
Saizon, 39-41
Sale, 51
Salter, 64, 67
Sammons, 51
Samorandiere, 106
Samson, 38, 46
Sanches, 65, 111
Sanchez, 73
Sanclos, 101
Sandefeer, 167
Sandell, 4
Sanderfer, 100
Sanders, 11, 28, 55, 64, 71, 82, 117-118, 124, 133, 159
Sanderson, 51, 66
Sandifeer, 167
Sandrene, 95
Sands, 3
Sanford, 29-30, 59
Sanson, 60
Sansquartier, 39
Sapp, 168
Sargent, 65
Sarodet, 26
Sarph, 93
Sarppy, 15
Sarpy, 76
Sartigue, 27
Sarver, 155
Sasson, 61
Satcher, 170
Satelair, 113
Saterfeld, 45
Saunders, 79, 159
Sauve, 76
Savage, 14
Savant, 102
Savergne, 94
Savodet, 26
Savoie, 96, 99, 101, 104, 132, 134

Savoire, 95
Scales, 6
Scarborough, 14, 19
Scarbrook, 53
Scarbrough, 74, 144
Scavli, 159
Schepherd, 86
Schinkel, 24
Schluger, 93
Schluzer, 93
Schmidt, 35
Schoffer, 26
Schoft, 26
Schrieber, 25
Schruggs, 17
Schubber, 27
Schubler, 27
Schuler, 65
Schuxnaydre, 86-87
Schwartz, 25
Scott, 8, 56, 97, 113, 117, 126
Scritchfield, 65
Scroggins, 70
Scroggs, 53
Seale, 2
Seals, 143-144, 147
Seart, 7
Seartsville, 18
Sebastien, 103
Sedouix, 114
Seff, 20
Segoura, 108-111
Seguira, 108
Seibat, 45
Seip, 59
Selaze, 155
Seleux, 109
Self, 65, 69-71
Sellars, 46, 142
Selmoyder, 92
Selnoyder, 92
Selnoydes, 92
Semane, 132
Semmons, 53
Semple, 135
Senette, 117, 121

Sensey, 123
Senss, 59
Serferin, 15
Sergines, 74
Seriber, 29
Seriter, 29
Serpas, 73-74
Serplant, 17
Serpy, 17
Sessck, 151
Settlemor, 27
Seumaix, 89
Sevain, 48, 153
Sevan, 29
Severn, 29
Sevier, 127
Seville, 104
Sevin, 133
Seviran, 15
Sexnoyder, 91
Shackelford, 56, 137
Shafer, 129
Shaffer, 37, 131, 134
Shank, 26
Shanklin, 55
Sharbenany, 64
Sharkey, 47, 83-84, 159
Sharlete, 153
Sharnack, 65
Sharp, 122, 124
Sharplin, 6
Shaw, 51, 112, 138, 149, 151, 167
Shee_te, 167
Sheilds, 126
Shelfer, 169
Shelling, 70, 85
Shelton, 2, 19
Shepard, 146
Sheppard, 30-32
Sheriding, 164
Sherman, 154
Sherril, 44
Shfler, 135
Shields, 143
Shieles, 100
Shilling, 161

Shillings, 8, 159
Shinpock, 147
Shirring, 21
Shlang, 26
Shoats, 151
Shoebrook, 67
Shoot, 146
Shoother, 43
Shuler, 22
Shultz, 56, 141
Shumake, 165
Sibley, 66-67, 70-71
Sicard, 39, 41
Siden, 108
Siechemaldre, 43
Siechemouldre, 43
Sigue, 121
Sigur, 117, 120
Siguz, 118
Silbert, 144-145
Siles, 30
Sillivan, 29
Silman, 140
Silveria, 73
Silverstone, 82
Simien, 98
Simion, 95
Simmons, 31, 53, 55-56, 62, 143, 146, 148, 157, 160
Simms, 61, 104, 147
Simon, 72, 74, 89, 120, 155
Simons, 162, 168
Simpson, 5, 31, 59
Sims, 3, 8, 22, 65, 84, 139, 165, 168
Singlet__d, 123
Singletary, 50, 62, 123
Singleton, 98, 112, 148, 160
Sinrall, 46
Sinso, 139
Sirso, 139
Siscard, 45
Sisson, 4, 148
Sistrunk, 65
Sivring, 6
Skaggs, 118
Skeins, 142

Skinner, 16, 68
Slack, 31
Slaix, 108
Slater, 150, 152
Slaughter, 31, 55
Sloan, 50
Slocum, 81, 158
Slocumb, 85
Sloom, 147
Slosson, 143-145
Smart, 51, 54, 70-71, 164
Smiley, 47
Smith, 134, 137, 139, 141, 143, 145-149, 152, 166, 170
Smith, 2-4, 13, 15-16, 19, 21, 23, 26, 29-30, 34, 36, 43-44, 47, 49-54, 58-59, 61, 64, 68-69, 71, 79, 83, 97, 100, 104, 108, 118, 121-122, 134, 137, 139, 141, 143, 145-149, 152, 166, 170
Smoat, 127
Sms, 170
Sneed, 7, 56, 66
Sneid, 43
Snell, 19
Snider, 151, 153
Snodgrass, 129
Snomthorne, 26
Snyder, 128
Sobert, 114
Soie, 123
Soigne, 95, 98, 118
Soileau, 95, 99-100, 102, 103
Soland, 108
Solande, 101
Sole, 118
Solley, 143
Solomon, 25
Soloner, 144
Somon, 113
Sompayrac, 11, 16
Sonepax, 19
Soniat, 76
Sonnier, 97
Soreau, 112
Soucher, 44

Soulas, 117
Soulbourg, 114
Soulie, 38
Souriney, 26
Southerland, 58
Soveran, 17
Sovigne, 98
Sowers, 166
Sparks, 19
Spears, 56, 144
Speight, 68
Speights, 54
Spellers, 142
Spence, 100
Spencer, 7, 79-81, 149
Spiker, 68
Spikes, 50
Spr__ler, 84
Spriggs, 60
Spring, 122, 124
Sprowl, 22-23
Spruel, 163
Spruell, 29
Spurgins, 50
Spyker, 3
Squires, 53
Sresome, 81
St. Andre, 18
St. Culin, 107
St. Cyr, 101
St. Cyrl, 39, 41
St. Germain, 17-18
St. John, 49
St. Martin, 92-93
St. Romain, 40
Stacey, 129
Stackhouse, 34
Stacy, 20
Stafford, 59-61, 154, 164
Stagg, 99-100
Stake, 155
Staks, 168
Staley, 5, 114
Stallings, 22
Stamans, 15
Stanley, 53, 121, 142

Stanly, 53
Stansburg, 120
Stansburry, 132
Stansbury, 117, 152
Stansel, 144
Stanton, 96
Starkhouse, 34
Starks, 57-58
Starnans, 15
Stat_flesh, 35
Statham, 161
Statsby, 52
Staylet, 154
Steeks, 32
Steel, 70, 98
Steen, 102
Stein, 89
Stellay, 152
Stephens, 14, 50, 52, 58, 69, 152, 158
Sterling, 3, 29-30, 41, 48, 117
Stetly, 100-102
Stevens, 7, 118
Stevenson, 2, 7
Steves, 73
Stewart, 5, 8, 19, 20, 23, 43, 65, 128, 143, 148, 168
Stille, 67
Stiltey, 56
Stines, 154
Stinson, 140-141, 169
Stitley, 56
Stockton, 130
Stockwell, 130
Stogner, 163
Stoker, 67-68
Stokes, 144
Stone, 21, 67, 140, 167, 170
Stopenal, 73
Stopenol, 74
Stopinol, 73
Story, 32, 73, 81, 84
Stoufflet, 134
Stout, 97
Stoute, 102
Stovall, 165

Stow, 140
Strahers, 55
Strain, 123
Straitman, 124
Strand, 68
Strang, 10
Strange, 83
Straughan, 169
Strauss, 43
Strickland, 67, 78-80, 82-83, 159-160
Strickner, 25
Striclas, 100
String, 158
Stringer, 147
Stringfield, 162
Stripling, 147-148
Strong, 10
Strosier, 30
Strother, 55, 168
Stroud, 67-68
Strvilese, 154
Stuart, 28, 128
Stub, 144
Stubbs, 163
Stuckey, 141
Sturdevant, 147
Sturm, 24
Sudduth, 14
Suge, 42
Suglad, 91
Sullivan, 59
Summerlin, 2
Summers, 163
Supulvedo, 64-65
Surgent, 65
Sutton, 126, 168
Swafford, 58
Swain, 48, 55
Swan, 51
Swearengen, 50
Sweatt, 50, 52, 54, 57
Sweeney, 154
Swilley, 59
Swofford, 58
Swring, 6

Syloc, 36
Sylvest, 158
Sylvestre, 103
Sylvie, 134
Synglad, 91
Tabor, 47, 138
Taff, 3
Tagueno, 95
Taijs, 26
Talbert, 61
Talbot, 128
Taleover, 43
Taley, 122
Talgout, 89
Taliaferro, 168
Talley, 122-123
Talon, 145
Tamser, 131
Tani, 95
Tannehill, 166
Tanner, 57, 61
Tardts, 26
Tarkington, 117
Tarlton, 109, 117, 120
Tarmer, 132
Tarply, 138
Tarver, 12
Tascia, 10
Tassaint, 88
Tassin, 92
Tastet, 76
Tate, 8, 161
Tatum, 140, 145, 170
Tavervo, 18
Taylor, 139, 141, 143-144, 146, 168
Taylor, 2, 8, 19-20, 26, 29, 76, 78, 80, 83-84, 106-107, 122, 139, 141, 143-144, 146, 168
Teacle, 166-167
Teansonne, 105
Teastour, 119
Teauzin, 11
Tebo, 152
Tecada, 58-59, 61-62
Teddlie, 165-166
Teen, 144

Telleas, 144
Templar, 154
Temple, 3
Tenjs, 26
Tennard, 5
Tennill, 25
Tensone, 105
Tercheaud, 88
Terhon, 108
Terray, 148
Terrell, 49, 53, 152
Terrier, 43
Terrol, 169
Terry, 144
Tete, 102-103
Texada, 58
Than, 43
Tharp, 1
Theall, 153
Thereat, 87
Theriot, 110, 119, 133
Therobalds, 32
Thibadaux, 152
Thibat, 154
Thibeaudeaux, 87
Thibodaux, 150
Thibodeau, 97, 104
Thibodeaux, 113-114, 132, 134
Thibout, 154
Thiel, 74
Thigpen, 123, 163-164
Thimman, 157
Thomas, 12, 16, 21, 40, 45, 48, 84, 106, 109, 122, 148, 158, 161-163, 168
Thompson, 128, 138, 145, 160, 167-169
Thompson, 3, 8, 17, 21, 29-31, 52, 54-55, 60, 67-68, 70, 82-83, 103, 119, 128, 138, 145, 160, 167-169
Thorn, 114
Thornton, 59, 169
Thorp, 44
Tiden, 108
Tidwell, 141
Tignes, 38

Tignor, 6, 143
Tillery, 81
Tilman, 28-29
Timmons, 29
Tines, 67
Tinow, 35
Tinsly, 19
Tircisit, 88
Tircuit, 43
Tirmin, 45
Todd, 117
Togleman, 99
Toler, 147
Tomlinson, 22
Tompson, 46
Toney, 83, 158
Tootshake, 153
Tord, 65
Toubert, 99, 105
Touchstone, 53
Toupart, 36
Toups, 133-134, 151, 153, 155
Tournoir, 48
Touss, 133
Toussaint, 88
Touwoin, 42
Touzane, 75
Towns, 148
Trahan, 88, 110-111, 114
Trahant, 136
Trailer, 148
Tramel, 145
Trammel, 68
Trank, 153
Trannul, 15
Travassas, 105
Travis, 80-81
Trawhon, 150-155
Traylor, 20
Trepagnier, 24, 76-77, 88
Tresome, 81
Trezzine, 10
Trichel, 10-11
Trilland, 44
Trith, 97
Tropham, 118

Trousard, 75
Trousdale, 2
Troxelair, 89
Troxler, 76
Truelove, 28
Trueman, 127
Truger, 95
Truly, 67-68
Tubbs, 139, 145-146
Tuberville, 142
Tuck, 51
Tucker, 3, 8-9, 15, 18, 121, 148
Tugwell, 146
Tuisidad, 42
Tullis, 126, 129
Tullos, 170
Tullough, 126
Tur, 95
Turchet, 111
Tureaud, 88
Turner, 46, 49, 52, 54-55, 67, 69, 127, 148, 161, 167-168
Turpin, 4
Tusillier, 98
Tuson, 151
Tuterall, 51
Tuttle, 123
Tux, 95
Tuzzel, 122-123
Tyam, 126
Tyler, 51, 57, 65, 71, 116
Tynes, 71, 161
Tyrone, 168, 170
Tyson, 56-58
Tzam, 126
Ubanks, 144
Underwood, 5, 83, 143, 166, 169
Upshaw, 169
Upton, 127
Ural, 109
Urquhart, 33
Ursung, 144
Utadon, 24
Uval, 110, 114
Uzman, 25
Vaboun, 147

Vadley, 11
Vailen, 150
Valancien, 88
Valery, 17
Valory, 17
Valra, 17
Valre, 17
Valside, 103
Van Aram, 51
Van Bilber, 73
Vance, 167
Vanderford, 30
Vanderpool, 6
Vanerbroker, 27
Vannier, 56
Vanvickle, 38, 43
Varcher, 11
Varnado, 160-161
Varnadoc, 78
Varnadoe, 78
Varner, 31, 64
Vascoen, 22
Vasocu, 11
Vaughan, 1, 8, 119-120, 154
Vauson, 150
Veator, 107-108, 110, 114
Veaux, 26
Veazie, 127
Vedoronich, 35
Vedrenne, 25
Veillons, 73
Velar, 7
Venables, 78, 81
Venas, 56
Ventres, 40
Verbois, 34
Verbron, 124
Verchet, 14
Verdun, 117
Verett, 24
Verneuil, 38
Verney, 27
Vernon, 14, 80-81
Verret, 74, 119, 133, 136
Versher, 17
Vesa, 153

Vester, 6
Viala, 134
Vick, 3, 52, 54
Vickers, 29, 147
Vicknair, 91
Victman, 124
Vidler, 68
Vidrien, 102
Vidrine, 99, 103
Vienne, 10-11, 18
Viers, 81
Vige, 105
Vignes, 42, 45
Viguerie, 133
Vilat, 108
Villain, 59
Villavaso, 88
Villemon, 49
Villere, 25, 34, 72
Vilmont, 111
Vincent, 39, 108, 116, 154-155
Vines, 65, 145, 147
Vinet, 33
Viney, 26
Vining, 79
Vinson, 117, 121
Vinson, 2
Vishyden, 51
Viviet, 134
Voileau, 103
Voorhies, 57
Vorheis, 114
Vormin, 94
Vornon, 14
Voss, 124
Votrot, 102
Voudavald, 150
Vouson, 29
Vrieson, 151
Vsent, 147
Vuge, 124
Waddell, 3, 169
Wade, 12, 50, 132, 138, 166
Wadlington, 6, 51
Wadwert, 25
Wafford, 121

Wagan, 74
Waggoner, 21
Wagnespack, 89
Wagon, 74
Wailes, 50, 78
Wainwright, 78, 80
Wait, 56
Waits, 58
Walberndry, 100
Walden, 53, 62
Waldrope, 66
Waldroup, 65-66
Wale, 53
Walker, 12, 21, 30, 38, 57, 62, 72, 113, 117, 130, 135, 140, 142, 148, 165, 169
Walkin, 46
Wall, 6, 166
Wallace, 140, 142, 148
Waller, 80
Wallert, 109
Wallet, 11
Wallis, 147, 166
Walsh, 26, 123, 159
Walsworth, 142
Walters, 167
Waltman, 2
Walton, 13, 112, 132
Wamack, 78-81
Ward, 1, 6, 54, 130, 143-144, 162
Wardsworth, 6
Ware, 55
Waren, 64
Warfield, 31
Warlogge, 14
Warner, 162-163, 166
Warnock, 6
Warren, 81-82, 162-163, 169
Wartelle, 100
Wascumb, 162
Washam, 137
Washburn, 1
Waskum, 161
Wason, 146
Wasson, 170
Waters, 18, 32, 57, 59, 68, 83

Watkins, 28, 67
Watling, 129
Watson, 2, 30, 50, 54-55, 80-82, 88, 125-126, 128-129, 159
Watt, 6
Watts, 11
Waven, 64
Waver, 69
Way, 44
Wayley, 11
Wbingle, 25
Weakly, 155
Weatherford, 52, 55
Weaver, 20
Webb, 3-4, 6, 65-66, 75, 84, 100, 145
Webre, 87-89, 92-93
Webse, 87
Webster, 137
Wederst_nnels, 34
Weeks, 3, 19, 67, 69, 119-121
Weems, 60, 123
Weiskoff, 25
Weissel, 25
Weist, 159
Welam, 138
Welch, 13, 159, 170
Welden, 68, 71, 138
Well, 15
Weller, 44
Wellington, 151
Wells, 53, 55, 60, 72, 75, 141
Welsh, 80, 134
Wentzell, 29
Wereman, 25
Wessenberger, 25
West, 41-42, 47, 50, 52, 62, 68, 100, 168
Westbrook, 5
Westfall, 12
Westmoreland, 2
Wetherill, 154
Wetzel, 25
Whaley, 51
What, 84
Whatley, 70

Wheeleers, 146
Wheeler, 17, 167
Whetstone, 2
Whielhousen, 85
Whitaker, 69
White, 8, 35, 47, 51, 64, 66, 68, 83, 138, 141, 147-148, 151, 154, 159
Whitehall, 88
Whitehead, 75, 92
Whiten, 85
Whitescarber, 147
Whitfield, 16
Whitiker, 69
Whitington, 83, 163
Whitley, 67
Whitted, 16, 22
Whitthington, 44
Whittington, 50, 61
Whon, 124
Whyte, 31
Wiast, 125
Wickliff, 15
Wiel, 25
Wikoff, 99
Wilbanks, 62
Wilcout, 42
Wilcox, 62
Wilcoxon, 119
Wildblood, 158
Wilder, 25
Wiley, 52, 57, 66
Wilhite, 142
Wilkerson, 29
Wilkins, 1, 87, 113, 136
Wilkinson, 22, 34
Wilkoff, 96
Will, 15
Willey, 158
William, 41
Williams, 134, 139, 141, 144-145, 147, 149, 154, 158, 164, 167
Williams, 3, 5, 7-8, 21-23, 26, 28, 30-32, 34, 50, 52, 54, 60, 65-69, 71, 79, 81, 83, 91, 122-123, 134, 139, 141, 144-145, 147, 149, 154, 158, 164, 167

Williamson, 12, 19, 56, 66, 143, 165
Willis, 53-55, 151, 168-169
Willson, 6, 31-32, 65, 68, 167
Wilson, 22, 54, 59, 60, 62, 79, 84, 97, 117, 127, 140
Wiltery, 25
Winberly, 31
Winburn, 2
Winchester, 88
Windahall, 92
Winder, 132
Windhall, 42
Wine, 143, 145
Wineberg, 68
Wines, 66
Wingeart, 50
Wingfield, 80
Winn, 7, 13-14, 61
Winningham, 58
Winnstead, 45
Winston, 126, 152
Winter, 7
Wisbey, 54
Wise, 53, 56-57, 138
Wisenor, 28-29
Wishum, 145
Withers, 20
Witt, 8
Wittz, 112
Wobert, 92
Woinger, 25
Wolkart, 25
Wollf, 39
Womack, 21, 79, 84, 166
Wood, 16, 20, 95, 126, 130, 157-158, 163
Woodard, 51-52, 58
Woodburn, 4

Woodruff, 166
Woods, 66, 97, 102, 105
Woodson, 57
Woodward, 80, 126, 168
Wooley, 71, 147
Worley, 12, 31
Wormsley, 83
Wray, 22
Wren, 12, 47
Wright, 6, 35, 41, 57, 61, 67, 70, 83, 136, 139-140, 148, 166, 168
Wunchel, 93
Wyatt, 138, 165
Wych, 111
Wyley, 66
Yelvington, 83
Yerme, 25
Yessembourg, 25
Yong, 96-98, 103
York, 123-124
Young, 8, 12, 29, 52, 79, 83-84, 109, 117, 125, 152, 167
Youngblood, 69, 81-83 138
Younger, 100
Yzaya, 126
Zacherie, 85
Zachery, 159
Zachry, 83
Zemereau, 26
Zeringue, 76, 89
Zimmerman, 25, 27, 62
Ziselure, 153
Zolger, 25
Zueller, 100
Zugg, 47
Zulando, 25

Other Heritage Books by Linda L. Green:

1890 Union Veterans Census: Special Enumeration Schedules Enumerating Union Veterans and Widows of the Civil War. Missouri Counties: Bollinger, Butler, Cape Girardeau, Carter, Dunklin, Iron, Madison, Mississippi, New Madrid, Oregon, Pemiscot, Petty, Reynolds, Ripley, St. Francois, St. Genevieve, Scott, Shannon, Stoddard, Washington, and Wayne

Alabama 1850 Agricultural and Manufacturing Census: Volume 1 for Dale, Dallas, Dekalb, Fayette, Franklin, Greene, Hancock, and Henry Counties

Alabama 1850 Agricultural and Manufacturing Census: Volume 2 for Jackson, Jefferson, Lawrence, Limestone, Lowndes, Macon, Madison, and Marengo Counties

Alabama 1850 Agricultural and Manufacturing Census: Volume 3 for Autauga, Baldwin, Barbour, Benton, Bibb, Blount, Butler, Chambers, Cherokee, Choctaw, Clarke, Coffee, Conecuh, Coosa, and Covington Counties

Alabama 1850 Agricultural and Manufacturing Census: Volume 4 for Marion, Marshall, Mobile, Monroe, Montgomery, Morgan, Perry, Pickens, Pike, Randolph, Russell, St. Clair, Shelby, Sumter, Talladega, Tallapoosa, Tuscaloosa, Walker, Washington, and Wilcox Counties

Alabama 1860 Agricultural and Manufacturing Census: Volume 1 for Dekalb, Fayette, Franklin, Greene, Henry, Jackson, Jefferson, Lawrence, Lauderdale, and Limestone Counties

Alabama 1860 Agricultural and Manufacturing Census: Volume 2 for Lowndes, Madison, Marengo, Marion, Marshall, Macon, Mobile, Montgomery, Monroe, and Morgan Counties

Alabama 1860 Agricultural and Manufacturing Census: Volume 3 for Autauga, Baldwin, Barbour, Bibb, Blount, Butler, Calhoun, Chambers, Cherokee, Choctaw, Clarke, Coffee, Conecuh, Coosa, Covington, Dale, and Dallas Counties

Alabama 1860 Agricultural and Manufacturing Census: Volume 4 for Perry, Pickens, Pike, Randolph, Russell, Shelby, St. Clair, Sumter, Tallapoosa, Talladega, Tuscaloosa, Walker, Washington, Wilcox, and Winston Counties

Delaware 1850 1860 Agricultural Census, Volume 1

Delaware 1870–1880 Agricultural Census, Volume 2

Delaware Mortality Schedules, 1850–1880; Delaware Insanity Schedule, 1880 Only

Dunklin County, Missouri Marriage Records: Volume 1, 1903–1916

Dunklin County, Missouri Marriage Records: Volume 2, 1916–1927

Florida 1850 Agricultural Census

Florida 1860 Agricultural Census

Georgia 1860 Agricultural Census: Volume 1 Comprises the Counties of Appling, Baker, Baldwin, Banks, Berrien, Bibb, Brooks, Bryan, Bullock, Burke, Butts, Calhoun, Camden, Campbell, Carroll, Cass, Catoosa, Chatham, Charlton, Chattahooche, Chattooga, and Cherokee

Georgia 1860 Agricultural Census: Volume 2 Comprises the Counties of Clark, Clay, Clayton, Clinch, Cobb, Colquitt, Coffee, Columbia, Coweta, Crawford, Dade, Dawson, Decatur, Dekalb, Dooly, Dougherty, Early, Echols, Effingham, Elbert, Emanuel, Fannin, and Fayette

Kentucky 1850 Agricultural Census for Letcher, Lewis, Lincoln, Livingston, Logan, McCracken, Madison, Marion, Marshall, Mason, Meade, Mercer, Monroe, Montgomery, Morgan, Muhlenburg, and Nelson Counties

Kentucky 1860 Agricultural Census: Volume 1 for Floyd, Franklin, Fulton, Gallatin, Garrard, Grant, Graves, Grayson, Green, Greenup, Hancock, Hardin, and Harlin Counties

Kentucky 1860 Agricultural Census: Volume 2 for Harrison, Hart, Henderson, Henry, Hickman, Hopkins, Jackson, Jefferson, Jessamine, Johnson, Morgan, Muhlenburg, Nelson, and Nicholas Counties

Kentucky 1860 Agricultural Census: Volume 3 for Kenton, Knox, Larue, Laurel, Lawrence, Letcher, Lewis, Lincoln, Livingston, Logan, Lyon, and Madison Counties

Kentucky 1860 Agricultural Census: Volume 4 for Mason, Marion, Magoffin, McCracken, McLean, Marshall, Meade, Mercer, Metcalfe, Monroe and Montgomery Counties

Louisiana 1860 Agricultural Census: Volume 1 Covers Parishes: Ascension, Assumption, Avoyelles, East Baton Rouge, West Baton Rouge, Boosier, Caddo, Calcasieu, Caldwell, Carroll, Catahoula, Clairborne, Concordia, Desoto, East Feliciana, West Feliciana, Franklin, Iberville, Jackson, Jefferson, Lafayette, Lafourche, Livingston, and Madison

Louisiana 1860 Agricultural Census: Volume 2

Maryland 1860 Agricultural Census: Volumes 1 and 2

Mississippi 1850 Agricultural Census: Volumes 1–3

Mississippi 1860 Agricultural Census: Volume 1 Comprises the Following Counties: Lowndes, Madison, Marion, Marshall, Monroe, Neshoba, Newton, Noxubee, Oktibbeha, Panola, Perry, Pike, and Pontotoc

Mississippi 1860 Agricultural Census: Volume 2 Comprises the Following Counties: Rankin, Scott, Simpson, Smith, Tallahatchie, Tippah, Tishomingo, Tunica, Warren, Wayne, Winston, Yalobusha, and Yazoo

Missouri 1850 Agricultural Census: Volumes 1–5

Montgomery County, Tennessee 1850 Agricultural Census

New Madrid County, Missouri Marriage Records, 1899–1924

North Carolina 1850 Agricultural Census: Volumes 1–4

Pemiscot County, Missouri Marriage Records, January 26, 1898 to September 20, 1912: Volume 1

Pemiscot County, Missouri Marriage Records, November 1, 1911 to December 6, 1922: Volume 2

South Carolina 1860 Agricultural Census: Volumes 1–3
Tennessee 1850 Agricultural Census: Volumes 1–5
Tennessee 1860 Agricultural Census: Volumes 1 and 2
Texas 1850 Agricultural Census, Volume 1: Anderson through Hunt Counties
Texas 1850 Agricultural Census, Volume 2: Jackson through Williamson Counties
Texas 1860 Agricultural Census, Volumes 1–5
Virginia 1850 Agricultural Census, Volumes 1–5
Virginia 1860 Agricultural Census, Volumes 1–4
West Virginia 1850 Agricultural Census, Volumes 1 and 2
West Virginia 1860 Agricultural Census, Volume 1–4